오늘도

자신만만하게 살아가는 160가지 성공법

반올림

오늘도 반올림

발행일   2015년 8월 31일

지은이   황 규 철
펴낸이   손 형 국
펴낸곳   (주)북랩
편집인   선일영   편집   서대종, 이소현, 이은지
디자인   이현수, 윤미리내, 임혜수   제작   박기성, 황동현, 구성우, 이탄석
마케팅   김회란, 박진관, 이희정, 김아름
출판등록 2004. 12. 1(제2012-000051호)
주소   서울시 금천구 가산디지털 1로 168, 우림라이온스밸리 B동 B113, 114호
홈페이지 www.book.co.kr
전화번호 (02)2026-5777   팩스   (02)2026-5747

ISBN   979-11-5585-717-5 03320(종이책)   979-11-5585-718-2 05320(전자책)

이 도서의 국립중앙도서관 출판예정도서목록(CIP)은 서지정보유통지원시스템 홈페이지(http://seoji.nl.go.kr)와
국가자료공동목록시스템(http://www.nl.go.kr/kolisnet)에서 이용하실 수 있습니다.
(CIP제어번호 : CIP2015023122)

오늘도

자신만만하게 살아가는 160가지 성공법

반올림

황규철 지음

북랩 book Lab

프롤로그

해병대 장교로 28살에 전역을 하고 대학원에서 경영학을 배우다가 이도 저도 하기 싫어서 휴학을 하고 장사를 한 적이 있다. 장사마저 신통치 않자 접고 이것도 저것도 못하면서 방황한 30대 초반의 기억이 어렴풋이 난다. 그때 참 답답했다.

30대의 어느 더운 여름날의 이야기다. 예전에 살던 집이 인천 월미도 근처인지라 답답하면 밤 시간을 이용하여 월미도에 가서 2시간 정도 도로 옆 인도를 따라서 걸었던 기억이 난다. 하염없이 걷던 중, 갑자기 성공한 사람들의 비결은 무엇일까라는 호기심이 생겼다. 성공학의 전문가가 되고 싶다는 생각이 막연한 바람으로 스쳐왔다.

그 후로 성공에 관한 책들을 읽으며 다양하게 연구를 하기 시작했다. 책의 내용을 적용하면서 내 것으로 체화시키려고 노력했다. 이는 지금도 평생 숙제로 남아 있다.

이런 저런 일을 겪으면서 10년 정도가 지난 지금, 나는 한 집안의 가장이 되어 있고 마흔에 가까운 나이가 되었다. 이 책은 마흔이 되기까지 얼마 남지 않은 나의 회고집이라고 봐도 과언이 아니다. 그동안 내가 깨달은 바를 꾸준히 블로그에 포스팅했다. 그중 몇 개를 선별해서 성공을 주제로 책을 내게 되었다.

지난날을 회고해 보건대 지나온 날이 쉽지는 않았지만 그래도 순간 순간 감사한 일도 많았던 것 같다. 이 책이 나오기까지 물심양면으로 도와준 아내와 그냥 옆에 있어 주는 것만으로 힘이 되는 아들, 나를 위해서 평생을 희생하신 부모님, 그리고 주변에서 힘들 때 항상 응원해 주시는 지인 분들에게 고마움을 전한다. 아울러 책이 나오기까지 수고해 주신 북랩출판사 관계자 여러분께 지면으로나마 고마움을 표한다.

책을 출간하니 아쉬움이 많이 남는다. 그 아쉬움을 기반으로 다음에는 더 좋은 책으로 독자들을 만나고 싶다. 이 책이 여러분들이 인생을 살아가는 데 있어서 조금이나마 도움이 되었으면 좋겠다는 바람이다.

2015년 8월 어느 날
'승리의미소' 황규철 올림

차례

2
실천이 성공을 만든다

3
깨달음은 성공으로 가는 지름길

믿음의 힘 –

4
선택은 성공과 후회의 갈림길

5
경험은 성공을 꽃피운다

6
인생을 성공으로 이끄는 반올림 원리

7
고전에서 배우는 지혜

8
속담에서 배우는 성공

1 /

성공에도 법칙이 있다

부자 되는 법 -
나는 돈을 좋아한다

부자 되는 법을 공유하고자 한다. 다들 자신이 부자가 되기를 바란다. 우리나라 사람들은 돈을 좋아한다고 내색하는 것을 천박하게 생각하는 경향이 있다. 그렇지만 대부분 돈을 좋아한다. 싫어하는 사람은 거의 없다.

돈은 훌륭한 가치 수단이다. 나도 돈을 좋아한다. 그 돈으로 부모님 용돈도 드리고, 집에 생활비도 가져다주고, 자녀에게 용돈도 주는 등 돈은 우리의 삶을 풍요롭게 해 준다. 돈의 노예가 되면 안 되겠지만 돈을 좋아할 필요가 있다. 돈에 호감을 가져야 한다.

주변에 보면 돈을 부정적으로 생각하는 사람들이 있다. 이런 사람들은 돈도 그 사람을 싫어한다. 이심전심의 맥락에서 생각하면 되겠다. 돈은 나쁜 것이 아니다. 부정적인 것이 아니다. 돈은 정말 좋은 것 중에 하나이다.

부자가 되려면 돈을 좋아해야 한다. 돈하고 친해야 한다. 먼저 돈에게 가까이 가려고 노력해야 한다. 돈과의 관계를 돈독히 해야 한다. 그래야만 돈과 친구가 될 수 있다.

돈은 정당하게만 벌면 된다. 부정적으로 사기를 치거나 다른 사람의 무지를 이용해서 상황을 나쁘게 만들지 않는 이상 돈은 가치 있게 벌면 된다. 부자가 되는 법 중 하나가 바로 돈을 긍정적으로 생각하는 것이다. 자신을 돌아보자. 자신이 돈에 관해서 부정적으로 생각한 것은 아닌지…. 만약 그랬다면 오늘부터라도 돈을 조금씩 좋아해 보는 것이 중요하다.

돈과 친해지려고 노력하자. 그러면 그 돈이 자신에게 친하게 지내자고 하며 다가올 것이다. 단순하지만 강력한 부자가 되는 방법이다. 돈을 좋아하는 것은 천박한 것이 아니다. 오히려 자신과 주변의 품위를 높여주는 도구가 될 수가 있다.

성공을 위해서 가장 소중한 것을 내놓을 수 있는가?

성공이라는 정의는 각각 다를 것이다. 성공이라는 단어를 생각하면 몇 년 전에 있었던 에피소드 하나가 생각난다. 책에서 다 밝힐 수는 없지만, 예전에 목표하던 바가 있어서 6개월 정도 올인을 한 적이 있다. 워낙 무모한 면이 있는지라 일단 하고 싶은 것이 있으면 앞뒤 안 가리고 덤비는 성향이다. 어떨 때는 나 자신도 이런 모습이 무섭기도 하다.

혼자 몸이면 상관이 없는데, 한 가족의 가장으로 생계를 등한시하고 나 자신의 꿈을 위해서 달려 나가는 것 자체가 상당히 모험이었다. 지금 와서 되돌아보면 시행착오도 많았고, 용기도 필요했고, 간절하기도 했고, 가족에게도 미안한 면이 있었다. 특히 금전적인 면에서 더욱 그랬다. 그때 회사를 잠깐 다니지 않았던 상황이었기 때문이다.

회사는 언제든 다시 들어갈 수 있다는 자신감도 있고, 무엇이든 열심히 하면 된다는 마인드 컨트롤도 되어 있었기 때문에 나 자신의 몸 하나는 건사할 수 있었지만 문제는 가족이었다. 지금 와서 생각해보면 가족에게 못할 짓을 했다는 생각도 든다. 열심히 했다. 나 자신의 꿈을 위해서…. 그리고 가족들을 위해서도.

나 혼자 잘 먹고 잘 살려고 한 것은 아니었다. 정말 내가 목표로 하는 것의 극한을 넘어보고 싶었다. 그러나 아내는 나를 못마땅하게 생각했다. 나라도 그랬을 것 같다는 생각이 들었지만, 그렇다고 생활비를 집에다 가져다주지 않은 것은 아니었다. 생활비도 집에다 가져다주지 않으면서 내가 하고 싶은 일에 전념한다는 것 자체가 자존심이 상했기에 6개월간 어떻게든 집에 돈은 가져다주었다.

아침에 눈을 뜨자마자 밤 11시에서 12시가 될 때까지 쉼 없이 목표를 향해 달렸다. 밤 11시경 거울을 통해 내 눈을 바라보면 붉게 물들어 있었다. 하루 동안 눈을 너무 많이 사용했기 때문이다. 더 이상 책을 읽거나 작업을 할 수 없을 정도로 눈은 안 좋은 상태였다.

밤 12시경 스르륵 잠들었다. 그 당시 이 순간이 제일 행복했다. 허리를 피고 잠자리에 든다는 것이 얼마나 행복한 것인지 겪어보지 않은 사람은 모른다. 그리고 아침에 일어나 6개월 정도 그 일을 반복적으로 했다.

약 6개월 동안 점심을 대부분 라면을 먹었다. 너무 지겨워서 종류별로 라면을 사다가 다양한 방법으로 먹던 기억이 난다. 물론 밥을 먹기 싫었던 것도 있었지만 그때 왜 그랬는지 몰라도 라면을 엄청 먹었다. 집에다 생활비를 가져다주었지만 막상 내가 쓸 돈은 거의 없었다.

내 수중에 환금성이 있는 것은 해병대 장교의 임관 반지 하나였다. 정확히 3.5 돈의 금반지…. 이걸 팔면 50만 원 정도가 수중에 들어왔다. 해병대 임관 반지는 내가 소중히 아끼던 물건 중에 하나였다. 아니, 어쩌면 내 보물 1순위였다.

집에 아쉬운 소리를 하기 싫어서 반지를 팔기로 결심했지만 한 달 정도를 망설였다. 물론 별로 가진 것은 없지만(지금도 마찬가지지만) 망설이다 그 반지를 은사님이 소개해 준 종로의 한 금은방에 팔았다. 내 표정이 얼마나 일그러졌는지, 금은방 사장님이 상심하지 말라고 위로를 해 주었다.

사장님이 애써 금덩어리일 뿐이라고, 나중에 돈을 벌면 다시 임관 반지 비슷한 것으로 맞추면 된다고 했지만 내 마음은 그렇지 않았다. 목표를 위해서 내가 가지고 있는 가장 소중한 것과 맞바꾼 셈이었다. 그래서 목표에 더욱 애착을 가지고 달려들었다.

나중에는 아내도 어느 정도 이해를 해 주는 것 같았다. 지금은 내가 무엇을 해도 크게 신경을 안 쓰는 눈치이다. 한편으로는 포기했나 그런 생각이 들기도 하고…. 남편이 한번 목표가 생기면 얼마나 불나방처럼 달려드는지 알았나 보다.

내가 목표하는 것을 어느 정도 달성하고, 지금은 이런저런 내가 계획한 목표와 병행하여 직장 일을 하고 있다. 나는 그 마음을 안다. 간절함이라는 단어의 의미를…. 내가 몸소 겪어 보았기 때문이다. 그 과정을 통해서 나는 몇 겹의 허물을 벗고 성장하였다.

지금 하는 일도 마찬가지이다. 성공을 해 보았기 때문에 주어진 어떤 일도 어느 정도 자신이 있다. 다만 시간문제라는 생각을 하고 내 삶에 충실하고 있다.

과연 사람들은 자신의 성공을 위해서 지금 가지고 있는 가장 소중한 것을 기꺼이 희생할 수 있는지 묻고 싶다. 성공한 사람들을 보면 이런 생각이 먼저 든다. 과연 저분들은 자신의 성공을 위해서 어떠한 희생을 치렀을까? 이 세상에는 그냥은 없음을 알기 때문이다.

자강불식自强不息 —
우리는 항상 움직여야 한다

자강불식自强不息이란 의미는 '스스로 힘을 쓰며 몸과 마음을 가다듬으며 쉬지 아니한다'라는 의미이다. 내가 좋아하는 사자성어 중에 하나이다.

자동차 엔지니어가 차에 대하여 나에게 해 준 말이 있다. 자동차는 일 년에 평균 2만 킬로미터 정도는 타 줘야 차가 건강(?)해진다고 한다. 물론 소모품이기 때문에 중간중간 타면서 부품도 교체해 주어야 하겠지만, 원래 움직이게 만들어진 자동차인지라 장시간 방치를 해 놓으면 녹슬거나 나중에 차를 움직일 때 제 기능을 발휘하기 힘들다.

우리의 몸도 마찬가지이다. 병약해져서 병원에 누워있기만 하면 우리의 몸은 하루가 다르게 망가진다. 일단 근육이 줄어들고 갈수록 움직이기가 싫어진다.

공부를 할 때도 마찬가지이다. 공부를 하는 것도 젊을 때, 학생 때만 공부를 하는 것이 아니다. 나이를 먹고 끊임없이 불식不息해야 하겠다. 시습時習이라는 말도 불식과 상통하는 말이다. 우리가 항상 자강불식하는 마음으로 산다면 우리의 인생이 보다 윤택해지며 보람되지 않을까 생각해 본다.

결정의 법칙 –
안 될 것 같으면 빠르게 포기하는 것도 지혜

우리는 순간순간마다 선택을 하면서 살아간다. 그 선택에 따라서 지금의 인생까지 왔고 앞으로도 수많은 선택을 하며 살아갈 것이다. 나의지론은 결정은 빠르면 빠를수록 좋다는 것이다. 일단 결정을 하면 망설임이 없이 행동에 옮기는 것이다. 그래야만 결과에 집중할 수 있기때문이다.

내가 제일 어리석게 생각하는 것이 있다면 우유부단하게 생각하는것이다. 자신의 입장을 분명히 밝히는 것도 살아가면서 필요하다. 자신의 생각이 정리가 안 되면서 상대방에게 묘한 여운을 남기는 것도어쩌면 상대방에 대한 실례가 아닐까 생각된다. 상대방에게 헛된 망상을 심어주지 말자. 상대방의 인생을 위해서라도….

결정을 잘해야 인생에서 성공의 가도를 갈 수 있다. 군대에서도 줄을 잘 서야 되고 회사에서도 라인을 잘 타야 된다고 우스갯소리로 이야기를 하곤 한다. 물론 근거가 없는 말은 아닐 것이다. 그렇다면 어떻게 결정을 하는 것이 과연 지혜로운 방법일까에 대해서 정리를 해 보고자 한다.

유대인의 경우에는 어떤 일을 할 때 3개월 동안 다양한 방법으로 혼신을 쏟아 자신이 생각한 결과를 만들려고 한다고 한다. 가시적인 성과가 3개월 정도까지 보이면 결과가 나올 때까지 실행에 옮기는 것이고, 아닌 것 같으면 미련 없이 접는다고 한다. 참 지혜로운 방법이 아닐까 생각된다.

일단 모든 일에는 탐색 시행이 필요한 것 같다. 기미를 본다는 표현과 일맥상통할 것이다. 기미는 옛날 상궁들이 임금의 수라의 이상 유무를 확인할 때 맛을 보는 것을 말한다.

그 기미를 보는 과정이 3개월이다. 이런저런 방법으로 자신의 역량을 집중적으로 쏟아 붓는 것이다. 그리고 안 될 것 같으면 과감히 포기하는 것이다. 미적대면서 미련을 가지면 안 된다. 나중에 엄청난 손해를 본다.

오늘 하루도 수많은 결정을 하면서 시간을 보낼 것이다. 결정을 과감하게 하고, 그 결정이 자신의 의도와 다르게 전개된다면 빠르게 포기하고 다른 것을 준비하는 자세가 필요한 것 같다.

절대 시간의 법칙 –
단 한 가지만이라도 최고가 되었으면

사람이 태어날 때 하늘에서는 단 한 가지의 특별한 재능을 준다고 한다. 우리는 그 재능을 잘 살려서 험난한 세상을 살아가는데 유용한 도구로 사용해야 할 것이다. 대부분 어느 한 분야에 독보적인 경지에 이르는 전문가가 되기를 바랄 것이다.

자신의 재능을 잘 살려서 전략적 도구로 사용할 필요가 있다. 문제는 시간이다. 시간과 혼신의 노력이다. 아무래도 어느 정도 수준급의 준전문가(Semi-professional)가 되려면 2~3년 정도는 트레이닝을 받아야 된다고 본다. 그 이후에 미세하게 다듬어지는 데 10년 정도의 시간이 필요하지 않나 생각한다.

모든 일에는 절대 시간의 법칙이 적용되는 것 같다. 단 한 가지만이라도 특별한 재능을 가지기 위한다면 위의 내용을 참고해 볼 필요가 있다. 나에게도 단 한 가지만이라도 최고가 되었으면 하는 것이 있다.

영어는 외국인하고 대화할 정도의 수준은 된다. 그래도 수준급의 영어의 수준은 아니다. 왜냐하면 영어를 공부를 하다가 말다가 해서 그런 것 같다. 이왕이면 할 수 있을 때 수준급까지 올려놨어야 한다는 생각이 든다. 지금이라도 늦지 않았다는 생각을 하고 공부를 하고 있다.

영어를 비롯해서 다른 분야도 만찬가지로 적용된다고 생각한다. 비행기가 구름 위까지 올라갈 때까지는 엄청나게 힘이 들지만 그 이후에는 비교적 힘이 적게 든다. 그전까지만 에너지를 많이 소모하는 것이다. 절대 시간은 아마도 그런 의미에서 해석되어야 한다고 생각한다.

　모든 일에 정성과 수고가 들어간다. 이러한 일을 빠르게 깨닫고 행동에 임한다면 보다 가치 있는 인생을 살 수 있을 것이다.

무지몽매無知蒙昧 —
아는 것이 힘이다

무지몽매無知蒙昧는 '아는 것이 없이 어리석다'라는 의미이다. 혹자는 '모르는 것이 약이다'라는 말을 한다. 경우에 따라서는 그런 경우가 적용될지 모르겠지만 이 세상은 자신이 아는 만큼 보일 수밖에 없다.

　부모가 자녀에게 많이 배우라고 하는 이유는 무지몽매한 인생을 물려주기 싫어서이다. 실제로도 상위 소득을 올리는 계층을 보면 통상적으로 학력 수준이나 지적 수준이 높다.

　배우는 것도 부지런해야 배울 수 있다. 게으른 사람은 만사가 귀찮기 때문에 무지몽매할 수밖에 없다. 실제로 주위에서 그런 사람들을 종종 보곤 한다. 그래서 사람 성향에 따라서 사는 수준이 달라질 수밖에 없겠다는 생각이 자연스럽게 들 때가 있다.

　제일 안타까운 경우가 국민 대다수가 무지몽매한 경우이다. 생각의 차이가 선진국과 후진국을 결정하는 차이를 만드는 것 같다. 다행히 우리나라는 높은 교육열로 인해서 성장가도를 달려왔다. 앞으로도 지적인 무장을 통해서 지속적으로 발전할 것이라고 예상한다.

사람은 항상 배우려는 자세를 가져야 한다. 부디 자신을 스스로 무지몽매한 사람으로 만들지 않기를 바란다. 아는 것이 힘이다.

성공의 초석 –
삶에 의미를 부여하는 법

성공의 초석을 다지기 위한 방법 중에 하나가 바로 삶의 순간순간에 의미를 부여하는 것이 아닐까 생각한다. 예를 든다면 이런 것이 아닐까?

예전에 집사람이 사용하던 독서 램프를 비교적 가치 있게 판매를 한 경우가 있다. 독서 램프를 객관적으로 보면 시간이 지나면서 감가상각이 되기 마련이다. 그럼에도 불구하고 일정 수준의 가격을 받고 판매를 했다. 사실 램프는 인터넷에서도 버튼 몇 번만 클릭하면 손쉽게 구할 수 있는 것이다. 집에 있는 램프가 가치 있게 팔렸던 이유는 우리 아내가 그 독서 램프를 가지고 공부를 하면서 어려운 시험에 합격을 했기 때문이다. 그래서 그 기운을 받고 싶은 사람이 빠르게 사 가지고 갔다. 산 사람도 기분이 좋게 가져갔고 판 입장에서도 어느 정도 이익이다. '합격을 할 수 있게 해 준 독서 램프'라는 콘셉트로 중고 램프를 빠르게 판 경우라고 봐도 과언이 아니다.

이렇게 자신의 주변에서 일어나는 일에 대해서 긍정적인 의미를 부여한다면 자신이 하는 많은 일들이 성공의 초석이 되는 데 도움이 될 것이다. 각자마다 성공의 정의는 다르겠지만 의미를 부여하는 것이 얼마나 중요한지 모른다. 의미를 부여하는 것은 다른 말로 이야기한다면 동기 부여라고도 볼 수 있다.

사람들은 거창하게 말하는 '세계 평화를 위하여', '가난한 자들과 함께' 등 자신의 삶에 다양한 의미를 부여하며 살고 있다. 실제로 그것이 원동력이 되어서 자신의 삶과 주변의 환경이 점차 긍정적으로 변하는 경우를 보곤 한다. 자신의 현재 상태가 힘들수록 자기 자신을 더욱 이해하며 다독이고 극단적인 생각과 행동을 하기보다는 자신의 삶에서 의미를 찾아보는 것이 중요하다고 본다. 그것이 성공의 초석이 되고, 힘들 때 버팀목이 될 수 있을 것이다.

특히 우리나라는 다른 나라들과 비교해 볼 때 역동적인 사회 구조를 가진 것 같다. 경쟁도 치열하고 세상살이가 만만치 않다는 것을 느낀다. 그래도 자신을 믿고 자신의 주변에서 일어나는 일들에서 긍정적인 의미를 부여하는 것이 어떨까 조언해 본다.

세상은 항상 변한다.
그 속에 항상 기회가 있다

세상은 항상 변하고 있다. 1990년대 후반, 대학에 들어갔을 때 기억이 난다. 컴퓨터 산업이 한참 붐을 일으킬 때였다. 인터넷 인프라가 곳곳에 깔리기 시작하여 지금은 자연스럽게 인터넷을 사용할 수 있는 세상이 왔다. 그 당시 너나 할 것 없이 휴대폰을 사용하기 시작했는데, 지금은 대부분이 스마트폰을 사용하고 있다. 불과 20년 사이인데 정말 세상이 편리하면서도 많은 것이 변한 것을 느낀다.

그러나 한 가지 분명한 것은 신제품이 나오면 나올수록 기존에 사용하던 것을 대체하는 경우가 종종 있다는 것이다. 그중에 하나가 바로 비디오 대여점이 아닐까 생각된다. 1990년대 후반이나 2000년대 초반까지도 그럭저럭 비디오 가게가 명맥을 유지하고 있었다. 지금은 거의 찾아보기가 힘들다.

만약 트렌드를 알았다면 비디오 대여점이 사양길로 간다는 것을 미리 간파하고 정리를 했을 것이다. 그러면서 DVD 관련 업체들이 트렌드를 이루게 되었는데, 지금은 온라인이 발달을 하면서 이 역시 점점 축소되고 있다. 마찬가지로 한때는 PC방이 참 잘 되던 시절이 있었다. 지금은 정체기와 사양길의 흐름에 있는 것을 볼 수 있다.

이렇게 항상 호황일 줄 알았던 사업도 시간이 지나면 도태되거나 쇠락의 길을 가는 경우가 종종 있다. 지금도 무수히 많은 신기술이 쏟아져 나오고 있다. 그 속에 기회가 분명히 있다. 그 기회를 찾으려면 관심분야 기술과 관련해서 공부를 열심히 하고 정보에 항상 민감해 하며 정보를 수집하는 데 게을리 하지 말아야 할 것이다. 세상의 변화 속에 우리의 부족함, 즉 필요를 채워주는 기회가 있다. 그 기회를 변화의 선상에서 찾으면 훨씬 수월할 것이다.

완주의 미학 –
욕심 때문에 지쳐서 포기하는 경우가 종종 있다

누구나 욕심이 있다. 욕심이 나쁜 것은 아니라고 생각한다. 다만 그 욕심이 너무 커서 현실의 소소한 것들에 만족하지 못하고 조금만 시도해 보다가 포기해 버리는 경우를 종종 보곤 한다. 정말 잘못된 사고방식과 결정이라고 생각한다. 나중에 정말 큰 후회를 하게 될 것이다. 후회 중에서 제일 큰 후회가 바로 시도조차 해 보지 않고 포기한 후회라고 한다.

개인적으로 공부하는 학문이 있는데, 동영상 강의를 통해서 전체를 한 번 들었다. 이제 책으로 공부를 다시 하면서 처음부터 차근차근 보고 있다. 동영상으로 보며 이해는 한 것 같은데 막상 다시 보려니 생소한 것이 너무 많았다. 문제를 풀어 보니 진척은 되었지만 욕심만큼 성적이 올라가지는 않았다.

순간 내 머리 수준을 탓하며 과연 끝까지 잘할 수 있을까라는 자괴

감마저 생겼다. 너무 잘하고자 하는 욕심 때문에 '포기해야 하나'라는 생각이 들었다. 정말 어리석은 생각 중 하나이다. 그래도 최소한 10회독 정도를 하고 만약 이해가 안 된다면 그때 가서 포기를 해도 늦지 않는다고 생각하는데 정말 성급한 후회가 아닌가 생각된다.

한두 시간 정도 공부를 하고 마음의 상태를 리뷰(review)해 보았다. 과연 내 생각이 정말 옳은 것인지에 대해서….

예전에 민법 관련 책을 수십 번 정도 본 분이 있다고 했다. 사법시험 과목 중 민법 시험에서 100점을 맞았다는 전설적인 분이다. 그런 분에 비하면 나 자신은 아직 동영상 전체를 한 번 보고 이제 다시 기본서를 보는 경우인데 생각만 해도 부끄럽기만 하다. 기억에 약간 배운 것들이 어렴풋이 묻어있는 것이 느껴졌다. 아직 내가 익숙하지 않은 학문이라서 그런 것 같다. 너무 큰 욕심 때문에 자신이 조금씩 할 수 있는 것마저 포기하는 우愚를 범하지 않았으면 좋겠다.

인내력 기르기 –
낙심되고 힘들수록 이겨 내자

낙심되고 힘들 때가 있다. 하나를 예로 든다면 자신이 계획했던 일이 뜻대로 안 될 때가 아닐까 생각된다. 특히 시간과 공을 많이 들였을 때 더 낙심되고 공포심마저 올라온다. '다음에 다시 잘할 수 있을까?'라는 생각과 더불어 위축될 수 있다. 경우에 따라서는 대인기피증 환자, 은둔형 외톨이, 사회부적응자 등으로 전락할 수 있다.

누구에게나 있을 수 있는 일이다. 특히 평생을 성공의 가도를 달리다가 나락으로 떨어지는 경험을 하는 부류의 사람들은 더 크게 낙심이 올 수도 있다. 하지만 힘들수록 이겨내야 한다. 그 과정을 통해서 인내력이 생기기 때문이다.

사람이 평온할 때는 온실 속 화초처럼 위기가 왔을 때 대응하기가 힘들다. 그러다 다양한 시행착오나 실패를 경험하고 그것을 이겨낸 부류의 사람은 눈빛부터가 다르다. 세상의 풍파가 자신을 단련시켜 인내력을 더욱더 키우게 해 주는 것이다.

나도 이 점에서는 아쉽다. 한 살이라도 젊었을 때 힘듦을 피해 가는 것이 아니라 정면 돌파를 하려고 시도를 했더라면… 하는 아쉬움이 남는다. 피하려고 하면 결국 더 돌아가게 되는 것을 과거의 인생을 통해서 경험했다. 지금부터라도 열심히 사는 모습을 보이기는 하지만 인간인지라 낙심되고 힘들 때가 많고 위축되는 경우가 있다. 그 순간을 되도록이면 짧게 만들 필요가 있다고 본다.

일단 몸부터 추스르는 자세가 필요하다. 영양이 듬뿍 들어간 음식부터 시작해서 신선한 음식 먹어주기, 혹은 수면이 부족하다고 생각하면 잠을 많이 자 주는 것도 도움이 된다. 그리고 제일 중요한 마인드는 문제를 회피하려고 하지 않는 자세이다. 정면 돌파를 해서 이겨나가는 자세가 인내력을 기르게 하는 데 좋은 방안이 아닐까 생각한다.

누구에게나 위기는 온다. 그러나 그 위기를 어떻게 받아들이고 행동하느냐에 따라서 자신의 행로가 바뀔 것이라 믿는다.

열심히 살았다.
그런데 문제는 집중력이다

우리에게 큰 제약이 있다면 바로 시간이 유한하다는 것과 공간적 제약이 많다는 것이다. 그래서 모든 것을 다 할 수 없다. 인생에서 다양한 역할을 할 수 있으면 좋겠지만 그것은 본인의 욕심이다. 선별을 하고 집중력을 발휘할 필요가 있다.

예전에 나 또한 욕심이 많아 여기저기 관심을 가지며 정신이 분산되어 살아가는 그런 부류의 사람 중 한 명이었다. 삶을 단순화시킬 필요가 있다. 하나를 파더라도 집중적으로 팔 필요가 있다는 것이다. 불안한 마음에 이것저것 손을 댔다가 소기의 성과도 못내는 경우를 많이 본다. '죽도 밥도 안 된다'라는 표현이 여기에 적절한 표현일 것이다.

이왕이면 하나에만 집중하는 지혜를 갖자. 우리나라에서 열심히 살지 않는 사람들은 거의 드물 것이다. 왜냐하면 그렇게 하지 않으면 살아남기가 힘들기 때문이다. 열심히는 기본이다. 기본 중에 기본이다. 열심히를 넘어서 혼신의 힘을 다해서 살 수 있느냐가 관건인 것 같다.

가끔 수험생들이 불안한 마음에 이 책 저 책 다 보다가 시험을 망치는 경우를 본다. 나름대로 잘해 보려고 하다가 망치는 격이다. 하나의 책이라도 집중해서 보는 자세가 필요하다. 어느 정도 마스터했다고 생각하면 그다음에 다른 책을 봐도 늦지 않다. 개인적인 지론은 한 책을 어느 정도 기간을 두고 10번 정도는 봐야 된다고 생각한다. 물론 보면 볼수록 시간이 단축된다. 단축되는 시간이 많아질수록 지식의 양이 상당히 많아졌다는 것을 본인 스스로 느낄 수 있을 것이다.

꿈이 커야
큰 성장을 할 수 있다

"꿈은 자고로 커야 제 맛이다."라고 말하고 싶다. 물론 꿈이 너무 현실성 없고 터무니가 없으면 중간에 포기할 수 있다. 하지만 큰 꿈에 대해 점진적이며 단계적인 목표를 두고 차근차근 실행해 나간다면, 성취감을 느끼면서 자신이 성장하고 있다는 것을 느낄 수 있다.

자신이 원하는 꿈을 이룬 후 허무감을 느껴 방황하는 경우를 보곤 한다. 왜냐하면 더 이상 이룰 꿈과 목표가 없기 때문이다. 그래서 꿈은 크게 갖는 것이 필요하다.

허무맹랑한 꿈이라도 좋다. 사람은 꿈이 있어야 한다. 그것이 없다면 삶의 의미를 잃어버린다고 해도 과언이 아니다. 가끔 올림픽이나 각종 대회에서 1등을 한 선수가 다음 대회에서 성적이 곤두박질치거나 예전의 성적에 못 미치는 경우가 있다. 그 이유가 무엇일까 생각해 보면 답이 나온다. 꿈의 크기를 채웠기 때문에 더 이상 이룰 게 없기 때문이다.

허무맹랑한 꿈이라도 좋으니 꿈은 크게 갖자. 그러면 자신을 성장시키는 데 큰 발판이 된다. 그러나 그 꿈은 정말 나중의 일이고 중간 과정으로 생각하는 목표를 여러 개를 잡을 필요가 있다. 계단식으로 하나, 하나씩 높게 잡는 것이다.

왜냐하면 서두에 기술한 바와 같이 꿈이 현실성 없이 너무 크면 조금 하다가 포기하게 되기 때문이다. 그래서 단계적 전략을 추천하고 싶다. 어느 누구도 처음부터 잘하는 사람은 없다. 차근차근 하다 보면 그것이 모여서 더 큰 것을 이루는 바탕이 되는 것이다. 그런데 어떤 사람들은 너무 높은 곳만 쳐다보고 있으면서 한 발 한 발 갈 생각은 안 하는 경우가 많다.

꿈은 원대하게 깃되 우리는 땅을 밟고 걸어 다니는 존재라는 것을 안다면 좀 더 마음의 여유를 갖고 자신이 원하는 꿈과 목표에 근접할 수 있다고 생각한다.

대부분 일은
서두르다가 망친다

경험상 성급함이 일을 그르치는 경우가 많다. 일뿐만 아니라 대인관계도 마찬가지이다. 모든 일에는 정성과 시간이 들어간다. 이것은 내가 경험으로 깨달은 것이다. 성급하게 일처리를 하다가 시간이 오래 걸리거나 일을 그르치는 경우를 많이 겪어봐서 지금은 상당히 신중해졌다. 물론 성급한 마음의 과정으로 인한 많은 실패를 통해서 신중함이라는 것을 얻었지만, 나이가 계속 많아진다고 해서 성급함이 사라지는 것은 아닌 것 같다. 항상 큰일을 앞두면 앞두고 있을수록 신중함을 기반으로 호시우보虎視牛步 해야 하겠다.

성급한 마음을 가다듬는 방법으로 무엇이 있을까? 자신이 하는 하고자 하는 일에 대해서 예상 데이터를 만들어 보는 것이다. 1안, 2안, 3안 등 물론 복병이라는 것이 나타날 수 있겠지만 최대한 객관적으로 정리를 해 보는 것이다. 그러면 훨씬 마음이 가벼워진다. 전쟁으로 비유하지만 안개 속의 전쟁(Fog of war)에서 안개가 걷힌 후 전쟁으로 최대한 자신의 조건을 유리하게 만드는 것이다. 제일 좋은 방법이 계획표 등 최대한 정형화되게 자신의 데이터를 만드는 것이다.

대인관계에서도 마찬가지이다. 결혼했을 때가 생각난다. 우리 어머니가 결혼하면 부부 싸움을 할 거라고 했다. 사실 성격이 둔해서 그런지 결혼해서 싸우지 않을 것이라고 생각했다.

하지만 나 역시 부부싸움을 하게 되었다. 별거 아닌 것을 가지고 싸우는 것이다. 사실 개인적으로 정리하는 습관이 미약하다(결혼 후 서서히 정리하는 습관이 바뀌면서 물론 지금은 많이 좋아졌다). 이 부문 때문에 언쟁을 하곤 했다.

몇 년이 지난 후부터는 서로 이해하고 하고 산다. 서로를 이해하는

데 시간이 필요했기 때문이다. 서로를 알아 가는데 너무 성급하게 진행하다 보면 대인관계가 자연스럽게 멀어질 수밖에 없다. 경우에 따라서는 악화가 된다.

성급하게 이런저런 일을 처리하다가 시행착오를 겪다 보면 자연스럽게 신중함이라는 것이 생긴다. 적어도 나의 경우에는 그랬다. 일에는 시간과 정성이 들어간다. 성급한 마음으로는 잘못된 판단으로 우회하는 경우가 있으니 항상 마음의 여유를 갖고 판단에 임하기를 바란다.

다른 방식으로 보기 –
지금까지의 방법으로 성공할 수 있을까?

하나의 목표가 생겼다. 그 목표를 성공시키기 위해서 어떻게 해야 하는가? 제일 좋은 방법은 케이스 스터디(Case Study)이다. 지금까지의 성공 방법을 대동소이하게 따라한다면 무난하게 성공할 수 있다. 이변이 없는 한….

프랜차이즈로 성공하는 것이 비슷한 맥락이라고 볼 수 있다. 기존에 해 오던 방식을 말 그대로 모방하는 사람(Copycat) 형식으로 복제하는 것이다. 기존의 성공 확률이 높으면 높을수록 자신이 하는 일에 성공을 할 확률이 높다.

문제는 자본금이다. 자본금이 얼마나 있느냐에 따라서 대부분 아이템의 성공이 결론지어진다고 볼 수 있다. 몇 억에서 몇십 억까지 돈을 투자해야 하는데 사실 이 정도 투자할 능력이 있는 사람이 얼마나 있을까? 그래서 나 자신도 프랜차이즈 같은 것을 해 보고 싶은 생각이 들지만 엄두가 나지 않는다. 물론 자신의 내적 능력과 감각도 무시할 수는 없다. 그래도 어느 정도의 자본금은 있어야 하겠다.

지금까지의 방법으로 성공할 수 없다면 다른 방식으로 보는 방법을 간구해야 한다. 지금의 방식으로는 도저히 승산이 없고 실행 능력이 부족하기 때문이다. 물론 성공한 프랜차이즈처럼 시작해서 성공한다는 보장도 없다. 다만 성공 확률을 최대한 높이기 위함이고 방법론적으로 노력할 뿐이다. 그 방법론적인 부문에 대해서 기술해 보고자 한다.

첫째, 내가 자기고 있는 강점은 무엇인가? 일단 노트와 필기구를 준비해 보자. 자신이 가지고 있는 강점에 대해서 일단 기술해 보자. 일단 자신이 가지고 있는 강점을 가지고 자신의 주변부터 시작하는 것이다.

나는 어떤 분야에 강점이 있고 현재 부족한 점이 무엇인지 정리를 하다 보면 자신의 생각이 보다 명확해진다. 그 명확함에 길이 있다. 현실적이지 않거나 너무 이상을 추구하는 것을 제거하는 데 상당한 도움이 될 것이다.

둘째, 아이템이나 영역이 정해졌으면 사례 연구를 하자. 지금 자신이 하고자 하는 아이템에 대해서 시초부터 지금까지 사례 연구를 할 필요가 있다. 그 자료가 방대하고 많으면 많을수록 실패할 확률을 줄이는 데 많은 도움이 될 것이다. 최대한 자신이 하고자 하는 부문에 대해 지적인 무장을 하는 것이 중요하다. 어느 누구와 그 분야에 대해서 이야기해도 지지 않을 만큼의 지식을 갖추는 노력이 필요하다.

대부분 이 정도까지 하지 않는다. 자본금이 많으면 그렇게 노력을 많이 할 필요는 없다. 왜냐하면 기존의 가지고 있는 성공적인 프랜차이즈 시스템이 어느 정도 성공 확률을 보장해 주기 때문이다. 그러지 않는 이상 시간을 두고 자신이 하고자 하는 분야에 대해 최대한 많이 알려고 노력하자.

사례 연구의 구체적인 방법으로는 크게 2가지를 말하고 싶다.

하나는 위에서 잠깐 언급한 것처럼 책을 많이 읽는 것이다. 책은 물론이고 인터넷이나 검색 엔진을 통해서 다양한 자료들을 얼마든지 찾을 수 있다. 그것을 기반으로 데이터베이스(Database)화하면서 자신의 배경 지식을 높이는 것이 필요하다.

두 번째는 전문가에게 조언을 구하는 것이다. 그 분야의 전문가에게 조언을 구하자. 비용이 들어갈 수도 있는 부분이다. 일명 컨설팅 비용이라고 생각하면 되겠다. 일단 전문가에게 조언을 받기 전에 자신이 먼저 많이 알아야 된다. 그렇지 않으면 컨설팅을 통해서 얻어 가는 것이 적을 것이다. 그러면서 다른 방법이 없는지 이 궁리 저 궁리를 하는 것이 필요하다. 그러면 자신의 영역에서 다른 사람이 알지 못하는 미세한 영역이 보일 것이다. 이것을 인사이트(Insight)라고 말할 수도 있다.

지금까지의 방법으로 무난히 성공을 하는 것도 좋은 방법이라고 생각한다. 신경을 덜 쓰겠지만 그만큼 자본금이 많이 들어갈 수 있다. 자본금이 충분하지 않다면 다른 대안을 끊임없이 생각해야 하겠다. 고민하고 이런저런 시도를 해 보면 답答은 나온다. 남들도 가보지 않은 영역이라서 결과에 대해서 장담도 못하고 힘들 수도 있다. 그러나 그것이 모두 남들이 가지고 있지 않은 경험이 될 것이다.

새로운 것을 시도할 때면 펭귄의 퍼스트 무버(first mover, 선도자)가 생각난다. 일본의 검술의 달인인 미야모토 무사시가 말한 '가르칠 수는 있으나 전수할 수는 없다'라는 의미를 생각해 보았으면 좋겠다. 지금의 상황에서 할 수 없다면 할 수 있는 방법에 대해서 고민하고 다른 방식으로 해 보자. 의외로 답이 쉽게 나올 수 있다.

멈춤의 기적 –
진정으로 성장하기를 바란다면

'홍수에 먹을 물이 없다'고 한다. 앞의 말이 비유가 적절할지 모르겠지만 우리는 성장을 하기 위해서 각자의 자리에서 부단히 노력하고 행동하는 자세를 취한다. 그럼에도 불구하고 성장은커녕 퇴보하는 느낌이 드는 경우가 있다.

왜 그러한 현상이 일어날까? 하루 종일 이것저것 잠자는 시간까지 쪼개서 자기계발에 힘쓰는데 왜 제자리를 맴도는 느낌이 드는가? 그 해답은 바로 멈춤에 있다고 본다. 진정으로 성장하기를 바란다면 멈춤의 의미에 대해서 생각을 깊이 하고 실천해야 하겠다.

행군을 할 때도 마찬가지다. 50분 걷고 10분 휴식하는 것과 몇 시간씩 쉼 없이 행군하는 것을 비교해 볼 때 후자가 더 멀리 갈 것 같지만 전자가 거리상 더 멀리 갈 수 있다. 이것이 바로 멈춤의 기적이다.

또 하나의 예를 들어 보자. 바로 수면이다. 수면을 낭비라고 생각하는 사람이 있다. 수면은 재생의 시간이다. 성적은 공부량과 비례하겠지만 밤을 새워서 공부하는 순으로 각종 시험에서 상위권을 차지하는 것은 아니다. 적당히 공부하고 하루에 일정 시간 수면을 취하면 공부도 능률이 오르고 기억력 향상에도 상당한 도움을 준다.

다른 하나의 예를 들어 보자. 아름다운 근육질 몸을 만들기 위해서 헬스클럽을 열심히 다니는 사람들이 있다고 가정하자. 근육은 열심히 운동하고 휴식을 취하는 시간에 만들어진다. 바로 운동을 멈춘 휴식기에 근육이 생성되는 것이다. 그래서 이틀에 한 번 정도 운동을 하는 것이 이상적이다.

위의 3가지 사례가 대표적인 특별하지도 않는 '멈춤의 기적'이다. 바쁘게 열심히 살아가는 것도 좋지만(요즘 세상이 열심히 살아가지 않으면 안 되는 세상이지만), 잠시 잠깐이라도 멈출 수 있는 결단과 지혜가 필요하다고 본다. 그러면 더 큰 보상이 자신에게 돌아올 수 있다.

함께 가자 –
지치지 않고 멀리 가는 비결

우리 인생의 여정을 멀리 걸어가는 길에 비유해 볼 때, 지치지 않고 멀리 가기 위한 방법에 대해서 이야기해 보고자 한다. 결론을 말하자면 '함께 가자.'라고 말하고 싶다. 비록 오래 산 것은 아니지만 지나온 날을 뒤돌아보니 나는 가족과 지인 분들에게 많은 도움을 받았던 것 같다. 살면서 기쁜 날도 있었고 슬픈 날도, 화나는 날도 있었다. 앞으로도 그럴 것이다.

어려울 때 제일 도움을 주는 관계가 바로 가족이 아닐까 생각한다. 그리고 주변의 은사님을 비롯하여 친구들, 지인들에게 많은 도움을 받는다. 나 또한 가족이나 주위 분들이 어려울 때 도움이 되었으면 좋겠다. 특히 어머니의 기도가 내 인생에서 많은 도움을 주었다고 생각한다. 아무런 대가 없이 내 아들 잘 되기를 바라는 어머니의 간절한 기도가 지금의 나를 만든 것 같다.

예전에는 대학교 입학시험 등 자녀의 큰 시험을 앞두고 각자 자신의 종교에 맞게 기도를 하는 분들을 보고 이해를 할 수 없었다. 자식이 노력을 해야 좋은 성적이 나오는 것이지, 아무리 부모님이 기도를 한다고 해서 결과를 바꿀 수는 없다고 생각한 것이다. 물론 그것이 상식적으로 볼 때는 맞는 말이라고 생각하지만, 지금은 그러한 부모의 간절한 마음이 자녀의 시험에도 영향을 미쳤을 거란 생각이 든다. 그런 관계가 바로 가족이 아닐까 생각된다. 그래서 가족의 관계가 깊으면 힘든 일도 능히 극복이 가능하고 중간에 포기하지 않고 오래갈 수 있다.

요즘 이혼하는 가정이 많다고 한다. 살면서 이혼에 대해서 생각을 한 번도 안 하고 사는 집안이 있을까 생각해 본다. 이혼하는 이유가 과연 무엇일까? 생각해 보아야 된다. 과연 이혼이라는 것이 상대방에 대한 배려에서 하는 것인지에 대해서 말이다. 상대방의 덕을 보려고 했다가 자기 뜻대로 되지 않으니 이혼을 심각하게 고려하는 것이 아닌지 생각해 봐야 한다.

힘든 일이 생겨도 같이 극복해 나가야 서로 간의 신뢰가 생기고 오래갈 수 있다. 나 또한 그런 마음을 가진 사람이 되고 싶다. 비록 금전적으로 도움이 되지는 못하겠지만 마음으로나마 말 한마디라도 긍정적으로 도움이 되었으면 하는 마음으로 살아가려고 노력한다. 혼자 잘 먹고 잘 사는 것이 아니라 함께 잘 먹고 잘 사는 것이다. 혼자 행복한 것이 아니라 함께 행복한 것이다. 지치지 않고 여정을 가기 위해서라도 "함께 가자."

천운 –
복 많은 사람이란 하늘의 이치를 살피는 자

'천운'이란 하늘이 정해 놓은 운명이라는 의미이다. 개인적으로 '복 많은 사람'이란 '하늘의 뜻을 살피며 사는 사람'이라고 정의하고 싶다. 이 세상에는 돌아가는 법칙이 있다. 예를 든다면 살아있는 모든 생명체들이 생로병사를 겪는 것이다. 지구는 1년을 365일 주기로 운행을 한다. 이런 것들이 천운이라고 볼 수 있다.

만약 부자가 되고 싶고 복 많은 사람으로 살고 싶으면 하늘의 이치를 잘 살펴라. 그렇다면 세상을 사는 데 어려운 상황을 술렁술렁 넘길 수 있다. 건강을 예로 든다면 잠을 충분히 자고, 적당한 영양 섭취를 하며, 적당히 움직이고, 과음이나 과로를 하지 않으면 비교적 건강을 유지하는 비결이 될 수 있다. 우리가 사람으로 무난히 피해 갈 수 있는 것들이 많다. 그것을 간과하고 나서 뒤늦은 후회를 하곤 한다. 자신이 하늘의 이치를 살피고 나서도 실행에 옮기지 않은 경우라고 볼 수 있다.

예전에 다니던 직장 중에 한 회사에서 프로모션을 한 적이 있다. 특정 프로모션에서 2번을 기준 안에 들어서 상품권을 받았다. 부서의 최고 관리자로 계시는 분이 직접 나에게 상품권 교환 쿠폰을 주면서 참 복이 많은 것 같다고 했다. 2번을 그렇게 상품권을 받고 나니 다른 사람들이 나를 보고 열심히 했다. 그 다음부터는 경쟁이 참 치열해져서 더 높은 수준의 결과를 만들어야 했다.

그 이후에는 다른 사람에게 양보한다는 생각으로 프로모션에 열심을 다하지 않았지만, 복이라는 것도 자신이 열심을 다해야 한다. 만약 그런 것이 없다면 천운을 살피며 따라간다고 볼 수 없다. 천운을 살피지도 않으면서 자신은 복이 없다는 등의 말을 하는 경우가 있다. 과연 자신이 천운을 헤아리며 부단한 노력을 했는지에 대해서 심각하게 생각해 볼 필요가 있다.

'이 세상에는 공짜가 없다'와 '하늘은 스스로 돕는 자를 돕는다'. 이것도 하늘의 뜻이라고 생각한다. 복 있는 사람이 되고자 한다면 하늘의 이치를 바로 알고, 자신이 어떻게 실행에 옮겨야 하는지 정립해 볼 필요가 있다.

두려움은 환상이다 –
최악의 상황을 항상 생각하자

누구나 앞으로 가 보지 않은, 자신이 현재까지 보지 않았던 미지에 세계를 동경하는 반면에 두려움도 있기 마련이다. 두려움이 꼭 나쁜 것만은 아니라고 본다. 방어기제로 위험에 대처할 수 있는 기회를 마련해 준다. 두려움이 없다면 고층 빌딩의 옥상에 올라가서 아래를 바라봐도 아무런 감정이 생기지 않을 것이다. 위험에 처할 확률이 높다.

다만 아쉬운 것은 너무 무모하게 접근한 나머지 이러한 두려움이 과장된다는 데에 있다. 두려움이 자신이 생각한 환상일 수 있다는 것이다. 결론적으로 말한다면 환상을 없애고 현실적인 관점에서 생각을 해 보자는 것이다. 그러면 두려움이 없어질 수 있다.

현실적인 부분에서 다양한 경우의 수를 생각해 보는 것이다. 결과는 뚜껑을 열어봐야 알 수 있는 것이지만 종이 한 장 꺼내서 자신의 현재의 생각과 앞으로 일어날 상황을 상, 중, 하로 나누어서 최상의 상황과 최악의 상황을 생각해 볼 필요가 있다. 물론 종이에 적었던 경우의 수와는 전혀 다른 양상으로 전개될 수도 있다. 그래도 자신이 예상하는 것에 근접하는 경우가 더 많을 것이다.

사람은 항상 만일에 대비하는 자세를 갖는 것이 중요하다. 요즘 사업하시는 분들, 그중에서도 자영업자들이 상당히 어렵다는 말을 한다. 처음 자영업을 시작할 때 자신이 하는 사업이 어렵게 될 것이라고 생각하는 사람들은 극히 드물 것이다. 그럼에도 불구하고 얼마 가지 않아서 폐업하는 경우도 있고, 자신이 생각하는 것 이상으로 매출이 많이 올라갈 수도 있다.

한 가지 분명한 것은 자신이 잘된다는 생각도 중요하지만 현실적인 부분에서 자신이 맞닥뜨릴 최악의 상황에도 대비할 필요가 있다는 것이다. 그러면 현재 자신이 처한 두려움을 최대한으로 줄일 수 있다. 현실에서도 훨씬 유연하게 상황에 대처할 수 있고, 적극적으로 일을 진행할 수 있다.

머릿속에 있는 생각을 글로 표현해 보자. 기획서나 일과표가 바로 그러한 역할을 할 수 있다. 그리고 중간중간 자신의 상태를 점검하며 수정한다면 보다 좋은 결과를 얻을 수 있을 것이다.

두려움은 환상적인 부문이 강하다. 이런 부분은 현실적인 판단으로 최대한 극복할 수 있다. 두려워도 행동에 옮기는 것을 용기라고 한다. 합리적인 판단이 무모함을 최대한 지양하고 용기를 배가시킬 것이라고 생각한다.

염력 –
되풀이되는 말과 행동에 따른 결과

염력이라는 것이 있다. 설명을 하자면 말이나 의지를 통해서 주변의 환경이나 물질을 변화시키는 힘이다. 그래서 종교에서는 주문을 반복적으로 외우거나 기도를 반복적으로 한다.

　내 주관적인 생각이지만 염력은 힘이 있다. 기도도 힘이 있다. 긍정적인 말과 행동이 되풀이된다면 그것이 주변의 환경을 긍정적으로 바꿀 개연성이 아주 높다. 반면에 의식적으로나 무의식적으로 부정적인 말과 행동을 반복적으로 한다면 자신의 삶과 주위의 환경이 부정적으로 변할 것은 뻔한 이치다.

　만약 변화된 삶을 원한다면 자신이 원하는 것을 글로 정리를 해 보고 그것을 반복적으로 되뇌는 것도 좋을 것 같다. 인디언들은 어떤 말을 만 번 되뇌면 현실이 된다고 믿는다고 한다. 주어진 현실을 바꾸기 위해서 반복적으로 되뇌는 것은 우리에게 중요하다고 볼 수 있다. 만 번 정도 되뇔 정도면 정성이 필요하다. 우리의 삶을 돌이켜 보자. 과연 우리의 삶에서 그 정도로 정성을 들인 적이 있는지 말이다.

생각의 차이 –
궁핍한 인생과 풍요로운 인생

대부분이 풍요로운 인생을 꿈꿀 것이다. 그럼에도 불구하고 현실에서는 하루하루를 허덕이며 궁핍한 인생을 사는 사람들을 본다. 그 이유는 무엇일까 생각해 보면 바로 생각의 차이라고 볼 수 있다.

어떤 부문에 집중하고 있는지 자신에게 반문해 보면 어느 정도 답은 나온다고 본다. 우리가 긍정을 생각할 때는 부정을 생각할 겨를이 없다. 반대의 경우에는 부정적인 생각을 계속하면 긍정적인 부문이 들어올 틈이 없다. 바로 그 생각의 차이를 이해한다면 인생이 술술 풀리는데 반은 성공했다고 볼 수 있다.

첫째, 일단 자신을 믿자.

변화에 대한 열망과 더불어 자신을 믿는 자세가 필요하다. 내가 정말 할 수 있을까라는 의구심은 자신을 더욱 부정적인 기운으로 가득 차게 만들 뿐이다. 자신이 인정하면 그것이 자신의 인생이 되는 것이다.

플라시보 효과에 대해서 들어봤을 것이다. 가짜약인데 진짜 효능이 있는 약이라고 생각하고 먹었더니 정말 효능이 있는 것이 실험을 통해서 밝혀졌다.

자신을 믿는 자세부터 시작해야 한다. 변화의 근원이 '나'여야 한다. 그래야만 자신에게 변화가 일어난다. 자신에 대한 긍정은 위기에서 진가를 발휘한다. 다른 사람이 자신에 대해서 어떻게 평가하든 그건 문제가 되지 않는다. 만약 그것을 자신이 인정해 버리면 자신의 인생이 되어 버리는 것이다.

둘째, 종이와 펜을 준비해 보자.

자신이 원하는 것을 종이에 적어 보자. 아니면 사진을 준비해서 자신의 뇌에 각인을 시키는 작업을 해 보자. 과정이나 결과는 생각하지 말고 일단 자신이 원하는 것에 집중하자. 그리고 긍정적으로 생각하면 자신의 인생이 그렇게 변할 수 있다.

만약 자신이 적어 놓은 것에 대해서 못한다고 생각하면 자신의 생각대로 변한다. 부정적인 생각을 최대한 절제해 보자. 인생이 변할 수 있다. 포기하면 그냥 거기서 끝나지만 스스로 종이에 쓴 것에 대해서 긍정하면 풍요로운 인생을 만들 수 있다.

셋째, 이 세상은 풍요롭다.

이 세상은 상당히 풍요로운 세상이다. 당신이 어떻게 생각하든 이것은 변함없는 진실이다. 그럼에도 불구하고 이 세상에는 굶는 사람이 존재한다. 아파도 의료적 혜택을 제대로 받지 못하는 사람도 있다. 그 이유는 무엇에 있을까 생각해 본다.

그것은 자신의 마음 자체가 궁핍한 생각으로 가득 차 있기 때문이라고 생각한다. 풍요로운 마음으로 항상 자신을 무장해야 한다. 그러면 자신의 인생도 풍요로운 인생으로 바뀔 수밖에 없다. 오토파일럿이 우리의 인생을 자연스럽게 긍정적인 상황으로 이동시키기 때문이다.

풍요로운 인생을 만드는 것은 어쩌면 단순할지도 모르겠다. 여유롭게 생각하는 것이다. 외부의 상황만 보면서 풍요롭지 않다고 생각하는 자세가 문제가 있다고 본다. 문제의 시작을 외부에서 찾지 말고 내부에서 시작점을 찾는 자세를 갖는 것이 필요하다. 나는 오늘도 풍요로운 인생을 꿈꾸며 하루하루 정진하고 있다.

마지막으로 나의 이야기를 해 보고자 한다. 정확히 기억은 안 나지만 30대 초반에 성공학에 대해서 공부하고 깨닫고 싶은 생각을 막연히 한 적이 있다. 지금 이 순간 성공에 대한 책을 출간하고 지속적으로 공부하고 있는 자신을 본다. 바로 이것이 인생의 변화라고 본다. 일단 자신의 생각을 시각화하는 자세가 필요하다.

이것 하나만 기억하자. 자신이 마음먹기에 따라서 풍요로운 인생을 살 수밖에 없다.

승리의 기운,
그 기氣를 받자

영화관이나 TV에서 영화를 볼 때면 피하는 장르가 있다. 공포영화나 폭력적인 부문이 많이 나오는 영화는 의도적으로 피한다. 이유를 들자면 정서에도 그렇게 좋지 않다고 판단할 뿐더러 이상하게 다음날 일에도 여파를 주는 것을 느꼈기 때문이다. 물론 개인적인 체험이기 때문에 다른 사람에게도 적용된다는 보장은 없다. 다만 말이나 생각이 반복적으로 지속된다면 그 말이나 생각이 자신에게 분명 영향을 줄 것이라고 생각한다.

노래 같은 경우도 그렇다. 이왕이면 밝고 경쾌한 노래를 부르는 것이 좋다. 애창곡으로 자신이 꼽는 노래라면 특히 밝은 노래가 좋다고 본다. 만약 우울하고 이별을 노래하거나 부정적인 노래 가사를 반복적으로 부른다면 그 노래의 의미가 자신의 삶의 일부분이 될 확률이 높다.

운동하기 좋은 날씨에는 각종 스포츠가 활발하게 진행이 되고 TV를 통해서도 쉽게 볼 수 있다. 이왕이면 골을 넣는 장면이나 홈런을 치는 장면 등 뭔가 플러스 요인을 만드는 장면을 자주 보는 것이 좋다. 신문을 보면 미담 사례보다는 부정적인 기사를 많이 접하게 될 것이다. 개인적으로 아침에 뉴스를 접하는 것보다는 긍정적이고 활발한 느낌을 받을 수 있는 다른 일을 하는 것이 좋다고 생각한다.

그리고 말을 하더라도 긍정적인 말을 하는 것이 좋다. 아침부터 습관적으로 짜증을 내는 사람을 본다. 부부지간이라도, 직장에서도 부정적인 말은 웬만하면 피하는 것이 좋다. 누구에게나 덕이 될 수가 없다. 주위에 부정적인 말을 하는 사람이 있으면 옆에 있다가 자연스럽게 동조가 되기 십상이다.

반면에 긍정적이고 기운찬 사람 옆에 있으면 자신의 기분도 한층 좋아지는 것을 느낀다. 하물며 자기 자신에게 하는 말은 더욱더 신중하고 긍정적인 말을 선별해야 할 것이다.

이왕이면 TV나 매체를 통해서 승리의 기운, 좋은 기를 받으면 자신에게 도움을 많이 줄 수 있다. 홈런을 치는 장면이나 우승하는 장면, 열심히 훈련하는 장면 등 이러한 것들이 자신의 정서에 영향을 주어 성공의 요인으로 자리 잡을 수 있다. 의도적으로 이러한 장면을 반복적으로 볼 필요가 있다고 본다. 이왕이면 매체에서 부정적인 요소가 많은 장면은 지양하는 것이 자신에게 긍정적으로 작용한다. 며칠만 테스트해 보면 그 느낌이 무엇인지 알 수 있을 것이다. 승리의 기운을, 그 기氣를 직접 느껴보자.

성공 전략 –
방향성이 확실하면 더디 가도 괜찮다

우리는 인생을 너무 바쁘게 사는 경향이 있다. '빨리빨리'라는 말이 바쁘게 사는 인생을 대변해 주고 있다고 볼 수 있다. 빨리빨리는 양면성을 가지고 있다. 우리나라가 이렇게 빠른 성과를 내는 원동력이 될 수 있었으며 다른 한편으로는 조급증의 상징성을 가지고 있다.

우리가 사는 이 세상은 과거부터 지금까지 되돌아 보건대 계속적으로 발전해 왔다. 문제는 방향성은 없는데 분주하게 빨리빨리만 외치면서 사는 인생이다. 방향성이 확실하다면 조금 더디 가더라도 크게 문제는 없으며 오히려 더 좋은 결과를 얻을 수 있다고 생각한다. 방향성이란 인생을 살면서 아주 중요하게 다루어야 할 부분 중 하나이다.

방향성이 없는 것은 목적지 없이 등산을 하는 것에 비유할 수 있다. 목적지가 확실하면 시간 계획도 여유롭게 세울 수 있고, 출발하기 전 자신이 챙겨야 할 물품이 무엇인가 확실하게 준비할 수 있다. 훨씬 전략적으로 움직일 수 있다는 장점이 있다.

그러나 목적지가 불분명한 경우에는 마음만 분주해지고 갈팡질팡할 확률이 높아진다. 대부분 분주하게 사는 사람들을 관찰해 보면 이러한 방향성이 명확하지 않기 때문이라고 볼 수 있다. 결과도 신통치 않다. 원하는 결과가 명확하지 않기 때문이다.

내가 살면서 느낀 것이 있다면 '꿈은 더디 이루어진다.'는 것이다. 특히 꿈이 클 경우에는 더욱더 시간이 걸리고 준비해야 할 것이 많다. 조급함은 꿈을 이루는 것을 방해하는 요소 중 하나이다. 자신의 신념을 기반으로 한 방향성만 확고하다면, 조금 늦게 가도 언젠가는 자신이 원하는 소기의 목적을 달성할 수 있다.

뇌의 신비 –
간절히 원하면 이루어진다

우리의 모든 신체 부위가 자신의 맡은 역할을 성실히 수행하지만 그중에서도 자기의 역할을 끊임없이 수행하는 기관이 있다면 바로 뇌가 아닐까 생각된다. 뇌는 우리가 인지하지 못할 뿐이지 잘 때도 끊임없이 움직이고 있다. 그래서 머리를 사용하는 일을 주로 하는 사람들은 좋은 결과를 얻기 원한다면 충분한 휴식과 더불어 수면을 취해야 한다.

그래야 우리의 뇌가 자신의 역할을 더욱더 수행하는 데 도움이 될 뿐더러 결과가 더 좋게 나올 수 있다.

뇌에 대해서 알아 가면 알아 갈수록 뇌의 신비에 대해서 감탄하지 않을 수 없다. 그렇다면 우리의 뇌를 어떻게 활용하느냐가 관건인 것 같다. '간절히 원하면 이루어진다.'는 것을 말하고 싶다. 뇌는 현실과 이상을 구별하지 못한다는 특징을 가지고 있다. 그래서 뇌를 잘만 활용하면 이상을 현실로 실행하는 데 많은 도움을 줄 수밖에 없다. 간절히 원하면 이루어지는데 어떻게 해야 하는지 그 방법론에 대해서 정리해 보고자 한다.

첫째, 끊임없이 상기시키자.

우리의 뇌가 중요도의 우선순위를 정할 때 어떻게 정할까? 뇌에 자꾸 자극을 주는 순이 아닐까 생각한다. 예를 들어 영어시험에 중요도가 있다면 영어시험을 자꾸 상기시켜 주는 것이다. '이번 영어시험에서 100점 만점에 90점 이상을 목표로 하겠다.' 계속 이러한 생각을 반복적으로 하는 것이다. 하루에도 몇 번씩 매일매일 인식시키는 것이다. 그러면 뇌는 '이것은 중요한 문제구나.'라고 인식하고 그에 따른 적절한 대안을 찾으려고 끊임없이 노력할 것이다. 어떻게든 적절한 답을 내려고 노력할 것이다.

이제 해야 할 일은 영어를 열심히 공부하는 것뿐이다. 일단 자신의 목표를 글로 정리해 보자. 그리고 만든 목록을 지속적으로 상기시키자. 또한 실천하는 자세가 필요하다. 실천이 없으면 좋은 결과를 내기 힘들다.

모든 일에는 노력과 정성이 들어가야 한다. 이것이 세상의 법칙 중 하나이다. 간절히 원하면 이루어진다. 끊임없이 자신의 꿈을 상기시키면서 실천에 옮기자. 이것이 성공의 열쇠 중 하나이다.

뇌의 신비에 대해서 알아보았다. 뇌에 대해서 알아 갈수록 정말 멋있다는 생각을 해 본다. 오늘 하루도 자신의 위치에서 최선을 다하기를 바라며 자신의 꿈을 지속적으로 상기시키면서 지속적으로 노력하기를 바란다.

꿈의 실현을 위해서
필요한 요소들

꿈의 실현은 처음에는 막연하고 추상적인 개념에서 시작한다. 예를 들어 "영어를 유창하게 할 거야." 혹은 "내 집 장만을 하겠어." 등 우리의 삶에서 필요한 다양한 꿈들이 있다. 그리고 그것을 처음에는 막연하게 다짐을 한다. 꿈이라는 것이 처음에는 이렇게 시작한다. 문제는 꿈의 실현 확률을 높이는 것이다.

과연 꿈의 실현을 위해서 어떤 것이 필요할 것인가에 대해서 생각을 하다가 자연의 섭리와 크게 다를 바가 없다는 것을 도출해 냈다. 봄에 농부가 씨를 뿌리고 가을에 곡식을 걷는다. 그 기간 동안 다양한 수고와 시도들이 행해진다. 꿈을 실현하는 데도 농부가 결실을 맺는 과정하고 다를 바가 없다.

첫째, 어떤 씨를 뿌릴 것인가?

농부도 농부 나름인 것 같다. 사과를 전문적으로 수확하는 농부가 있는 반면에 쌀농사를 전문적으로 짓는 농부가 있을 것이다. 이처럼 씨도 가지가지이다. 위에서 잠깐 제시한 영어, 집, 대학 입학 등이 씨에 해당한다고 볼 수 있다. 자신이 어떤 씨를 뿌릴 것인지 '심음의 원리'에서 찾아 볼 필요가 있다. 일단 어떤 씨를 뿌릴 것인가에 대한 결정이 끝났으면 반은 완성이 된 것이다.

둘째, 실행화 관련 계획.

이제 계획을 구체적으로 세울 필요가 있다. 실행 단계마다 어떻게 할 것인가에 대한 구체적인 실행 방법이 있어야 된다. 전략이 없으면 꿈을 실현하는 데 결과를 도출하기가 쉽지 않다. 결과에 근접하게 가기 위해서는 세분화된 전략을 통해서 기간에 맞는 일을 적절히 수행해 줘야 하겠다.

셋째, 꿈의 실현을 위한 유지 관리.

열매를 맺기 위해서는 다양한 유혹을 참아야 된다. 친구를 만나는 것부터 해서 각종 모임, 경우에 따라서는 자신이 좋아하는 취미마저도 어느 정도는 절제를 해야 한다. 농사를 짓다 보면 잡초가 지속적으로 생기기 마련이다. 중간중간 그 잡초를 제거해 줘야만 영양분이 잡초로 가지 않고 자신의 열매에 집중될 수 있다. 농부가 힘겨운 잡초 제거 작업을 주기적으로 하듯이 꿈의 실현을 위해서 자신의 삶에서 잡초와 같은 요소들을 지속적으로 제거해야 된다.

넷째, 시간을 갖고 인내하자.

모든 일에는 시간이 걸린다. 조급해 하다가 중간에 성급히 포기해 버린다면 꿈의 실현은 고사하고 현재까지 노력과 시간을 투입한 게 허사로 돌아간다. 지금까지 아무것도 하지 않은 것이, 차라리 취미 생활을 하는 것이 자신에게 훨씬 더 유익할지 모른다. 모든 일은 더디게 이루어진다. 특히 큰 꿈은 더 그런 것 같다. 시간을 갖고 인내하자. 꿈의 실현을 통한 열매는 달콤할 것이다.

꿈의 실현은 대부분 외부의 영향보다는 자신이 포기를 해서 중단되는 경우가 더 많은 것 같다. 10년을 계획하고 시작을 했는데, 10년 뒤 100명이 처음에 시작했다고 가정을 한다면 10명도 채 남아있지 않을 확률이 높다. 중간에 다양한 이유로 포기를 하기 때문이다. 특히 큰 꿈일수록 더디게 이루어진다. 인내를 갖고 꿈을 향해서 정진하는 자세를 갖자.

진인사대천명盡人事待天命 —
부정적인 생각과 말의 지양

어떤 분이 우리의 삶은 정해진 운명이 있다고 확신에 찬 어조로 말하는 것을 들었다. 그 말을 듣고 어느 정도는 수긍이 가는 한편, 동의하지 않는 부분도 있었다. 과거가 현재가 되었고 이변이 없는 한 현재의 패턴대로 살면 미래도 어쩌면 정해진 수순으로 갈 수밖에 없을지도 모른다. 이것이 주어진 운명이라면 운명일 수 있다.

개인적으로 진인사대천명盡人事待天命이라는 말의 의미를 가지고 살고 있다. 인간으로 할 도리를 다하고 하늘의 뜻을 기다리는 것이 옳다고 본다. 문제는 인간의 할 도리를 다하는 것에 대한 의미 부여이다. 정해진 운명이 있다면 노력을 해도 결과는 바뀌지 않아야 되는 것이 옳다고 본다. 감 떨어질 때까지 입만 벌리고 있는 것이 감을 따기 위해서 감나무를 흔드는 것과 차이가 없다면 차라리 전자가 편할지 모르겠다.

인생은 노력에 의해서 바뀔 수도 있다는 것이 개인의 지론 중 하나이다. 물론 노력을 해도 인생을 바꾸기가 쉽지 않은 것을 알고 있다. 과거부터 지금까지 지내온 인습이 내 몸의 일부분이 되어 있어서 바꾸기도 쉽지 않을 뿐더러 바꾸는 데는 고통이 따른다. 설사 정해진 운명이 있다고 해도 운명의 100퍼센트 중에 1퍼센트의 변화가 있다면 노력을 통해서 바꿔야 된다고 생각한다. 인간의 노력을 통해서 하늘을 감동시켜 보는 자세를 가져 보는 것도 좋다고 본다.

인간 세상도 열심히 노력하는 자에게 관대하기 마련이다. 인간이 살아가는 세상에서도 '심음과 거둠의 법칙'은 분명히 존재한다. 대박은 아니지만 자신이 노력한 만큼은 거둘 수 있다고 본다. 노력하는 자세와 자발적인 수고가 필요하다.

물론 결과가 허탈할 수 있다. 그렇지만 자신에게 떳떳하고, 시도하다 보면 원하지도 않게 좋은 결과를 얻을 수도 있고, 또 다른 기회가 주어질 수 있다. 이러한 것은 몸소 체험해 보고 깨달았기 때문에 자신을 위해서 남들이 보든 안보든 변화의 노력을 하는 자세가 필요한 것 같다.

가장 중요한 것은 부정적 생각을 지양하는 것이다. 부정적인 생각은 부정적 말로 확장되고, 자신의 행동에 수동적으로 영향을 미치게 된다. 적극적으로 변화를 시도해도 될까 말까 하는데 부정적인 자세로 움츠려 있으면 될 것도 안 된다. 부정적인 생각과 말은 항상 경계해야 되겠다.

위기 탈출,
고난 극복도 결국은 기본에 충실

예전에 운동을 배울 때 기본적인 것보다 화려한 발차기나 남들이 봤을 때 '와~!' 하는 탄성이 나올 만한 모션을 취하는 자세를 부러워한 적이 있다. 우리를 가르치는 사범님은 운동을 가르칠 때 기본적인 것만 매일 집중적으로 훈련시킨 것 같다. 사실 그때는 지겨웠는데 지금 와서는 어느 정도 사범님의 의도를 깨닫는 것 같다. 화려한 기술도 결국에는 단순한 동작에서 시작을 하는 것이고, 기본이 탄탄해야 무너지지 않는다는 것을 느낀다.

공부도 마찬가지고, 일을 할 때 일머리에서도 나타나는 것을 느낀다. 위기 탈출도 마찬가지고, 고난을 극복하는 데도 결국에는 기본기가 탄탄하냐 안 하냐에 따라서 판가름이 나는 것 같다.

기본이 중요함에도 불구하고 기본에 대해서 간과하는 경우가 많은 것 같다. 나 또한 마찬가지다. 마치 맑은 날에 우산의 중요성을 크게 느끼지 않듯이 평소에는 중요성에 대해서 모르다가 나중에야 소중함을 깨닫는 이치와 같다고 볼 수 있다. 기본이나 과정에는 충실하지 않으면서 결과에 대해서는 민감하게 생각하는 내 자신을 보며 아직은 수행을 더 해야겠다는 생각이 든다. 위기 탈출이나 고난이 왔을 때 빠르게 극복하기 위해서 필요한 것은 무엇이 있을까 정리해 보고자 한다.

첫째, 기초체력도 상당히 중요하다.

사업에 실패하거나 자신이 준비하던 일이 제대로 안 됐을 때 정신적으로 붕괴하거나 자신의 건강을 학대하는 경우가 있다. 자신을 돌보지 않고 방치하다가 체력 저하는 물론 정신적으로도 피폐해지고, 뒤늦게야 다시 시작하려고 하다가 회복하는데 시간이 많이 걸리는 것을 본다. 자신이 상황이 어려울수록 정신적으로 무장하고 체력적으로 보완하는 계기를 마련하는 자세를 가져야 할 것이다. 주위에 보면 직장을 자신의 의지와 상관없이 퇴사를 하는 경우를 본다. 정신적으로 힘든 기간이 아닐 수 없다. 그래도 그 시간을 기회로 잡고 내공을 축적하는 모습을 보이는 사람들에게 기회가 온다.

둘째, 동기를 분명히 하자.

동기는 위기와 고난에 주저앉고 싶을 때마다 자신의 마음에 불길을 되살려 주는 기회를 제공한다. 힘들 때일수록 목표를 분명히 하고, 자신이 처음에 가졌던 마음을 명확히 하고 전진할 수 있도록 동기를 분명히 해야 하겠다.

셋째, 인생의 가치관을 정립하자.

자신의 삶의 철학을 분명히 해야 외부적 요인에 영향을 덜 받을 수 있다. 일을 하면서 외부적으로나 내부적으로 영향을 받는 것은 당연하다. 자신이 삶을 주체적으로 살며 주위에 충격이 왔을 때 가치관은 결정의 지침이 될 수 있다. 가치관이 없으면 주위의 설득이나 권유에 마음이 쉽게 동할 수 있다. 자신의 주체적 인생을 살기 위해서라도, 위기를 탈출하고, 고난을 술렁술렁 넘기기 위해서라도 가치관을 가지는 것은 중요한 요소이다.

넷째, 채무 관리에 힘쓰자.

위기 탈출과 고난 극복 시 가장 발목을 잡는 것 중 하나가 바로 채무이다. 평소에 채무에 대한 리스크 관리를 철저히 할 필요가 있다. 채무는 자신이 무엇을 다시 시작하려고 할 때 발목을 잡는 것 중 비중이 큰 편이다. 일단 채무가 많아지면 마음이 급해지고, 다른 일을 다시 시작하려고 준비를 하려고 해도 채무 상환을 하는 데 많은 신경을 쓰기 때문에 재기를 하는 데 쉽지 않다. 평소에 위기관리 일환으로 채무 관리를 철저히 할 필요가 있다.

고난과 위기는 극복을 하면 자신에게 소중한 자산이 될 수 있다. 일단 위기가 오면 자신을 자책하지 말고 일단 몸과 마음부터 추스르는 지혜가 필요하나. 그리고 과거에 운동을 하면서 느끼는 것이었지만, 현란한 발차기에 현혹되지 말고 기본에 충실한 자세를 가져야 하겠다. 그래야만 과정이 힘들지라도 비교적 쉽게 위기 탈출이 가능하다.

행운이 많은
행운아가 되려면

어떤 사람을 보면 참 하는 일이 잘되는 것 같다. 그런 사람들을 보고
'행운아'라고 표현을 하곤 한다. 행운이라는 것에 대해서 심도 있게 생
각해 보았다. 과연 행운이 특정인에게만 주어지는 것인가에 대해 숙고
를 한 후에 내린 결론은 '결코 그렇지 않다.'였다. 예외적인 경우도 있
겠지만 대부분 노력에 의해서 만들어지는 것 같다. 노력은 시도라고
생각한다.

'용기 있는 자가 미인을 얻는다'라는 말을 한 번쯤은 들어본 적이 있
을 것이다. 상대방은 미인인데 거울 앞의 내 모습을 보니 정말 비교 대
상도 될 수 없는 것 같다는 생각에 포기를 하고 말도 걸어보지도 못하
는 경우가 대부분일 것이다. 용기라는 것은 시도하는 것이다. 물론 미
인에게 자신의 마음을 고백을 하고 거절을 당할 수도 있다. 그러나 후
회의 관점에서 볼 때, 시간이 지난 후에 밀려오는 후회는 고백을 하지
않았을 때가 거절당했을 때보다 더할 것이다. 과거로 다시 돌아갈 수
도 없고 차라리 시도해 보는 편이 낫지 않았을까 하는 후회가 많이 밀
려올 것이다.

행운이 나에게 올 확률이 어느 정도 될까 생각해 보았다. 야구에 대
해서 지식이 많지는 않지만, 통상적으로 야구 선수들을 평가할 때 3할
이상의 선수를 보고 잘한다고 이야기하는 것 같다. 10개 중에 3개 이
상을 수행해 내면 잘하는 것이다. 이런 수치도 혼신의 노력과 시도가

있어야만 얻을 수 있는 결과이다.

하나의 계약을 성사시키기 위해서 10개의 제안을 하면 그 중에 3개 정도의 제안이 반응을 얻고, 그중에 1~2개의 계약이 성사된다. 이것은 개인의 체험도 있고 다양한 수치가 말해 주고 있다. 10개 중에서 3개 이상의 계약을 성사시킨다는 것은 어마어마한 성공률이라고 생각한다. 결국 행운이라는 것도 시도하면 할수록 높아지는 것이 사실이라고 생각한다.

누구나 행운아가 되고 싶어 하고, 행운을 꿈꾼다. 시도하고 노력하자. 그러면 행운이 어느 순간 조금은 가까운 데에 와 있을 것이다. 요행을 바라는 순간 행운은 저 멀리 도망갈 것이다.

나 또한 행운아가 되기를 바란다. 그러나 노력 없이 행운이 나에게 온다는 생각은 버리고 있다. 사람인지라 가끔을 요행을 바라는 마음이 들 때가 있다. 그때마다 마음을 다잡는다. 요행은 스스로 경계해야 되겠다.

성공의 심리학 –
좋은 결과를 만들어 내는 비결

성공이라는 것은 각자의 주관적 정의에 따라서 정도가 다르겠지만 흔히들 자신이 원하는 결과를 만들어 냈을 때 성공이라고 말할 것이다.

성공을 하기 위해서는 심리적인 요인이 많이 적용된다. 즉 마음가짐에 따라서 성공의 결과가 달라질 수 있다.

첫째, 단순한 삶.

세상이 갈수록 복잡해지고 있다. 가치관이 다양해지고 생활 패턴도 다양하게 존재하고 있다. 획일적인 사고방식이 통하지 않는 시대가 되었다. 세상이 복잡하게 돌아갈수록 자신의 마음과 행동을 더욱더 단순하게 만들 필요가 있다. 특히 자기 시간을 많이 확보하는 데 주력해야 하겠다.

우리는 외부로부터 다양한 영향을 받는다. 특히 통신 매체의 발달 덕분에 스마트폰 등으로 의사 전달을 쉽게 할 수 있기 때문에 어떤 일을 집중적으로 하다가 흐름이 깨지는 등 부정적 영향을 받을 수 있다. 만약 자신이 어떤 분야에서 좋은 결과를 만들기를 원한다면 자신의 목적에 불필요하다고 생각하는 것들을 스스로 제거할 필요가 있다. 좋은 결과를 만드는 비결 중 하나가 바로 자기 시간의 확보에 있다고 본다. 특정 영역에서 결과를 이룰 때까지 불필요한 것들에 대해서는 지양하는 습관을 갖자.

둘째, 짧은 시간에 승부를 보려고 하지 말자.

우리는 인스턴트에 익숙한 환경에서 산다. 물만 부으면 몇 분 안에 음식이 만들어진다. 배달을 시키면 몇십 분 안에 주문한 음식이 온다. 구매 의사가 있으면 인터넷을 통해서 쇼핑몰에서 몇 분도 안 돼 구매 요청을 할 수 있다. 택배도 특별한 사유가 없는 이상 하루나 이틀 정도면 집에 배달이 되는 것을 볼 수 있다.

문제는 우리의 심리 상태도 이러한 빠름에 익숙해져 있다는 것이다. 결과가 빠르게 안 나온다고 쉽게 포기하거나 스트레스를 받는 경우가 있다. 큰일일수록 시간이 오래 걸리는 법이다. 높은 산일수록 골이 깊다는 말을 종종 한다. 만약 원대한 목표를 가지고 있다면 마음의 여유를 가지고 차근차근 진행할 필요가 있다.

셋째, 인맥에 너무 신경을 쓰지 말자.

특히 우리나라 사람들의 경우에는 다른 사람에게 보이는 것에 많은 신경을 쓴다. 어려움에 처한 경우를 보면 인맥의 의미를 다시 한 번 재정립하는 계기가 될 것이다. 자신의 역량을 기르는 데 최선을 다하면 자연적으로 탄탄한 인맥을 형성할 수 있다. 다른 사람에게 의존하려는 생각을 버리고 생활에 임하자. 그러면 인맥은 자연적으로 형성되고, 자신이 무관심해도 다른 사람이 먼저 연락해 오는 경우가 많을 것이다.

넷째, 항상 자신이 부족하다는 생각을 갖자.

인간은 항상 부족하다. 그럼에도 불구하고 작은 성취에 기뻐하고 자만하는 경우가 있다. 우리는 부족하다. 자신이 항상 부족하다고 생각하면 채우려는 자세를 갖고 노력을 할 것이다. 이것이 발전의 초석이 될 수 있다.

좋은 결과를 만들어 내는 비결 중에 하나가 자신이 부족하다고 항상 생각하는 것이다. 인간은 심리적으로 부족함을 채우기 위해서 노력하는 경우가 많다. 나 또한 마찬가지이다. 부족함에 대해서 항상 느끼며 채우려고 노력한다. 만약 자신이 부족함에도 불구하고 자만하고 노력하지 않는다면 도태될 것이다. 항상 움직여야 한다.

긍정적 생각과 부정적 생각의
결과론적 차이

누구나 다 아는 사실을 예로 들어 보고자 한다. 물잔의 물이 50퍼센트만 차 있는데, 물이 반이나 남았다라고 생각하는 사람과 물이 반밖에 없다고 생각하는 사람이 있다. 개인적으로 어떤 사고방식이 잘못되었다고 말할 수는 없다고 생각한다. 다만 이왕 생각하는 것이라면 긍정적 생각이 자신에게 유리하게 작용할 것이라는 것이다. 맹목적으로 긍정적인 생각은 너무 이상적이라고 판단되나 현실을 충분히 고려한 긍정적인 생각은 자신에게 기회를 제공하는 열쇠가 될 수 있다.

예전에 몇 가지 목표를 가지고 추구하던 일이 있었다. 긍정적인 생각을 기준으로 실행에 옮기고 있었다. 주위에서 몇 명이 내가 하는 일에 대해서 안 된다고, 현실 불가능하다고 말한 적이 있다. 결국, 목표에 도달했다. 안 된다고 했던 주위 몇몇 사람들에게 되지 않았냐고 하니, 안 될 줄 알았다고 말하는 것을 보았다. 이를 통해 깨달은 것은 자신이 안 된다면 안 되는 것이다.

안 된다는 부정적 생각은 기회조차 없애는 것이다. 물론 현실적으로 안 되는 경우도 있다. 개인적으로 일을 수행할 때 어느 정도 현실적으로 수행 가능한지, 불가능한지 타당성을 검토한다. 그리고 어느 정도 승산이 있다고 생각하면 실행에 옮긴다. 무모한 도전은 지양하는 편이다.

하지만 매사에 긍정적인 생각으로 상황을 바라볼 필요가 있다. 자신이 생각하기에 정말 안 된다고 생각하면 정말로 안 된다. 이것 또한 안 된다는 믿음이 작용했다고 볼 수 있다. 된다는 믿음을 가지고 실행을 해도 과정이 쉽지 않다. 그러나 긍정적 생각과 부정적 생각의 미세한 차이가 자신의 삶을 더욱 윤택하게 만들 수 있는 계기는 마련해 줄 수 있다. 선택은 본인이 하는 것이다.

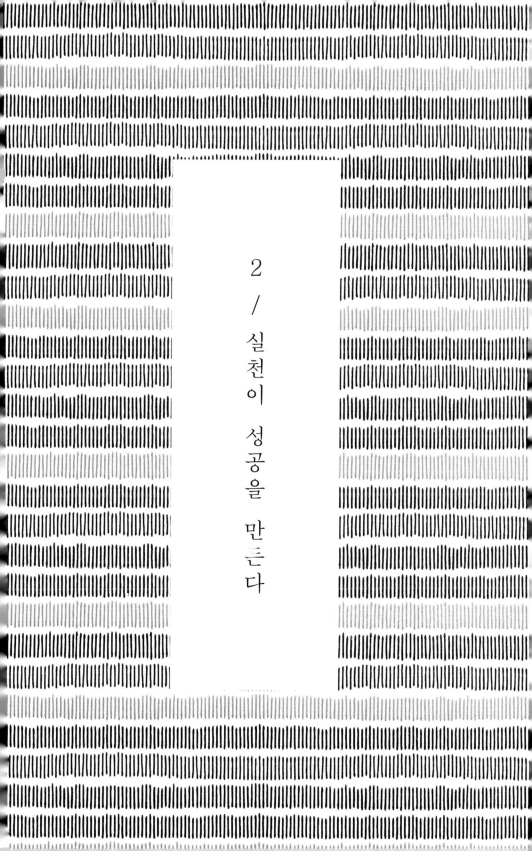

2 /

실천이 성공을 만든다

호박벌은 말한다.
결국 포기는 자신이 결정하는 거라고
___

호박벌의 몸 구조에 대해서 알 사람은 안다. 호박벌은 과학적으로는 날지 못하는, 그냥 무늬만 날개를 가진 곤충이라는 것을⋯. 그런데 호박벌이 아주 우아하게 날면서 자유로운 영혼처럼 이곳저곳으로 다니는 것을 보았다. 여기서 주는 교훈이 있다. 다른 사람의 판단이나 시선은 그다지 중요하지 않다는 것을⋯.

결국 포기도 최종적으로는 자신이 결정하는 것이다. 그 누구도 아닌 바로 자기 자신이다. 예전에 아는 사람한테 아주 모욕적인 말을 들은 적이 있다. 내가 하고 싶은 것 중 하나를 상대방에게 말한 적이 있다. 상대방에게 무안을 당했다.

나 같은 사람은 책을 쓸 자격이 없다는 것이다. 물론 전문가가 책을 쓰면 훨씬 더 설득력 있는 글로 사람들의 시선을 사로잡을 수 있는 것은 분명하다. 나이도 나보다 몇 살인가밖에 많지 않고, 내가 봐도 의식 수준이 크게 월등해 보이지도 않는 사람이 그런 말을 하니 어안이 병병할 따름이었다. 그 후로 연락을 할 일도 없고 휴대폰에서도 연락처를 지웠다. 앞으로 내가 먼저 연락할 일은 없을 것 같다.

물론 상대방이 한 말이 전적으로 틀리다고는 말할 수는 없다. 전문가의 입장에서 책을 쓴다면 보다 현실감 있고 노하우가 충만한 책이 나올 수 있을 것이라 생각된다. 아무리 그래도 상대방의 인생을 함부로 단정하는 것은 경우에 어긋나는 것이라고 생각한다. 상대방이 일부러 나에게 상처를 주려고 한 말인 것을 알고 있다.

그 사람의 말대로 내가 책을 쓸 자격이 없다고 포기를 했다면 상대방의 의도에 설득당한 것밖에 되지 않는다. 결국 주변의 평가가 어쨌든 마지막 결정은 내가 하는 것이다. 남들의 시선이나 조언은 말 그대로 참고일 뿐이다.

현재 이 책이 출간되기 전에 책에 관한 내 경력은 적다. 아직 내 이름으로 된 책이 나온 것이라곤 대학원 졸업 논문이 책이라면 책일 것이다. 하지만 앞으로 출간을 거듭할수록 양질의 책이 나올 것이라, 세상에 도움이 되는 책이 나올 것이라 나 자신이 믿어 의심치 않는다.

나는 거의 매일 글을 쓴다. 솔직히 하루라도 글을 쓰지 않으면 잠이 안 온다. 책을 내고 안 내고가 중요한 것이 아니고 글을 쓰면서 나 자신이 성장하는 것이 중요하다고 본다.

결론적으로 말하면 포기는 전적으로 자신의 고유 권한이다. 만약 포기하고 싶을 때는 호박벌을 생각하자. 그리고 마음을 가다듬는 것도 필요한 것 같다. 아닌 것 같으면 과감하게 포기하고 다른 것을 시작하는 것도 용기라고 본다. 그것이 아닐 바에야 전진이 답이라고 생각한다.

세상이 불공평하다고?
먼저 줄 수 있는 사람이 되어야 한다

나도 모르게 세상을 탓하는 경우가 있다. 세상은 불공평하고, 다른 사람들에게 유리한 경우로 세상이 돌아가는 것 같은 느낌을 받을 때가 있다. 물론 맞을 수도 있고 맞지 않을 수도 있다. 왜냐하면 세상일에 대한 평가는 자신이 어떻게 바라보느냐에 달렸기 때문이다.

자본주의의 경쟁 체제에서 태어날 때부터 금수저 혹은 은수저를 입에 물고 태어나는 경우도 있을 것이다. 그런데 상식적으로 생각해 보면 과연 그런 사람이 몇 명이나 있을까? 소수에 불과할 것이다. 대부분은 그냥저냥 사는 집안의 자녀들이다.

물론 요즘 취업도 힘들고, 들리는 말에 의하면 7포 세대라고 한다. 7포의 의미가 무엇인지 정확히 알지는 모르겠지만 아마도 그중에 하나가 결혼이 아닐까 생각한다. 앞으로 8포, 9포로 포의 숫자가 늘어나지 않을까라는 생각을 해 본다. 참 살아가기 각박한 세상일지도 모르겠다.

자연계에서 보면 서로 공존하기 위한 배려의 현상도 볼 수 있으며 그와 반대되는 현상, 적자생존의 현상도 종종 볼 수 있다. 특히 피라미드 구조의 먹이사슬이 자연계의 특성을 잘 보여주는 것이 아닐까 생각한다. 우리는 경쟁을 통해서 발전해 왔다. 물론 그 경쟁 때문에 도태되거나 때로는 극단적인 선택을 하는 경우도 보이기도 한다.

내가 하고 싶은 말은 먼저 세상에 바라는 것이 있으면 안 된다는 것이다. 또한 세상이 나에게 우호적이기를 바라면 안 된다. 그러면 자신의 마음에 상처만 더 커지기 때문이다. 자신이 세상에 먼저 우호적이도록 힘써야 하겠다.

예전에 사진을 찍으러 갔다가 호박벌이 호박꽃에 들어가 꿀을 따는 것을 관찰한 적이 있다. 알다시피 꽃은 움직이지 못한다. 누군가가 와서 자신의 꽃가루를 다른 곳으로 이동시켜 줘야 한다. 그래서 자신의 전략적인 무기인 꿀로 벌이나 나비들을 유혹한다. 하얗게 꽃가루가 붙은 호박벌의 모습을 보며 나도 꽃과 같은 마음으로 살아야 되겠다는 생각이 들었다.

내가 먼저 상대방에게 도움을 줘야 한다. 그러기 위해서 배우기에 힘쓰고 노력해야 한다. 남들이 먼저 나를 도와주기를 원하면 안 된다.

지금은 정말 보기 힘들지만 예전에 각설이라고 있었다. 주로 시장이나 길거리를 돌아다니며 동냥을 주로 했는데 그냥은 하지 않았다. 장타령을 한 곡이라도 뽑아주고 상대방에게 요구를 했지 그냥 상대방에게 원하는 것은 없었다. 그것이 각설이의 자존심이었는지 몰랐다. 만약 상대방에게 원하는 것이 있는데 공짜로 원하는 것이 있다면 각설이만도 못한 인생을 사는 것이 아닐까 생각된다.

사람은 자존심을 가지고 살아야 한다. 세상에 무엇을 원하기에 앞서 자신이 과연 세상에 무엇을 줄 수 있을지 생각하는 계기를 마련해 보았으면 좋겠다. 그러면 훨씬 세상이 불공평하지 않게 보일 것이다. 세상 탓, 남 탓 한다고 세상이 달라지는 일은 거의 없을 것이다. 자신의 마음만 상할 뿐…. 신념을 가지고 자기계발에 힘쓰며 자신의 삶의 최선을 다해 보자.

수신하기 –
안 보이는 부문에 집중하자

나는 창조주를 신봉하기 때문에 항상 나 자신의 행실을 지켜본다고 생각하고 몸가짐을 되도록 조심하는 경향이 있다. 그럼에도 불구하고 사람인지라 가끔 긴장을 풀어헤치는 경향을 보일 때가 있다.

요즘은 이러닝(e-learning)이 발달을 해서 인터넷이 되는 컴퓨터만 있으면 먼 거리에 있는 선생님의 강의를 들으며 쉽게 공부도 할 수 있다. 문제는 인터넷으로 강의를 들으면서 공부하는 자세이다. 만약 진짜로 학원에 간다면 복장을 제대로 갖추고, 가서 자세도 흐트러짐 없이 공부를 할 것이다. 보통 집에서 공부를 하다 보니까 복장이 자유스럽고, 되돌아보건대 정신도 흐트러진 경우가 많은 것 같다. 동영상이고, 선생님이 나를 보고 있지 않다는 마음가짐이 차이를 만들어 낸 것 같다. 그런 마음가짐이 습관화가 되어서 나 자신을 더욱 나태하게 만들 것이다.

자신을 발전시키고 더 나은 나로 만들기 위해서는 안 보이는 부문에 집중을 해야 하겠다. 우리는 상대방이 보든 안 보든 자신의 삶에서 수신을 하는 자세가 필요하다고 본다. 요즘은 깨달은 바가 있어서 잘 되지는 않지만 의식적으로 누가 보지 않아도 몸가짐을 바로 하려고 노력한다. 이것이 바로 자발적인 수신하기가 아닐까 생각된다. 남들의 시선은 그렇게 중요하지 않다. 문제는 나 자신의 마음가짐이다.

성공 유전자 –
일단 끝까지 가 본다는 생각으로 목표에 임하자

성공에도 조기 교육이 필요하다고 본다. 왜냐하면 어릴 적부터 성공에 대한 인식이 습관화되어야 하기 때문이다. 작은 성공 하나가 조금씩 모여서 큰 성공을 만드는 것이다.

불혹의 나이에 가까워지면서 주변의 다양한 사람들을 보면 '저렇게 살아가는 것은 이유가 있는 것이구나.'라는 생각이 자연스럽게 들 경우가 있다. 과거로부터의 삶이 현재의 삶에까지 영향을 주는 것이다. 과거에 성공했던 경험이 없기 때문에 지금의 삶에서 모험을 한다는 것 자체가 부담스럽게 느껴질 수가 있다. 무엇을 시도하는 것조차 엄두가 나지 않는 것이다. 왜냐하면 앞에 ㅣ 잠깐 말했듯이 성공해 본 경험이 별로 없거나 전무하기 때문이다.

이러한 상태에서 어떤 것을 시도하는 데는 저항력이 상당하다. 일단 과거에 시행착오를 겪어보지 않았기 때문에 성공을 향해서 가는 과정의 의미를 잘 모른다. 그리고 어떤 일을 성공시켰을 때 느낄 수 있는 감정을 모르는 경우가 많다.

그래서 어릴 적부터 아주 소소한 것이라도 지속적으로 임무 완성(혹은 성공)을 지속적으로 체화가 될 때까지 습관화시키는 것이다. 어릴 적에는 특히 부모나 스승의 역할이 상당히 중요하다. 어쩌면 성공은 만들어 주는 것이라고 봐도 된다고 본다. 어릴 적에 이러한 경험이 없다면, 가능한 20대라도 다양한 성공 경험을 본인 스스로가 노력해서 만들어 볼 필요가 있다. 그래야만 사회에 나가서 작은 일에도 좌절하지 않고 묵묵히 자신의 주어진 일을 완수할 수 있다.

결론적으로 성공 유전자는 습관이라고 봐도 과언이 아니다. 일단 끝까지 가본다는 생각으로 목표에 임하는 자세가 필요하다. 이런 부분이 나도 아쉽다. 어쩔 수 없는 과거의 이야기지만 한 살이라도 어릴 적에 이러한 성공 시스템을 알았더라면 하는 생각이 든다. 지금이라도 늦지 않았지만….

일단 다양한 시도와 시행착오를 겪으면서 끝까지 가보려는 마음이 필요하다. 요즘은 인스턴트에 익숙해져서 그런지 금방 지치고 금방 포기하는 경우가 많은 것 같다. 냄비가 열기에 금방 끓고 금방 식듯이 어려운 일일수록 더디게 가기 마련이다. 오늘 하루도 포기하지 않고 자기 자신을 믿고 이것저것 시도해 보는 것이 좋지 않을까 생각한다. 그러면서 성취감도 느끼고 다음에 도전할 일들에 대해서도 긍정적으로 생각할 수 있는 마음이 들 것이다.

결심을 행동으로 옮기기 –
생각하는 것과 다를 수 있다

요즘 살도 많이 빠졌고 이참에 체력 관리에 박차를 가하려고 다양한 시도를 하고 있다. 그중에 하나가 바로 아파트 집까지 걸어서 올라가기이다. 집의 층수가 10층에서 20층 사이에 있기 때문에 틈나는 대로 계단을 통해서 올라가 보려고 마음으로만 생각을 하다가 처음으로 올라가 보았다. '과연 내가 쉽게 올라갈 수 있을까?'라는 의구심부터 시작해서 '어떤 효과가 있을까?', '끊임없이 할 수 있을까?' 등 다양한 생각이 들었다.

한번 올라가 보며 내린 결론은 생각보다 해 볼 만하다는 것이다. 올라가면서 종아리 부문이 단련될 거라 생각했는데 허벅지(넓적다리) 부문이 훈련이 되었다. 이것도 내가 생각했던 것과 상이한 부문이었다.

무엇이든지 마음으로 생각하는 것과 행동으로 옮기는 것은 분명 다르다는 것을 말하고 싶다. 그래서 행동으로 실천해 보는 것이 중요하다. 마음속으로 아무리 생각해도 실천이 없으면 실행했을 때의 결과를 예측하기가 쉽지 않겠다는 생각을 해 본다. 그나마 나는 실천의 중요성을 누구보다 잘 알기에 틈나는 대로 시도해 본다.

100번을 보는 것보다 한 번 실습을 해 보는 것이 중요하다. 자신이 생각했던 것과 다르게 느끼는 것이 많을 것이다. 행동으로 옮기는 습관을 들여 인생을 긍정적으로 바꿀 확률을 높여 보자.

평소에 차근차근 –
오늘 걷지 않으면 내일 뛰게 된다

가장 강력한 힘 중에 하나가 바로 '천천히 그리고 꾸준히'가 아닐까 생각한다. 처음에는 그 위력을 실감하지 못하나 일정 시간이 흐른 후에 누적된 양의 힘은 무시 못할 때가 많다. 처음에는 더디 가는 것 같지만 정말 누적의 힘은 대단하다는 것을 몸소 알고 있다. 프로젝트를 할 때나 어떤 시험을 앞두고 몰아쳐서 하려면 정말 힘에 부친다. 힘들어서 중간에 포기하는 경우도 있고 정말 안 되는 경우도 있다.

실제로도 경험을 해 보고 쓴맛도 봐 보았기 때문에 자신 있게 이야기할 수 있다. 꾸준히 걸어가도 일정 수준에 도달할 수 있다. 그렇지만 그것마저 하지 않으면 나중에는 뛰어가게 된다. 숨이 차고 괴롭게 목적지에 갈 수밖에 없는 형국이다. '오늘 걷지 않으면 내일은 뛰게 된다'는 이 세상을 살아가는 데 있어서 보편적인 진리이자 명언 중 하나가 아닐까 생각한다. 우보천리도 아마 그런 맥락에서 이해할 수 있을 것이다.

나는 욕심이 많은 편이다. 그런데 그 욕심에 대한 기대치가 높기만 했지, 조금씩이라도 실천에 옮겨야 하는데 실천에 옮기지 못해서 결국 안 한 것보다 못한 경우가 되는 경우가 종종 있었다. 그래서 천천히라도 꾸준히 하는 것이 중요하다고 본다.

처음 블로그를 시작할 때도 마찬가지다. 처음부터 의욕만 앞섰다면 금방 포기했을 것이다. 꾸준히 하다 보니 몇 년을 넘기며 매일 포스팅을 하나라도 하려는 관성이 생겼다. 현재는 블로그에 누적 포스팅이

2,000개가 넘어 버렸다. 하루에 하나씩 포스팅을 한다고 하면 5년 정도의 시간이 걸리는 양이다.

모든 일에는 시간이 걸린다. 이것은 자연의 법칙과 무관하지 않다고 본다. 대박을 노리며 기회를 엿보는 사람들이 자멸하는 것을 많이 본다. 조금씩이라고 꾸준히 하는 것이 자신의 미래를 위해서 더 유익하다는 것을 말하고 싶다. 조금씩이라도 차근차근 꾸준히 하는 모든 일을 하는 습관을 들여 보기를 바란다.

좋은 운은 실행력이
강한 사람에게 높은 확률로 나타난다

주위에 운이 좋은 사람이라는 말을 듣고 사는 사람들이 있다. 과연 비결이 무엇일까? 그중에 한 가지를 든다면 바로 실행력이 아닐까 생각한다. 꾸준한 시도이다.

야구 선수 중에서 3할 대 이상의 선수를 역량 있는 선수로 간주한다. 3할 이상이면 10타수 중에 3안타 이상인 경우를 말한다. 이것을 높다고 생각할 수 있을까? 평생 야구와 관련된 일만 한 사람일지라도 3할을 넘기는 것이 쉽지가 않다. 역량 있는 선수들을 보면 정말 부단히 연습하는 것을 볼 수 있다. 다른 말로 이야기한다면 끊임없는 시행착오를 겪으면서 정상의 자리를 유지하는 것이다.

어떤 사람들은 그 사람이 이면에서 흘리는 땀방울을 보지 못한 채 정상에서 짓는 승리의 미소만을 보며 운이 좋은 사람으로 단정해 버리는 경우가 있다. 만약 그들이 매일같이 연습하는 모습을 본다면 그런 말은 쏙 들어갈 것이다.

운 좋은 사람들의 특성 중에 한 가지는 바로 실행력이 높다는 것이다. 남들이 10번 시도할 때 100번을 시도한다면 자연스럽게 운이 따라올 수밖에 없다. 이것은 비단 운동뿐만 아니라 공부에도 적용이 된다. 10시간 공부한 사람과 100시간 공부한 사람은 분명 차이가 있다. 이런 사실을 간과하고 운 좋은 사람이라고 치부하는 것은 현명한 판단이라고 보기는 어렵다.

기억하자. 운 좋은 사람은 끊임없이 시도를 하는 사람이라는 것을…. 단순히 요행을 바라는 것하고는 분명 다르다. 자신이 할 수 있는 시도를 다 한 후에 자신에게 믿음을 주자. "나는 운 좋은 사람이다."라고 말이다.

미래를 향한 끊임없는 도전 –
일단 해 보는 거야

성공하는 사람들의 전형적인 특징 중에 하나는 실행력이 강하다는 것이다. 머릿속으로 아무리 생각을 한다고 해도 실행이 없다면 결과를 도출하기 힘들다. 그래서 도전 정신이 필요하다. 나이를 떠나서 미래를 향한 끊임없는 도전을 해야지만 뭐라도 건질 수 있다. '일단 해보는 거야.' 이 문장은 정말로 중요한 마인드이다. 일단 시도하고 시행착오를 겪다 보면 뭐라도 나온다.

우리의 뇌는 현실과 이상을 구분하지 못한다. 우리는 다양한 것들을 시도해 보면서 현실과 이상과 사이에 괴리감이 있다는 것을 자연스럽게 체험할 수 있다. 그러면서 우리가 목표로 생각했던 모든 것에 대해서 가까워질 수 있다.

도전에는 가끔 행운도 따른다. 열심히 목표를 향해 정진하다 보면 자신이 미처 생각하지 못했던 이런저런 행운이 따른다. 행운이 자신이 목표로 했던 것보다 더 큰 선물로 다가올 수가 있다. 그래서 미래를 향한 끊임없는 도전이 필요하다.

행운의 사례가 무엇이 있을까? 몇 가지 정리해 보자. 이런 경우가 어떨까 생각된다. 물론 아래에 기술하는 내용은 내 상상이다.

어떤 결혼 적령기에 있는 남자가 있었는데 소개팅을 비롯하여 선과 미팅 등을 하며 결혼할 반려자를 찾았다. 수백 번을 시도 했으나 계속 실패하다가 마지막에 성공을 했다고 치자. 보통 사람 같으면 수백 명을 만나기도 힘들 텐데, 이 사람은 자신만의 노하우를 가지고 있었던 것이다.

그는 결혼하면서 이러한 생각을 했다. '나와 같이 결혼 적령기에 있으면서 많은 실패로 결혼까지 못간 사람들을 위해서 그간

쌓은 나만의 노하우를 이야기하자.' 그는 이 내용을 책으로 내서 주위에 도움을 줄 수 있었다. 또한 자신의 경력을 십분 활용해서 결혼 관련 컨설턴트로 현재 왕성하게 활동 중이다.

물론 위의 이야기는 내가 지금 상상하고 지어낸 이야기지만 충분히 개연성은 있다고 본다. 끊임없는 도전은 자신을 어떤 길로 인도할지 모른다. 그렇기 때문에 하루하루 열심히 열심히 도전하면서 사는 자세가 필요하다. 어디에서 어떻게 자신에게 기회로 다가올지 모르기 때문이다.

시행착오는 자신의 경험 축적이라고 봐도 된다. 좌절을 경험했다고 너무 낙심할 필요가 없다. 다 자신만이 가지고 있는 엄청난 재산이라는 것을 깨달을 것이다. 고통도 학습이라는 맥락에서 해석한다면 이해하기가 쉽다.

개인적인 도전의 경험을 이야기해 보고자 한다. 대학 때 영어 공부를 열심히 했다. 거의 영어와 살았다고 해도 과언이 아니다. 나중에 영어를 밑천으로 삼아서 게임회사에 들어가 외국인 게임 유저를 상담해 주는 운영자가 되는 기회를 얻었다.

그 후에 해병대 통역장교로 지원했었다. 물론 떨어지고 다른 보직으로 갔지만, 영어에 대한 도전이 없었다면 게임회사에서 외국인 유저를 상담하는 경우나 통역장교 시험을 볼 것을 엄두도 내지 못했을 것이다. 비록 떨어졌지만 내가 왜 떨어졌는지 알았고, 면접을 볼 수 있었던 것은 나에게 큰 경험이자 자산이었다.

지금의 이 순간도 마찬가지다. 나는 수많은 도전을 하고 있다. 결과는 그다음에 생각하는 것이다. 그래서 시간을 소중히 한다. 이런저런 시도를 하고 실패나 성공 둘 다에서 교훈과 깨달음을 얻는다.

결과에 대해서 처음부터 겁먹지 말자. 미래는 모를 일이다. 결과를 완성할 때도 있고 실패할 수도 있다. 결과를 도출하기 위한 과정을 통해서 또 다른 행운이 기다릴 수 있을지 모르고 귀인을 만날 수도 있는 것이다. 이래도 도전 안 할 텐가? 인생은 자신이 태도(Attitude)에 달렸다는 말을 숙고해 보기를 바란다.

가장 연약한 부문
극복 방법

성서에 보면 예수님께서 40일 금식을 하고 시험을 받는 대목이 나온다. 첫 번째 시험은 돌로 떡이 되게 하여 주린 배를 채우는 것이 어떻겠냐는 제안이다. 그때 예수님께서는 사람이 떡으로만 살 것이 아니고 하나님 말씀으로 살아야 한다고 대답하고 첫 번째 관문을 통과했다. 40일 동안 금식한 후에 식욕에 대한 것이 가장 연약한 부분이었을 것이다.

나에게 있어도 연약한 부문이 있다. 나 자신을 위해서 반드시 극복해야 할 부분이 있어 이런 저런 시도를 했는데 다시 한 번 큰 결심이 필요하지 않을까 생각된다. 연약한 부문으로 크게 2가지가 있는데, 하나는 밤을 새는 것과 다른 하나는 체중 조절이다.

전자는 이제 요령이 생겨서 쉽지는 않지만 할 만하다. 문제가 있다면 식탐이 많다는 것이다. 먹는 것을 좋아하니 체중이 현상 유지가 되거나 약간 빠지거나 하면서 지내고 있다. 사실 몇 킬로그램 빠졌으나 이걸로는 부족한 것을 깨달았다. 지금부터 10킬로그램은 빼야 한다는 깨달음과 결심이 섰다. 바로 혈압 때문이다.

일단 제일 중요한 것은 식사 조절이다. 들어오는 것(INPUT)이 너무 많기 때문에 내 몸 안의 혈압이 올라간 것이다. 일단 식사 조절을 하고 운동을 꾸준히 한다. 틈만 나면 움직이려고 노력한다. 아는 지인이 '버피테스트'라는 것을 알려 주었는데 일단 이것저것 해 보려고 한다. 실천이 중요한 것이니…. 현재 나에게 있어서 가장 민감하면서도 연약한 부문에 대해서 기술해 보았다. 문제는 실천이다.

끈기에
대하여

끈기는 단조로움에 비유하고 싶다. 명문대에 진학하는 학생들을 보면 어릴 적부터 고등학교까지 단조로운 생활을 묵묵히 버티면서 주어진 공부에 최선을 다한 결과라고 볼 수 있다. 하지만 명문대에 간 것을 부러워할 줄만 알지, 십 년이 넘는 단조로운 생활에 대해서는 무시하는 경향이 있다.

주위에 운동을 직업으로 하는 분들을 보면 참 대단하다는 생각이 든다. 운동 자체가 힘이 들 뿐만 아니라 단순한 동작을 매일 반복하면서 주위의 경쟁자들과 기량을 겨뤄야 된다는 것에서 느끼는 스트레스와 힘듦은 말할 수 없을 것이다.

성공한 사람들의 특징 중 하나가 바로 끈기이다. 과연 끈기는 무엇을 의미하는 것인지 몇 가지 정리해 보고자 한다.

첫째, 천릿길도 한 걸음부터.

천 리를 가는데도 첫발을 띄어야 한다. 그리고 한 걸음, 두 걸음 가다 보면 최종 도착지에 도착해 있을 것이다. 실패하는 사람들의 전형적인 특징이 바로 기대하는 바와 목표는 높은데 당장 눈앞의 실천해야할 사소한 것들은 무시하는 경향이 있다는 것이다. 처음에는 미세한 차이지만 성공한 사람과 그냥 평범하게 사는 사람과의 큰 차이이다. 이것을 깨달으면 지금 주변에서 일어나고 있는 사소한 것들을 간과하지 못할 것이다. 작은 일에 충성하는 자세가 자신을 성공한 사람으로 만들 것이다.

둘째, 오늘을 사는 사람.

순간순간 집중해서 일을 처리하는 습관을 갖는 것이 중요하다. 제일 안 좋은 습관은 미루기이다. '조금 있다 하지', '내일 하지' 하면서 자꾸 미루는 경우가 있다. 그리고 다음 날이 되어서는 '어제 할 걸' 하며 후회한다. 문제는 행동이 변화되지 않는다는 것이다. 지나간 과거나 다가올 미래보다는 현재의 순간에 충실하는 자세가 필요하다. 현실을 붙잡는 끈기를 갖는 것이 필요하다.

셋째, 작은 성취가 모여서 큰 성취가 된다.

위에서 잠깐 언급했지만 성취감을 느껴 보는 것이 중요하다. 1등을 해 본 사람은 그 느낌을 안다. 그래서 다음에 더 큰 규모의 시험이나 대회에서 1등을 하는 데 심리적으로 유리한 상황과 환경을 만들 수 있다. 일단 작은 성공부터 성취해 보는 것에 중점을 둬 보자. 그리고 단계적 성장을 통해서 더 큰 성장을 이룰 수 있을 것이다.

성공한 사람의 끈기에 대해서 정리해 보았다. 무슨 일을 할 때는 반드시 끈기가 필요하다. 과정에 고통이 수반되거나 지루함이 있을 수 있다. 하지만 그렇게 몇 년에서 수십 년을 노력하면 자신이 원하는 수준의 위치에 올라가 있을 것이다.

시도하기 –
잘한다는 것은 익숙해진다는 것

개인적으로 '물 흐르듯이'라는 표현을 좋아한다. 흐름이 자연스럽다는 것이다. 예전에 자전거를 타는데 자전거 체인에 오일이 다 말랐는지 듣기 싫은 기계음이 들렸다. 앞으로 전진이 잘 안 되는 것 같은 느낌이 들었다. 자전거 체인에 오일을 뿌리니 그때부터 자전거가 잘 달리기 시작했다. 말 그대로 자전거가 잘 달리는 데 익숙해진 것이다.

지금까지 살면서 알게 모르게 익숙해진 것들이 있을 것이다. 쉬운 예로 숟가락질이 아닐까 생각된다. 아이가 처음 이유식을 먹고 3~4살 되면 혼자 포크를 사용하기도 하며 조금씩 살아가는 데 필요한 것들에 익숙해진다.

모든 일을 처음 시도할 때는 기대도 있지만 두려움도 있다. 나 또한 마찬가지인 것 같다. 지금 자연스럽게 익숙한 것도 있지만 엄두가 나지 않는 것도 있고, 시도는 해야 하는데 두려운 것도 있다.

물론 모든 것을 잘할 수는 없다고 생각한다. 하지만 나 자신이 성장하기 위해서 반드시 넘어야 할 산이 있다. 일명 통과의례라는 것이다. 그래서 익숙하지 않고 두려워도 시도해 보는 것이 중요하다. 그러면서 서서히 자신이 하고자 하는 것에 익숙해지는 것이다.

10대에서 20대에는 많은 자격증을 따고 영어 공부를 하는 등 다양한 자기계발을 한다. 그러다가 30대 이후가 되면서 자연스럽게 자기계발을 하지 않는 경우가 많다. 두렵기도 하고 무엇을 시도하는 것조차 익숙해지지 않기 때문이다.

추운 겨울이 조금씩 오고 있다. 추워지면 움츠러든다. 사실 요즘은 옷들이 좋아서 방한이 잘 된다. 그럼에도 불구하고 처음부터 밖은 추우니 밖에 나가는 것조차 심리적으로 꺼려한다. 사실 밖에 나가도 자신의 생각만큼 춥지도 않을 텐데 말이다.

잘한다는 것은 반복적 시도를 통해서 자기 몸에 체화가 되어 익숙해진다는 것이다. 두려워하지 말고 시도하자. 처음에는 힘들지만 성취감과 보람을 느낄 수 있다.

생각하기 싫은 과거 청산하고
새 출발하기

과거를 돌이켜 보면 누구에게나 후회할 거리나 용서되지 않는 부문이 분명 존재한다. 결론을 말하자면, 새 출발을 원하면 그것을 빠르게 잊거나 참회를 통해서 없애 버리는 것이 필요하다. 이것이 성공의 새 출발에서 필요한 요소 중 하나이다.

대부분이 과거의 업에 사로잡혀 현재의 인생과 미래의 인생까지 저당 잡히는 경우가 많다. 자신의 과거를 인정하자. 자신이 잘못한 일이 있으면 참회를 하면 되는 것이고, 원망의 대상이 있으면 사람이 되었든 어떤 대상이 되었든 용서하자.

그리고 한 가지 기억해야 할 것이 있다. 모든 것은 자신이 만든 것이다. 자신의 과거에 행위에 대해서 자신을 용서하는 자세를 갖는 것이 중요하다.

특히 채무가 있는 사람들은 새 출발하기가 어렵다. 빚 때문에 자신의 운신의 폭이 줄어든 경우가 많다. 평소에 절약의 습관을 통해서 채무를 안 만드는 것이 중요하다. 만약 만들더라도 어느 것보다 우선해서 갚는 자세가 필요하다.

채무를 갚는 것이 쉽지 않음을 느낄 것이다. 의지가 많이 필요하다. 여기에서도 가장 중요한 것이 자신의 채무에 대해서 인정을 하는 자세이다. 그리고 빨리 갚아야겠다는 자세가 필요하다. 물론 능력이 안 돼 못 갚을 경우에는 파산이나 면책 등 다양한 법적인 제도를 이용하면 되는 것이다.

　과거 청산의 첫걸음은 현실을 인정하는 데서 시작하는 것이 중요하다. 모든 일어나는 일에 대해서 외부에 탓을 돌리면 결국 자신만 손해이다. 문제의 시작은 내 자신에게 있다는 것을 깨끗하게 인정하고 과거를 청산하면 새 출발하기가 훨씬 쉽다. 현실의 상황을 인정하자. 그리고 참회하자. 주위의 원망들은 용서하자. 긍정적 현실과 미래를 만들기 위해서라도 꼭 필요한 과정이다.

오프로드 –
겁내지 않기와 안 해 본 것 시도해 보기

오프로드(Offroad)는 포장되지 않은 산길이나 길이 아닌 길을 의미한다. 나이를 한 살 한 살 먹으면 먹을수록 오프로드를 겁내는 경향이 있다. 심지어는 퇴직 후 몇 달 동안 집 밖으로 못나가는 사람도 있다고 한다. 사실 나도 성향이 적극적이고 실행을 중시하는지라 항상 실천에 앞장서려는 경향이 있지만 망설여지고 두려울 때가 있다. 특히 한 번도 가보지 못한 미지의 세계와 한 번도 해 보지 못한 것에 대해서는 망설임도 있고, 심지어는 겁이 나는 경우가 있다.

　사람이라서 당연한 것 같다. 앞에서는 애써 태연한 척 해도 마음은 안 그럴 수도 있다. 그 공포를 극복하는 것을 흔히 용기라고 한다. 흔히들 한 분야에 성공하려면 밤이고 낮이고 그 분야야만 생각해야 한다. 그리고 아직도 접해 보지 못했던 것에 대해서 끊임없이 시도해야 한다. 그래야만 미지의 세계에 대하여 내성이 생기고 항상 적극적으로 대처하게 되며 주어진 환경에 노련하게 대처할 수 있다.

살면서 제일 후회되는 것, 과장을 더하면 후회막심하는 것이 시도하지 않은 것에 대한 아쉬움이다. 시간을 되돌릴 수도 없고 정말 안타까운 일이 아닐 수 없다. 작은 것부터 익숙하지 않아도 시작해 보는 것은 어떨까 제언해 본다. 바느질, 요리하기, 안 가 본 등산경로로 가 보기, 안 가 본 골목길로 가보기, 컴퓨터 등 신기술에 대해 공부하기 등 자신이 미지의 세계라고 생각하는 것을 시도해 보는 것이 어떨까 생각한다.

중학교 때 선생님과 친구랑 선생님의 지인을 방문한 적이 있다. 한 번도 가보지 않은 길이었는데 지나친 적조차 없어서 시야에 들어오지 않았다. 그 길을 다녀온 후 다시 돌아와서 뒤돌아서니 그 길이 머릿속에 확연하게 그려지는 느낌을 받았다.

공부도 마찬가지고 일도 마찬가지이다. 처음에는 모든 것이 익숙하지 않기 마련이다. 그럼에도 불구하고 자신이 발전을 하려면 항상 시도해야겠다.

갑자기 명언 하나가 생각이 난다. 'I knew if I stayed around long enough, something like this would happen' 조지 버나드 쇼의 묘비명에 쓰여 있는 말이라고 한다. 직역하면 '만약 내가 충분히 머물다 보면, 이런 일이 일어날 줄 알았다.'라는 의미이다. 사람을 비롯하여 살아있는 생명에게는 죽음이라는 마침표가 있다. 후회 없는 인생을 위해서라도 머뭇거리지 말고 시도해 보기를 바란다. 그러면 성취감과 행복감을 자연스럽게 느끼게 될 것이다.

편안한 생활 vs
젊어서 고생은 사서도 한다

나도 편안한 생활이 좋다. 정신적으로나 육체적으로 편안하게 살고 싶다. 그러나 가끔은 내 자신을 혹독하게 훈련시키고 자기계발을 꾸준히 하는 것은 왜일까? 그것은 다 내 자신을 위해서이다.

'젊어서 고생은 사서도 한다'라는 말을 다들 알 것이다. 그러나 이를 삶에 적용시키는 것은 쉽지 않다. 편안함을 추구하는 마음이 먼저 작동하기 때문일 것이다.

노후에 연금이나 저축해 놓은 돈이 많아서 편안한 생활을 하는 분들 중에 육체적으로 힘들어 하시는 분들이 있다. 육체가 힘드니 정신적으로도 힘들다. 사람은 적당히 긴장을 해야지만 노화 방지에도 좋고 건강에도 좋기 때문이다. 교감신경과 부교감신경이 적절하게 조화가 되어야지만 사람은 건강을 챙길 수 있다. 그래서 안락한 삶은 좋지만 너무 과도하게 추구하다 보면 자기 자신에게는 해가 될 수 있다.

너무 편안한 삶만 추구하다 보면 발전이 없다. 자기 자신의 발전을 위해서라도 편안한 삶보다 자기 스스로 고난을 찾아 가는 것이 슬기롭고 지혜로운 방법이라고 본다. 부처님도 6년 동안의 고행을 통해서 깨달음을 얻었다. 예수님도 40일의 금식을 하신 후 사탄의 모든 유혹을 물리치고 공생애를 시작했다.

모든 결과에는 다른 사람들 앞에서 말 못하는, 남모르는 눈물과 고통이 있을 것이다. 지금 앞에 보이는 화려함만을 보고 부러워하지 않았으면 좋겠다.

열대지방이나 자원이 풍부한 나라는 아무래도 상대적으로 고민이 적을 수 있다. 그런 환경에서는 발전이 있기가 어렵다. 왜냐하면 모든 것이 풍족하기 때문이다.

부족함과 고통이 발전의 초석을 만들 수 있다. 추울 때 움직여야 몸이 데워지는 이치와 같다고 본다. 뭐라도 해야지 그냥 움츠려 있으면 안 된다. 자신의 삶에서 고난이 와도 적극적인 자세와 기쁨으로 받아들일 수 있는 지혜가 필요하다고 본다.

계란으로 바위치기 –
무모함에 도전과 발상의 전환

'계란으로 바위치기'라는 말이 있다. 안 되는 일, 즉 아무리 시도해도 되지 않는 일에 대해서 비유적으로 하는 말이다. 물론 계란으로 바위를 쳐 봤자 계란만 깨지고 무의미한 일이라고 볼 수 있다. 차라리 그 계란을 자신의 몸 건강을 위해서 먹는 것이 훨씬 유익할 것이다.

그러나 개인적 생각으로는 젊을 때는 무모함에 도전하는 자세도 필요하다고 본다. 요즘 젊은 사람에서부터 중장년층에 이르기까지 너무 움츠려 있다는 생각이 든다. 도전할 생각조차 하지 않는 경우가 많다. 그러나 세상일은 모를 일이다. 아무리 좋은 결과를 예상하고 도전했다가도 결과가 나쁘게 나오기도 하며 크게 기대를 안 하고 도전을 했는데 의외의 결과를 얻는 경우도 있다.

미래의 일은 누구도 장담하기 어렵다. 그리고 모든 것을 안다면 무료해서 살기에는 재미가 없을 것이다. 그렇기 때문에 항상 현실에서 최선을 다할 필요가 있다.

만약 내가 스토리텔링 작가라면 '계란으로 바위치기'라는 재료를 가지고 이렇게 이야기를 만들어 보고 싶다.

옛날 무모함을 좋아하는 사람이 있었는데 몇날며칠을 커다란 바위에 계란을 던지는 것이다. 매일 계란을 바위에 던져도 바위가 안 깨지자 너무 화가 난 나머지 어디 누가 이기나 보자라는 식으로 계속 계란으로 바위치기를 하는 것이다. 주위의 마을 사람들이 말려도 소용이 없었다. 보다 못한 산신령이 나타나 밤에 무모한 사람이 안 보는 틈을 타서 집채만 한 바위를 산꼭대기 정상으로 옮겨 놓았다. 다음날 바위에 다시 온 무모한 사람이 아무리 바위를 찾아 봐도 없었다. 계속 찾다 보니 바위가 산 정상으로 옮겨져 있는 것이 아닌가? 한참을 보다가 깨달은 바가 있어서 계란으로 바위치기를 그만두고 자신의 생업으로 돌아가 현실에 충실하며 살았다.

물론 갑작스럽게 꾸며낸 이야기라서 논리적이지 않고 엉성한 스토리텔링이다. 이런 이야기를 스토리텔링으로 묶어 지자체는 지역 관광지를 만들어 홍보할 수 있고, 여행사 같은 경우에는 여행코스를 만들 수도 있는 것이다. 요즘은 발상의 전환이 많이 필요한 시대이다. 관점만 바꾸어도 자신의 입장 혹은 지역을 활성화에 많은 도움을 줄 수 있다고 본다. 주변에서 도전거리와 발상의 전환이 필요한 소재가 없는지 찾아보는 습관을 가져 보자.

탁월한 성과의 원동력이 되는
생각 키우기

자신의 신념을 현실화시키려고 하면 생각을 키워야 한다. 그래야만 강력한 성과의 원동력이 된다. 그렇다면 생각 키우기는 어떻게 가능한지 몇 가지 정리해 보고자 한다.

일단 자신의 생각을 현실적인 것보다 크게 잡고 글로 표현해 보면 좋다. 진학에서 탁월한 성과를 나타내기 위해서라면 '외국 ○○대학교 입학' 등 구체적으로 자신의 목표를 설정하고 글로 쓰는 것이 필요하다. 너무 큰 목표는 중간에 포기하기가 쉽기 때문에 자신의 능력의 70~80퍼센트 수준에서 설정하는 것을 추천한다.

첫째, 몸 상태에 관해서.

생각 키우기에 필요한 것 중 하나가 바로 몸의 컨디션을 최대한 유지하는 것이다. 아무리 자신의 생각이 확고하고 의지력 있게 모든 활동을 한다고 하더라도, 몸이 아프거나 신체 활동의 제약이 있거나 지친 상태에서는 자신의 생각도 위축되기 마련이다.

자신의 생각을 위축시키지 않기 위해서라도 강력한 신체를 만들 필요가 있다. 평소에 운동을 하는 것도 중요하며 건강식품 같은 것을 먹어주는 것도 괜찮은 것 같다. 음식은 되도록 신선한 것을 적당히 먹는 것이 도움이 되는 것 같다. 피로하지 않게 적절하게 쉬며 컨디션을 유지한다면 자신의 생각을 초지일관 유지하는 데 많은 도움이 될 것이다.

아무리 정신력이 탁월하다고 해도 몸에 이상이 생기면 우회하거나 포기하는 상황이 올 수밖에 없다. 자신의 원대한 생각도 중요하지만 몸 상태를 항상 최선으로 유지하는 자세가 필요하다고 본다.

둘째, 평소의 마음가짐.

생각 키우기란 처음에는 작은 성과를 낼지 모른다. 하지만 작은 성과를 극복하면서 생각도 자연스럽게 커진다. 그렇기 때문에 우리는 평소의 마음가짐에 대해 생각해 봐야 한다. 평소의 마음가짐을 어떻게 해야 하는지에 대해서 정리해 보자.

성서에 마음가짐의 중요성에 대해 나오는 구절(마태복음: 9장 20절~9장 22절)이 있다. 12년 동안 혈우병(피를 굳게 하는 물질이 부족하여 발생하는 출혈성

질환)을 앓던 여인이 나온다. 그 여인은 마음속으로 예수님의 겉옷만 만져도 자신의 병이 나을 것이라 확신하였다. 예수님께서는 혈우병을 앓던 여인에게 마음이 너를 구원하였다고 말씀하셨다. 마음가짐의 중요성에 대해서 잘 나타나는 대목이 아닐 수 없다. 평소의 마음가짐이 얼마나 우리의 삶에 강력한 영향을 주는지 알 수 있다.

《화엄경》의 핵심 사상을 이루는 것 중에 '일체유심조一切唯心造'라는 말이 있다. 세상 모든 일은 마음먹기에 달려 있다는 의미이다. 세상은 어떻게 보느냐에 따라서 고통의 세계가 되거나 평화의 세계로 보일 수 있다. 자신의 마음가짐으로 된다, 할 수 있다라고 말한다면 정말 되는 일이 많아지고 할 수 있는 일이 많아진다. 그래서 항상 말을 항상 조심하고 선별해서 사용할 필요가 있으며 이왕이면 긍정적인 생각과 말을 사용할 필요가 있다.

지나고 나면 정말 자신의 말과 생각대로 되어있는 경우를 많이 본다. 만약 자신의 생각 키우기를 원한다면 마음가짐을 확고히 하고 말과 행동을 긍정적인 자세로 정진하라. 이를 계속한다면 탁월한 성과를 낼 수 있을 것이다.

결론을 맺고자 한다. 세상만사는 하면 된다. 신념을 갖자. 탁월한 성과의 원동력이 되는 것이 생각 키우기다. 일단 생각을 키우기에 앞서 자신의 몸 상태를 최대로 끌어올려야 한다. 항상 외부의 충격에 자신의 마음가짐이 흔들리지 않도록 자신의 마음을 견고하게 지키는 자세가 필요하다.

실수해도 괜찮아.
혼신의 노력을 다했다면

누구나 실수는 할 수 있다. 다만 넋 놓고 실수하는 것보다는 열심히 혼신의 노력을 했는데 실수를 한 것이라면 마음이 아플 것이다. 하지만 그 실수가 반드시 약이 될 수 있다고 본다.

요즘은 국민의 의식 수준이 많이 향상된 것을 느낀다. 불과 10여 년 전만 해도, 세계적으로 열리는 올림픽이라든가 각종 선수권 대회에서 금메달이 아니면 시상식장에 올라서도 울분을 감추지 못하는 경우가 많았다. 요즘은 많이 덜해진 것을 느낀다. 시상식 단상에 올라가는 것 자체를 기쁨으로 생각하는 경향으로, 선수나 응원을 함께해 준 모든 분들에게 나타나고 있다. 아주 바람직한 현상이라고 본다. 이러한 현상만 봐도 과거의 경쟁을 통한 일등지상주위에서 경쟁보다는 삶의 여유를 찾으려는 마음의 자세로 바뀌고 있다는 것을 알 수 있다.

성공의 확률을 높이려면 실수를 많이 겪을 수밖에 없다. 확률 게임이라고 볼 수 있다. 경우에 따라서는 과정보다는 결과만 생각하는 경향이 있는 사람을 볼 수 있다. 실패를 할까 봐 미리 겁먹거나 적극적으로 움직이지 않는 경우를 본다. 이럴 경우에는 긍정적 결과를 얻기에 부족하다고 볼 수 있다. 혼신의 노력을 하면 모든 것이 자기 경험치가 될 수 있으며 나중에 자신에게 어떤 기회가 올지 모른다. 그렇기 때문이 현실의 과정에 충실한 삶을 살 필요가 있다.

결과지향적인 삶이 주는 직접적인 피해는 현실을 중요하지 않게 살아가는 경향이 많다는 것이다. 중요한 것은 지금 이 순간의 행복을 맛보면서 살아가는 데 있다. 내일을 살기 위해서 오늘을 바람직하지 않게 산다면, 많은 미래에도 좋은 결과가 올 거라는 장담을 할 수가 없다.

가끔 내 자신에게 '현실에서 혼신의 노력을 하며 살았나?'라는 질문을 한다. 이때 부끄러운 경우가 있다. 내 자신에게도 부득이하게 하는 실수에 대해서는 관대해지려고 의식적으로 노력한다. 다만 전제가 있다면 혼신의 노력을 다하고 내 자신에게 떳떳하면 된다고 본다. 다른 사람의 시선을 의식 안 할 수는 없겠지만 되도록 다른 사람의 시선은 의식하지 않으려고 노력해야 하겠다.

불가능은 없다 –
인간 한계성에 대한 고찰

흔히 성공을 갈망하는 사람들은 '불가능은 없다.'라는 말을 하곤 한다. 이 말에 어느 정도는 동의한다. 다만 가능으로 만들기 위해서는 혼신의 노력이 필요할 뿐이다.

인간은 한계성을 가지고 있는 존재이다. 아무리 무한한 상상력을 가지고 있는 존재라고는 하지만 자신의 상상력을 결과로 만들기 위해서는 때로는 지루하고도 반복적인 노력을 계속해야 한다. 지금까지 인간은 한계를 극복하면서 역사를 만들었다고 해도 과언이 아니라고 생각한다. '일신우일신日新又日新'이라는 말이 여기에 어울리지 않나 생각한다. 인간의 한계성과 '불가능은 없다.'라는 표현은 어쩌면 모순된 것이라고 생각할 수도 있다.

그럼에도 불구하고 인간의 한계성을 인정하고 노력하다 보면 불가능을 가능하게 만들 수 있는 확률이 높아진다고 생각한다. 인간의 한계성을 알게 되면 겸손해진다. 겸손은 자신을 더 노력하게 하는 원동력이 될 수 있다. 인간의 한계성에 대해서 모른다면 자신의 능력을 생각해 보지 않고 너무 많은 일을 하다가 모든 일에 깊이가 없어져 성과를 못 내는 경우가 생기는 것 같다.

그렇다고 인간의 한계성 때문에 소극적으로 살라고 말하는 것이 아니다. 자신의 한계성을 직시하고 겸손한 마음으로 노력하며 선택과 집중을 하는 것이 지혜로운 방법이라고 생각한다.

인간은 도구를 사용할 줄 안다. 자신의 한계성은 도구를 통해서 극복 가능하다. 무한한 상상력을 바탕으로 인간의 한계성을 인정함과 동시에 노력을 게을리 하지 않는다면 '불가능은 없다.'는 명제를 스스로 증명할 수 있다고 본다. 수도자들이 자신의 인생 전체를 수행에 바치며 '용맹정진' 하는 것도 비슷한 맥이라고 본다.

인간의 한계성은 인정한다. 그러나 극복 가능하다. 다만 겸손한 마음으로 실천적 노력이 필요하고 선택과 집중을 해야 한다는 고찰을 얻었다. 결론적으로 세상을 탓한다고 해서 달라지는 것은 크게 없다. 외부적 환경이 변하는 것을 기다리기에는 기약을 정하기가 힘들다. 이런 것이 습관이 된다면 성공의 걸림돌이 될 수밖에 없다.

하루에 단 몇 분만이라도 자기성찰의 기회를 갖는다면 자신의 발전에 많은 도움이 될 것이다. 원하는 목표에 대한 과정을 일기로 쓰거나 메모장에 정리를 해 보는 것도 좋은 방법 중에 하나라고 볼 수 있다.

온실 속 화초보다는
젊을 때 도전으로 시련을 극복하자

'온실 속 화초'의 의미를 다들 알 것이다. 고생 없이 자란 사람들을 비유적으로 지칭한 말이다. 이들은 어려움이라는 것이 무엇인지 알기가 어렵다. 시련, 고생이라는 의미도 어휘로만 알고 있을 수 있다.

식물원이나 화원에 가서 온실 속의 화초들을 본 적이 있을 것이다. 식물이 살기 적합한 환경이 조성되어 있어 온도도 적당하고 평온한 느낌까지 든다. 식물들을 볼 때도 상당히 곱다는 느낌이 든다. 문제는 이러한 환경적 요인이 사라지면 적응하기가 어렵고 생존에 힘듦을 겪을 수 있다는 단점이 있다.

젊을 때는 지식으로 배우는 것도 있겠지만 몸으로도 느껴 보고 마음으로도 느껴 봐야 된다고 생각한다. 왜냐하면 나이를 먹으면 먹을수록 도전이라는 단어보다는 안정이나 보수적인 성향에 가까워질 확률이 높아지기 때문이다. 온실 속 화초로만 지낸다면, 고통과 시련을 사전적 의미로만 알기에 추상적이 될 수밖에 없다.

내가 젊을 때는 사랑, 헤어짐, 이별, 합격의 영광, 해외여행, 화상을 입은 경험에서 오는 통증, 학생회장에 출마해서 떨어진 경험, 좋아하는 이성친구에게 고백했다가 거절당한 경험 등 무궁무진한 도전거리가 있었다. 스스로 도전해서 느끼고 체험하는 것은 다른 사람이 대신해 줄 있는 것이 아니다. 위에서 제시한 사례 중에서 이별, 이성친구에게 고백했다 거절당한 경험, 합격의 영광 등에서 나타나는 것의 전제조건이 바로 '도전'이다. 시도하지 않으면 맛볼 수 없는 자신만의 경험이다.

실패를 두려워하며 시도조차 해 보지 않는다면 남는 것이 없다. 물론 상처도 없을 것이고, 때로는 시험을 봐서 떨어질 수도 있겠지만 그러한 경험도 많지는 않을 것이다. 자신을 온실 속 화초처럼 놔두지 말았으면 좋겠다.

개인적으로 들꽃을 좋아한다. 바람과 비와 때로는 추위를 극복하고 꽃을 피우는 경우도 있을 것이다. 길옆이나 들에서 누가 돌보지 않아도 스스로 꽃을 피우는 들꽃들을 볼 때 감동을 느낀다.

나이를 먹고도 도전은 할 수 있을 것이다. 다만, 젊을 때가 아니면 해 보지 못하는 도전들이 분명 존재한다. 도전에 따른 시련의 고통을 두려워하지 말고 즐겁게 시도해 보는 것이 좋다고 생각한다. 이는 곧 큰 자산으로 돌아올 것이다.

프로페셔널 되기 –
팔굽혀펴기에서 영감을 얻다

'프로페셔널(professional)'이란 전문가를 의미한다. 어떤 전문가인가는 영역에 따라 천차만별이겠지만 한 분야의 전문가로 인정받고 산다는 것이 그렇게 나쁘지는 않은 것 같다.

나 또한 프로페셔널을 지향하고 있다. 아직은 부족한 점이 많다고 생각한다. 또한 그 부족함을 채우는 과정이 때로는 지겹기도 하다. 하지만 재미있기도 하고 나중에 돌아보면 보람도 느낀다.

한 분야의 프로페셔널로 인정받기 위해서는 부단한 노력이 필요하다. 자타가 공인하는 사람이 된다면 좋겠다.

예전 겨울에 팔이 골절됐었다. 한 달 정도 팔에 무리를 주면 안 되는 상황이었다. 팔굽혀펴기는 꿈도 꾸지 못했다. 팔이 회복되고 나서야 팔굽혀펴기를 조금씩 할 수 있었다.

팔굽혀펴기를 의식적으로 하고 있는 이유로는 몇 가지가 있다. 컴퓨터를 많이 사용하다 보니 제일 염려가 되는 것이 거북이 목처럼 변하는 것과 어깨가 굽어지는 느낌 등 전반적으로 신체가 불균형하게 변한다는 것이다. 주위에 운동 부족이나 부적절한 자세로 한동안 있어서 허리 디스크에 걸리거나 비록 지금 증상이 바로 나타나지 않지만 자세면에서 어색하게 변하는 사람들을 보곤 한다. 나 또한 그런 범주에 속하지 않기 위해서 걷는 것은 기본으로 하고 팔굽혀펴기를 조금씩 하고 있다. 물론 팔굽혀펴기와 스트레칭 등을 병행해서 하고 있는 편이다.

왜 '프로페셔널 되기'에 대해 팔굽혀펴기에서 영감을 얻었는지 몇 자 정리해 보고자 한다. 군대를 해병대로 다녀왔는데 훈련소에서 팔굽혀펴기를 엄청 했다. 잘 기억은 안 나지만, 못해도 많이 할 때는 하루에 횟수로 천 개 이상은 한 것 같다. 몇 개월이 지난 후, 몸에 군살이 많이 빠지고 체형 면에서도 상당히 많이 좋아졌다.

요즘 와서 팔굽혀펴기를 조금씩 하는데 하루에 100개 정도도 하기 쉽지 않은 것 같다. 생각해 보니 강제성이 없을 뿐더러 힘들다는 느낌이 들기 때문이다. 예전에 팔굽혀펴기를 어떻게 셀 수 없이 많이 했는지 모르겠다.

팔굽혀펴기의 효과는 꾸준함에 있다. 적당한 횟수로 꾸준히 하면 아무래도 상체 운동에 탁월한 효과를 볼 수 있다. 프로페셔널이 되기 위한 것도 근육을 단련시키는 것에 비유를 한다면 딱 맞을 것 같다. 꾸준함을 기본으로 지속성을 가지고 열심히 해야 한다는 생각이다. 때로는 프로페셔널이 되기 위한 과정이 팔굽혀펴기를 하는 것처럼 힘들기도 하며 지루하기도 할 것이다. 반면 하고 난 후 성취감도 느낄 수 있다.

문제는 일상생활의 지루함을 극복하고 지속적으로 할 수 있나 없나가 관건인 것 같다. 오늘보다는 내일이 더 성장되어 있는 일신우일신의 마음으로 프로페셔널을 꿈꿔본다. 팔굽혀펴기를 할 때 가끔은 프로페셔널이 되는 과정에 대해서 생각이 난다.

성공에 이르는 지혜 –
성취감은 어릴 적부터

우리는 어떤 일을 하고 임무가 완료되거나 결과가 좋으면 '성공했다.' 라는 표현을 사용한다. 말의 의미에는 성취감의 의미가 내포되어 있다고 볼 수 있다. 주변 지인의 지론인 '성취감은 어릴 적부터 많이 느껴야 된다.'는 말에 공감한다. 생각해 보니 정말 그런 것이, 수학을 잘하는 학생들을 보면 어릴 적부터 수학에 대한 학업 성취도를 지속적으로 높인 사례를 볼 수 있을 것이다. 이는 영어를 비롯한 다른 과목에서도 공통적으로 나타날 수 있다.

작은 성취감 하나, 하나가 쌓여서 큰 성취를 이룰 수 있으며, 이것이 성공에 이르는 지혜 중에 하나가 될 수 있다. 물론 나이와 상관없이 성취감은 느낄 수 있다. 그렇지만 한 살이라도 어릴 적에 성취감에 대한 체험이 많으면 그만큼 자기에게 유리하게 작용할 수 있다.

일단 나이가 들면 들수록 안정을 찾으려는 심리가 강하다. 안정을 찾으려는 마음 상태로는 시도해 보려는 도전적인 마음보다 보수적인 관점에서 접근하는 경우가 많을 것이다. 그렇지만 성취에 대한 기억이 많은 사람들 같은 경우라면, 과거의 선행적 경험이 있기 때문에 어떤 일이 임해도 자신감으로 일을 시도할 수 있다. 그래서 우리는 평소에 습관적으로라도 자신의 일상에서 끊임없는 시도와 도전을 게을리 하지 말아야 되겠다.

성공이라는 것도 일상의 지극히 평범한 것들에 의해서 시작하는 경우가 많다. 이러한 시작에서 점차 확대해 나갈 수 있다.처음부터 홈런칠 생각을 하면 쉽게 포기하거나 무너지기 십상이다. 작은 성취에 만족할 필요도 없겠지만 작은 성취라도 계속적으로 느껴 보는 자세가 필요하다. 우리는 성공을 너무 거창하게 생각하는 경향이 있다. 성공을 삶의 작은 부분에서 시작하면서 영역을 확장해 가는 자세가 필요하다고 생각한다. 성공에 이르는 지혜는 결코 먼 데 있는 것이 아니다. 어릴 적부터 작은 성취감을 많이 느껴 보는 것이 가장 지혜로운 방법이며, 이러한 경험이 미래에 많이 도움이 될 수 있을 것이다.

아름다운 마무리 –
호감 가는 뒷모습을 지향하며

대부분의 사람들을 앞모습에 많은 관심을 쏟는다. 얼굴은 말할 것도 없이 외모를 치장하는 데 많은 정성을 쏟는다. 물론 어떤 것이든지 정성을 쏟으면 대부분 아름다워지는 것 같다. 자신을 방치하는 것보다는 낫다고 본다.

그런데 무슨 일을 하든지 아름다운 마무리가 중요한 것 같다. 요즘 와서는 자신이 하는 일이나 외모도 호감 가는 뒷모습을 지향하는 것이 중요하다고 본다. 처음에는 호감이 갔다가도 시간이 지날수록 무덤덤해지거나 실망하는 경우를 볼 수 있다.

과연 결정적인 차이를 만드는 이유가 무엇일까? 생각을 해 본 적이 있다. 결론적으로는 아름다운 마무리를 통해서 잘 매듭을 짓는 것이 중요하다고 본다. 무릇 떠난 후 뒷모습이 아름다워야 된다고 생각한다.

사회생활을 하다 보면 사람들 간의 이해관계가 복잡하게 얽히는 경우가 있다. 자신에게 유리하다고 생각하면 친절을 베풀다가 나중에 자신이 의도하지 않고 다른 데로 흘러가면 돌변하는 경우를 종종 본다. 그래서 '열 길 물 속은 알아도 한 길 사람 속은 모른다'라는 속담도 있다는 것을 새삼스럽게 느끼게 된다. 참으로 어리석은 행동 중 하나라고 볼 수 있다.

사람의 관계에서는 처음의 만남이 아름다웠다면 마무리도 변함없어야 된다고 생각한다. 그러나 세상 일이 그렇지만은 않은 것을 볼 수 있다. 아름다운 마무리도 습관인 것 같다. 호감 가는 뒷모습은 자신의 뒷모습뿐만 아니라 떠난 자리를 통해서도 알 수 있다.

예전 직장 중 한 곳의 이야기를 하고 싶다. 직장을 다니면서 계획이 있어 퇴사를 한 적이 있다. 사실 직장생활을 할 때야 직장에서 많은 시간을 보낼 수밖에 없었지만, 다시 자유로운 개인으로 돌아오거나 다른 직장으로 옮기면 예전에 다니던 직장에 거의 갈 일이 없게 된다. 크게 연결고리도 없을 뿐더러 지금의 삶이 바쁘기 때문이다.

그래도 옛 직장 상사와 동료들과 마무리는 잘 짓고 나오려고 최대한 노력한다. 사실 직장 생활을 하면서 정말 '무례하다'라는 인상을 주는 직원도 있었다. 표정을 보면 말은 안 하지만 자기 자신도 자신이 무례하게 행동했다는 것을 알고 있으며, 내 자신이 알면서도 참아주는 것도 아는 눈치였다. 심지어 그런 사람들까지도 가급적이면 마무리 인사는 하고 나온다.

내가 떠나오면서 상대방에게 뒷모습을 보일 수밖에 없다. 지금 생각해도 아직 내 자신의 마음이 넓지 못해서 그런지 무례하게 행동했던 사람들이 호감 가는 뒷모습으로 남아있지는 않다. 다만 나만이라도 상대방에게 호감 가는 뒷모습으로 남고 싶으며, 똑같이 무례한 행동으로 대할 필요는 없다고 본다. 특히 내가 쓰던 책상을 비롯한 주변의 정리는 말끔하게 하고 간다. 책상 걸레질부터 시작해서 컴퓨터 청소와 서류함 정리까지 마무리를 짓는다.

누가 시켜서 하는 것은 아니다. 아름다운 마무리를 위해서 내가 취하는 방법이다. 무릇 사람의 평가는 처음과 과정도 중요하지만 마무리에서 평가 받는 것 같다. 누구에게 평가 받는 것 자체에 크게 관여하지 않고 살지만, 내 자신에게 마무리를 잘하는 모습을 보여 주고 싶다.

우리는 대부분 모두 하루를 시작하며 저녁이 되면 마무리를 짓는다. 매일매일 아름다운 마무리를 지향하며 살아야 된다고 생각한다. 퇴근하며 집으로 오는 뒷모습에서 호감이 느껴지기를 사람이 되기를 바란다.

입신양명의 지름길 중 하나,
어학 공부에 최선을

누구나 사회생활을 영위하면서 입신양명을 꿈꾼다. 입신양명을 하기 위해서는 발판이 되는 배경이나 도구가 필요하다. 과연 자신의 전략적 강점이 무엇인지 생각해 볼 필요가 있다.

입신양명의 지름길 중 하나가 바로 어학 공부가 아닐까 생각된다. 어학하고 상관없지만 예를 든다면 상대방이 그 당시에 내가 잘 알지 못하는 기술을 가지고 있었다. 사실 지금 와서는 별거 아닌 것이고 특별할 것도 없는 기술이었다. 기술적으로 오픈을 해도 안 해도 되는 그런 정도의 인터넷 관련 기술이었다. 그 기술을 가지고 모든 일을 좌지우지하려는 성향을 보였다. 물론 지금은 관계가 끊어졌지만, 상대방이 의도적으로 피해서 자연스럽게 관계가 정리가 되었다. 관계가 정리된 이유가 내 자신이 상대방이 보았을 때 어떤 면이든 매력이 없어서 그런 것같다. 상대방의 탓을 하기는 그런 것 같다. 지금 생각해 보니 그럴 수밖에 없는 관계였던 것 같다. 혼자도 할 수 있는 일을 자신이 기술적인 면이 부족해서 다른 사람에게 의지하다 보니 이런 일이 생긴 것이다.

어학도 마찬가지이다. 입신양명을 하기 위해서는 자신의 능력도 출중해야 하지만, 상대방의 강점을 적절히 활용하고 시너지 효과를 이루어야 하는 경우가 있다. 특히 외국과의 협업 관계에서는 더더욱 어학 능력은 필수이다. 자유자재로 외국어를 할 줄 알아야 한다. 기본적으로 어학을 할 줄 안다면 물론 서로의 관계에서 윤활유 역할을 할 수 있겠지만 정말 잘해야 한다. 우리나라에서도 영어를 비롯한 다양한 외국어 능력을 우대하고 있다. 그만큼 외국어가 중요하다는 반증이기도 하다.

우리나라에서도 영어 공부를 비롯하여 다양한 외국어에 열의를 가지고 공부를 하는 경우를 볼 수 있다. 외국어 하나 정도를 자유자재로 할 수 있는 정도가 된다면 자신의 입신양명에 지름길이 될 수 있는 것은 분명하다. 그래서 자신을 위해서라도, 자신이 속한 기업이나 조직체를 위해서라도 유창한 외국어 활용을 위해서 어학 공부에 최선을 다해야 한다고 생각한다. 자신의 영역을 확장시키려면 외국어는 선택이 아니라 필수라고 본다. 대부분의 기업에서 외국어를 잘하는 사람을 우대하는 것은 바로 이러한 이유가 있다고 생각한다.

자각 능력을 통한
인생의 변화

흔히 철들었다고 말하는 것을 보면 과거의 절제되지 않았던 행동에서 사회의 귀감이 되는 행동으로 바르게 바뀌는 경우를 말할 수 있다. 물론 다양한 사례에 적용할 수 있겠지만 자각 능력을 통해 자신의 행동과 마음의 자세를 변화시킨 것이라고 볼 수 있다. 우리의 인생에서 자각 능력은 전환점이 필요할 때 꼭 필요한 요소라고 생각한다. 자각 능력으로 인생이 변화되기 때문이다. 일명 깨달음이 철들었다는 의미와 맥락을 같이한다고 볼 수 있다.

그렇다면 자각 능력을 올바르게 활용할 수 있는 환경적 요인은 무엇이 있을까 정리해 보고자 한다.

자신만의 한가한 시간을 만드는 것이 중요하다. 하루 종일 공부를 하거나 일에 몰두하다 보면 현재의 상황을 바르게 직시하지 못하는 경우가 있다. 물고기가 물을 인식하지 못하고 사람이 숨을 쉬면서 공기를 크게 의식하지 못하는 경우가 바로 여기에 해당한다고 볼 수 있다. 가끔은 먼 산을 바라볼 수 있는 여유가 필요하다. 그 순간은 반드시 길 필요가 없다. 1분의 여유만 있어도 자각 능력을 높이는 데 많은 도움을 준다. 자각능력을 활용하는 데는 여유가 뒷받침되어야 한다.

예전에 논문 주제를 정할 때가 생각난다. 논문 주제를 정할 때 이것저것 생각은 많은데 확정이 안 된 경우가 있었다. 논문 주제를 전철 안에서 신문을 보다가 찾았다. 물론 그 소재를 찾고 논문으로 최종 완성할 때까지 많은 어려움이 있었지만, 자각 능력은 마음의 여유가 없다면 찾아내기가 힘들다. 항상 여유라는 의미에 대해서 생각해 보자.

부모님이나 선생님들은 학생들에게 공부를 하라고 말을 많이 할 것이다. 학생들 입장에서는 잔소리로밖에 들리지 않을 것이다. 문제는 자신이 고민하는 것에 매달린다고 쉽게 상황에 변화가 오지는 않는다는 것이다. 상황의 변화는 자각 능력의 상태에서 온다. 스스로 자각한다면 수동적인 삶에서 적극적인 삶으로 변하는 계기가 된다. 만약 자녀가 공부에 열정을 느끼게 하고 싶다면 자각 능력을 어떻게 활용시킬 것인가라는 관점에서 접근하면 빠를 것이다. 스스로 답을 찾게 하는 것이다.

개인적으로 하는 모든 일들 중에 적극적으로 하는 일들에는 자각 능력이 많이 작용했다. 공부도, 일도, 취미 등도 마찬가지이다. 스스로 자각할 수 있다면 자신의 삶을 적극적인 삶으로 바꿀 수 있다.

한편으로는 자기 암시도 자각 능력에 많은 영향을 준다고 생각한다. 스스로의 환경을 긍정적인 상황이라고 반복적으로 되뇌면 자신의 상황이 실제로 좋게 변할 확률이 높다. 나 또한 인생의 변화를 꿈꾼다. 사실 지금의 환경을 갑자기 변화시키기는 쉽지 않다. 서서히 변화시킨다는 생각을 가지고 장기적 안목을 가지고 접근하고 있다.

결국에는 모든 일이 긍정적으로 바뀔 것이라는 생각을 가지고 있다. 실제로도 그렇게 바뀌는 경우를 체험을 하고 있다. 자각 능력은 마음의 여유가 있는 상태에서 훨씬 더 잘 작용하는 것 같다. 지금 하는 일이 실타래처럼 얽혀 있다고 생각하면, 잠깐 멈추고 자각 능력을 활용하여 해결책을 찾아보는 것은 어떨까 제안해 본다.

풍족한 인생을 위한
버리는 연습

가난하게 사는 것은 고통이다. 가난이 정신적으로나 육체적으로 사람을 얼마나 힘들게 하는지는 겪어 본 사람만이 잘 알 것이다. 그래서 사람들은 풍족한 인생을 꿈꾸며 살아가고 있다. 나도 풍족한 인생을 살고 싶다.

풍족한 인생을 살기 위해서는 기존의 환경을 탈피하려는 노력이 필요하다. 그에 대한 방안 중에 하나가 바로 버리는 연습이다. 예전 결혼 준비를 할 때가 생각난다. 집사람은 결혼을 하고 새로운 마음으로 시작하고 싶어서 집안 리모델링도 하고, 가구도 새로 사는 등 이왕이면 새로운 것으로 바꾸려고 노력하는 것 같았다. 반면에 나는 그냥 형편 닿는 대로 살자, 그냥 리모델링도 하지 말고 가구도 있는 것 쓰다가 조금씩 바꾸자고 제안을 했다.

결국 모든 의사 결정이나 실행은 집사람의 의사대로 대부분 진행되었다. 그 후로 나에게도 많은 변화가 찾아왔다. 사실 좀 아끼는 것을 좋아하는 편이라 오래된 것을 버리지 못하는 습관이 있다. 어느 순간 깨달은 것이 있어서 정말 오래되고 안 쓰는 것들은 용기 있게 분류를 했다. 기부 단체에 틈나는 대로 기부를 했다.

이상한 것은 그 빈자리가 새로운 것으로 채워진다는 것이다. 지금도 옷을 못 넣을 정도로 옷이 많이 생겼다. 신발도 마찬가지이고, 살림살이도 하나, 둘 많아지기 시작하는 것을 느낀다. 지금도 오랫동안 사용하지 않는 것은 나중에 기부를 하려고 모아두고 있다. 지금 와서 느끼는 것이지만 지금 입는 옷들과 과거에 입었던 의류들과 비교를 했을 때 스타일 면이나 수준이 많이 높아진 것을 느낀다.

분명히 지금 입는 옷들과 과거에 기부했던 의류를 지금도 입을 수 있다. 아까워서 움켜쥐고 있었다면 그 수준을 벗어나지 못했다고 생각한다. 우리의 마음에서도 마찬가지이다. 자신의 마음에 긍정적 마음이나 풍족한 생각이 들어올 수 있도록 우리의 마음에 불필요한 것을 버리는 연습을 해야 한다. 그래야만 그 빈자리에 새로운 것이 들어올 수 있다.

풍족한 인생을 살고 싶다면 지금의 상황에서 탈피하려는 마음을 가져야 된다. 지금의 것을 움켜쥐고 살면 더 좋은 것이 눈앞에 나타나도 잡을 수 없다. 마음속에 고민과 번뇌가 가득하다면 당연히 행복한 마음이나 좋은 아이디어가 들어올 장소가 없다.

버리는 연습이 필요하다. 필요한 것을 버리라는 의미가 아니라 우리의 삶에서 불필요하다고 생각된다면 과감하게 버릴 수 있는 용기가 필요하다는 의미이다. 그래야만 새로운 것이 우리의 마음이나 환경 속에 자연스럽게 들어올 수 있다.

이러한 버리는 연습은 일상에 다양하게 적용된다. 다른 사람들과 친해지려면 상대방을 받아들이려는 마음의 공간이 있어야 된다. 마음속에 자신만 가득히 있다면 다른 사람이 들어올 공간은 없다. 우리가 너무 많은 것을 가지고 사는 것이 아닌가 생각해 봐야 할 것이다. 불필요한 것들을 버리는 연습을 한다면 인생은 더욱더 풍요로워질 수 있다.

자신이 가진 재능을 더욱더 단련시킬 필요가 있다. 모든 것을 잘할 수는 없다. 내 자신이 가지고 있는 장점을 다른 사람이 가지고 있지 않을 수 있고, 다른 사람이 가진 재능을 내가 가지지 못한 경우가 있다. 다른 사람이 가진 재능을 부러워할 것이 아니라 자신이 가진 장점을 더욱더 발전시키고 활용할 줄 아는 자세가 필요하다. 일단 시작을 할 때는 자신이 가진 재능을 가지고 활용하면서 점차 확장해 나가는 자세가 필요하다.

후회하지 않는 삶을 위한
능동적인 사람 되기

삶을 살아오면서 후회가 없다면 거짓말일 것이다. 후회가 덜 있고 더 있고의 차이이지. 후회는 누구에게나 있는 것 같다. 가급적이면 후회를 덜하는 사람이 되어야겠다고 생각한다.

그러기 위해서는 능동적인 사람이 되어야 할 것 같다. 감나무에서 감이 떨어지기만 기다리는 수동적인 삶은 자신에게 후회를 더할 뿐이다. 자신의 삶에 있어서 후회를 덜 할 수 있는 사람이 되기 위해서는 능동적인 실행력이 있어야 한다. 똑같은 상황에 부딪히더라도 자신이 선택하고 실행한 것에 대해서는 후회가 적다.

다만, 시도하지 않고 방치를 했다면 나중에 정말 크게 후회한다. 일단 시도를 해 보고 결과가 좋지 않은 경우에는 이 길이 내 길이 아니라고 생각할 수 있겠지만, 만약 시도조차 해 보지 않으면 미련만 남을 뿐이다. 그래서 더 큰 후회가 몰려온다.

예전에 나는 인생의 계획을 메모장에 정리한 적이 있다. 지금 생각해 보면 현실성 없는 것이 대부분이지만, 그래도 다방면으로 시도해 보았다. 그래도 어느 정도 만족을 하는 것이 시도를 해 보고 소기의 성과를 얻었다는 것이다. 사실 실패로 끝난 것이 더 많고 아쉬움은 있지만, 시도한 일 중 후회는 거의 없거나 덜하다. 이것이 능동적인 사람과 수동적인 사람이 차이라고 볼 수 있다.

개인적으로 해 보고 싶은 것에 대해서 시도를 했을 때는 아쉬움은 있지만 크게 후회는 없다. 다만, 시도해 보지 못한 것에 대한 동경 그리고 아직도 시도해 보고 싶다는 막연한 후회가 밀려올 때가 있다. 인생을 살면서 얻은 생활신조 중 하나가 '시도해 보지도 않고 포기하면 안 된다.'이다. 과거의 선례로 알겠지만 시도조차 하지 않는다면 많은 후회를 할 것 같다.

이 글을 읽으면서 후회하는 과거의 일들에 대해서 다시 한 번 정리해 보기를 바란다. 아마도 대부분 처음에 겁먹고 포기해 버린 것들에 대한 후회가 클 것이다. 대신 조금이라도 시도했는데 결과가 안 좋았던 것에 대해서는 아쉬움은 있겠지만 어느 정도 만족감은 있을 것이다. 그리고 다른 기회가 생겼을 수도 있다. 기회란 능동적인 사람에게 더 올 수 있을 것이다. 당연히 그럴 수밖에 없다. 후회하지 않는 삶을 살기 위해서라도 인생을 능동적인 자세로 개척할 필요가 있다.

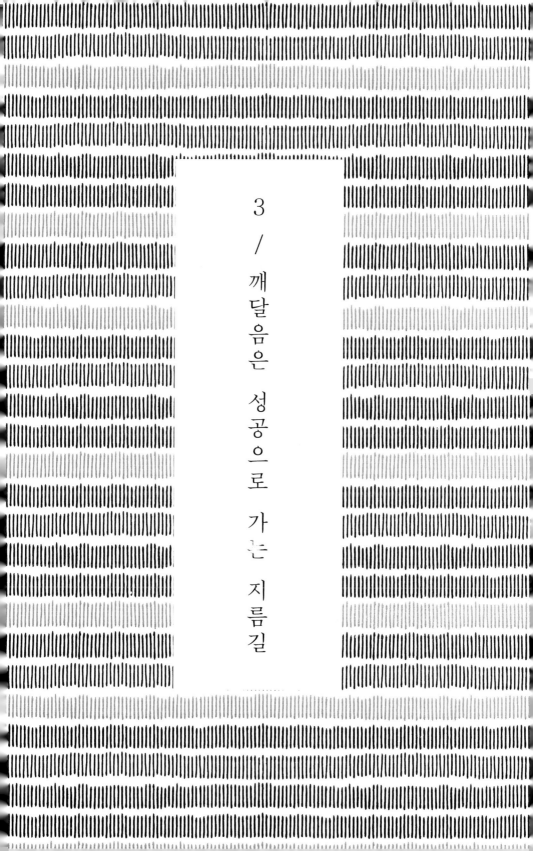

3 /

깨달음은 성공으로 가는 지름길

믿음의 힘 –
굳은 뇌와 부정적인 마음 그리고 경직된 생각에서 벗어나자

과연 믿음이라는 것은 무엇인가? 믿음은 우리의 인생을 송두리째 바꿀 수 있는 강력한 요소 중에 하나임을 믿어 의심치 않는다. 인생은 자신이 상상하는 대로 이루어진다. 주위에서 그런 경우를 많이 보았으며 내 인생 또한 마찬가지라고 본다.

믿음은 자신이 하는 행동에 정당성을 부여하고 열심히 할 수 있는 원동력을 만든다. 처음 블로거로 활동을 할 때가 생각난다. 역량 있는 블로거가 될 수 있다는 믿음이 있었다. 처음에는 누구나 초라하고 미약하다. 그래서 처음이 제일 힘든 것 같다.

100명이 블로그를 시작했다면 10년 뒤에는 1명이 남는다고 생각했다. 아니나 다를까 주변에 의욕 있게 블로그를 시작했던 사람들이 지금은 무엇을 하고 있을까? 대부분 소리 없이 자취를 감췄다. 개인적인 판단이지만 미래에 역량 있는 블로거가 된다는 강력한 믿음이 약했을 것이라 판단된다.

자신의 강력한 믿음이 인생을 바꾼다. 만약 어떤 일을 하기 위해서는 강력한 믿음을 가지고 해야 할 것이다. 주변에 30대를 넘어 40대에서 50대 정도의 나이가 든 사람들의 사고방식을 유심히 살펴볼 때가 있다. 나이와 관계없이 항상 무엇을 배우려는 마음을 가진 사람이 있는 반면에 생각 자체가 경직되어 있고 부정적인 마음과 굳은 뇌를 가지고 살아가는 사람들도 있다. 통상적으로 나이를 먹고도 배우는 것은 문제가 없고, 자신의 강력한 믿음 여하에 따라서 인생이 바뀌는 것을 보곤 한다. 이것이 바로 믿음의 힘이다.

우리의 뇌는 상상과 현실을 구분 못한다. 그래서 뇌는 자신의 믿음 대로 해결책을 내놓는다. 자신이 부정적인 믿음을 가지고 있다면 그의 삶이 부정적으로 흘러갈 수밖에 없으며, 자신이 항상 밝고 긍정적인 마음을 가지면 인생이 긍정적으로 될 수밖에 없다. 결정은 자신이 하는 것이다.

이것은 수천 년 전부터 깨달은 자들이 말하던 것이다. 새삼스러울 것도 없다. 자신에게 적용만 시키면 자신도 바뀌게 된다. 만약 자신이 돈을 좋아한다면 돈에 대한 긍정적인 믿음을 가지면 된다. 만약 합격을 원하면 항상 긍정적인 믿음과 실천을 가지고 생활을 하면 된다.

우리의 인생은 생각보다 짧은 것 같다. 이왕이면 즐겁고 긍정적으로 사는 자세가 필요하다고 생각한다. 세상의 경기가 어렵다고 한다. 그런데 언제는 어렵지 않은 적이 있었는가라는 의문을 던져보기를 바란다.

지금 우리가 흔하게 먹는 쌀밥은 예전에는 왕들이나 먹을 수 있는 귀한 음식이었다. 그러나 그것도 누군가의 믿음에 의해서 대부분의 사람들이 먹을 수 있는 음식으로 바뀌었다고 볼 수 있다. 경기가 어렵다고 생각하는 상황에도 풍족하게 살아가는 사람이 많이 있다는 것을 생각해 보기를 바란다. 자신의 믿음이 자신을 풍족하게 바꿀 것이다. 이세상은 믿는 대로 된다.

일신日新 —
각자 맡은 자리에서 지경을 넓히는 자세가 필요하다

가끔 허황된 꿈을 꾸는 사람들을 보곤 한다. 자신이 노력은 안 하면서 요행을 바라는 사람들의 부류이다. 그 예를 든다면 귀인만을 오기만을 기다리는 것이다. 내가 지금 이렇게 사는 것은 아직 귀인이 안 나타났기 때문이라는 이유를 대는가 하면, 세상 탓을 하면서 자신의 처지를 합리화시키곤 한다. 그런다고 달라질 것이 없다. 항상 말로만 계획을 하고 실천에 옮기지 않는 것도 그런 예라고 볼 수 있다.

살면서 느끼는 것이 있다면, 대박을 쫓다가는 대박은커녕 쪽박도 건사 못하는 경우가 많다는 것이다. 세상이 자신이 생각하는 대로 호락호락하거나 만만하다고 생각하면 큰 오산이다. 영화에서처럼 극적인 상황은 극히 드물다고 봐야 하겠다.

기껏해야 복권 정도가 극적인 상황을 만드는 것 중에 하나이다. 그것도 복권을 사려는 시도가 있어야 가능한 것이다. 즉 약간의 노력이 필요한 것이다.

주제에서 약간 벗어나는 이야기지만, 쉽게 번 돈은 그만큼 쉽게 나가는 것을 경험상 알고 있다. 반면에 작은 돈이라도 가치 있고, 땀 흘려 버는 사람들은 그 소중함을 알기 때문에 나중에 보면 크게 자산을 모으는 경우가 있다.

자신이 지금 하는 일이 매일 수레바퀴처럼 단순하고 아무런 변화가 없는 것처럼 느껴질지 몰라도 자신의 삶에서 조금씩이라도 변화를 시도한다면 나중에는 큰 반전의 기회가 올 수 있다. 별거 아닌 것 같지만 자격증을 공부를 한다든가 영어 단어 꾸준히 외운다든가 운동을 해서 몸을 만든다든가 하는 소소한 것이 누적이 되어 결국 나중에 반전을 만들 수 있다. 이것이 일신日新의 삶이 아닐까 생각된다.

우리의 삶은 날마다 새로워져야 된다. 몸은 30대 이후부터 서서히 노화가 이루어진다고 해도 정신적으로는 성숙하고 지경을 넓힐 수 있어야 하겠다. 작은 것이 결코 작지 않음을 깨닫는 지혜가 필요하다.

모든 사건은 소소한 것으로 시작되어 나중에는 크게 발전한다. 자신의 자리에서 아주 사소한 것이라도 변화시킬 수 있는 것이 없을까 생각을 정리해 보는 것도 좋은 방법이 아닐까 생각된다. 오늘 하루도 일신日新의 마음을 갖고 살기를 바라며 글을 정리해 본다.

대오각성大悟覺醒 –
먼저 깨달아야 변화된 삶을 살 수 있다

대오각성大悟覺醒이란 깨달음의 의미를 가지고 있다. 사실 불교의 용어라서 더 깊게 파고 들어가면 어렵다. 본질은 깨달음이다. 자신의 삶을 완전히 새롭게 바꾸려면 대오각성의 과정이 필요하다.

내가 겪은 사람의 본질은 깨달음도 중요하지만 변하기가 쉽지 않다는 것이다. 예를 들면 이런 것을 들 수 있을 것이다. 다이어트를 해야 한다는 마음의 깨달음이 있다. 다이어트를 해야만 살을 빼고 내가 더 건강해질 수 있다는 깨달음이 왔다. 그럼에도 불구하고 항상 온갖 음식이 쉴 새 없이 내 몸 안으로 들어오는 모습을 발견하게 된다. 이런저런 이유로 항상 손에는 먹을 것이 들려있다.

이렇게 습관이라는 것은 무서운 것이다. 이것은 나에게도 마찬가지로 적용되는 것이다. 업은 그래서 대오각성의 과정을 거치고 나서도 끊임없는 수행과 성찰이 반복되어야 한다. 그래야만 자신이 변할 수 있다.

수행에는 고통이라는 것이 수반이 된다. 고통은 마찰이다. 자꾸 기존의 과정으로 돌아가고 싶어 하는 욕구가 바로 그것이다. 그래서 기도 생활이나 마인드 컨트롤을 통해서 항상 자신이 깨달은 쪽으로 조금씩 나아가는 자세가 필요하다.

한번에 100퍼센트 변하기는 쉽지 않다. 범죄를 저지르는 사람이 자꾸 범죄를 저지르는 것도 같은 맥락이다. 지금까지의 습관을 바꾸기가 쉽지 않음을 나타내는 대목이다.

대오각성을 하였다 하더라도 자신을 변화시키려는 시도가 없다면 무용지물이다. 2015년에 담뱃값이 많이 올라서 연초에 담배를 끊겠다고 다짐하는 사람이 많았을 것이다. 그런데 지금 보면 담배를 끊은 사람을 찾기가 극히 드물다. 크게 깨달았다 하더라도 실천하는 데 고통이 따르기 때문에 중도에 포기하는 것이다.

처음부터 크게 변화시키려는 자세보다 하루에 조금씩 자신을 수신해 나가는 자세가 필요하다. 그래서 '일신우일신'이라는 말이 우리에게 필요한 것 같다. 어제보다는 오늘이, 오늘보다는 내일이 조금이라도 나은 삶을 살아야 되겠다.

나도 대오각성하고 싶다. 그리고 날마다 조금씩 변화하는 일신우일신의 삶을 살고자 한다. 물론 그 과정에는 고통이 수반이 된다. 그것도 즐겁게 받아들일 자세가 필요하다고 본다. 자신을 믿고 자신이 목표로 하는 방향으로 용맹정진하자.

급하게, 빠르게 가려고 하니
멀리 돌아가게 되더라고요

나는 생각을 많이 하는 편이다. 생각은 여유가 있을 때 할 수 있는 것이다. 그만큼 여유를 많이 가지려고 노력한다. 가끔 과거의 지나온 과정을 회상할 때가 종종 있다. 살면서 중간중간 기회를 놓친 적이 많은 것 같아서 안타깝기만 하다. 사람인지라 밀려오는 후회와 아쉬움이 있다. 그리고 지금부터라도 잘해 보자는 나 자신의 응원으로 마무리를 짓곤 한다.

내 삶을 돌이켜보면 너무 급하고, 단시간에 승패를 보려고 했던 것이 패인이 아닐까 생각된다. 기회가 많았고 여건도 좋았던 것 같다. 물론 지금에 와서 그것이 느껴지는 것이다.

하지만 지금이라도 늦지는 않았다. 천천히 느리면서도 꾸준히 가는 것이 중요하다는 것을 어렴풋이나마 깨닫고는 마음 같지는 않지만 행동에 옮기면서 하루하루 살고 있다. 성서에도 보면 예수님께서 걱정을 한다고 해서 해결되는 일이 있느냐고 반문하는 구절이 있다. 걱정한다고, 조급해 한다고 해결되는 것은 없는 것 같다.

너무 고속도로 같은 길을 달리려고 노력했던 것이 과거에 패인이 아닐까 생각한다. 인생은 구불구불한 길로 되어 있다는 것을 깨달은 자의 말씀을 듣고 알았다. 학교를 졸업한 뒤, 빠르고 눈앞에 보이는 평탄한 길만 찾아 가려고 하는 것이 오히려 더 돌아서 가는 원인을 제공하지 않았나 생각해 본다.

급하게 먹는 밥에 체하는 법이다. 정공법이 느린 것 같지만 제일 빠른 것 같다. 묵묵히 뚜벅이 정신으로 가는 자세야말로 가장 빠른 지름길임을 알았으면 한다.

선기후인先己後人 –
성공하고 싶으면 일단 자신부터 추슬러라

선기후인先己後人은 '다른 사람의 일보다는 일단 자신의 일을 먼저 처리하라'는 의미를 가지고 있다. 주변에서 오지랖이 넓다는 평가를 받는 사람들을 종종 보곤 한다. 과연 그런 부류의 사람들이 자신의 일을 제대로 하고는 있는지 생각해 볼 일이다.

성공하고 싶으면 일단 자신의 일부터 추스르는 지혜가 필요하다. 그렇지 않고 남의 일에만 참견을 하고 다닌다면 실속이 없는 사람이 될 확률이 높다. 일단 자기 일이 먼저이고 그래야만 다른 사람도 도와줄 수 있다. 결코 이기적인 것이 아니다. 이타적인 행동이 자신이 여유가 있을 때는 좋은 행동인지는 모르겠지만, 자신의 일조차 제대로 하지 못하는 경우에는 과연 그것이 옳은 행동인지 스스로 생각해 볼 일이다.

당신의 실패에서
향긋한 성공의 향기가 납니다

성공한 사람치고 실패를 겪지 않는 사람은 없을 것이다. 가장 어리석은 경우는 결과가 나오지도 않았는데 실패를 두려워하고 아무것도 시도하지 않는 경우라고 볼 수 있다.

어떤 일을 달성할 때 사람들은 애 낳는 고통에 비유를 하곤 한다. 사실 남자라서 애 낳는 고통이 무엇인지 잘 모르겠다. 고통이라고 한다면 치통 이상의 고통이 애 낳는 고통 비슷하지 않을까 대략적으로 가늠해 본다. 치통에 비할 바 없는 것이 바로 임산부가 애 낳을 때 느끼는 고통이라고 한다. 오죽했으면 고통의 정도를 나눌 때 애 낳는 고통을 가장 극심한 고통으로 하고 정도를 세분화해서 나눴다고 할까!

고통 뒤에는 극한을 넘어 결실이 있는 것이 자연의 법칙인 것 같다. '그 고통의 과정이 없었다면 우리 아이도 아직 태어나지 않았겠지'라는 생각을 해 본다. 아이를 보고 있으면 그냥 행복하다. 아무 이유 없이…. 누구나 부모라면 느낄 것이다.

사람들이 어떠한 목표를 가지고 실행에 옮길 때는 고통이 수반되는 것 같다. 일단 오욕을 참아야 된다. 수면부터 시작해서 놀러 가고 싶은 마음도 눌러야 되고, 자신이 어떠한 목적을 달성하기 위해서 절제해야 한다. 그 과정 자체가 고통이다.

그리고 한 번도 가보지 못한 길이라서 익숙해질 때까지 다양한 시행착오를 의례적으로 겪게 되는 것 같다. 그러면서 흘리는 땀에는 향기가 은은하게 배어 나오는 것 같다. 실패를 했다는 것은 아마도 다양한 시행착오와 실패를 통해서 경험했다는 것과 동일하게 해석된다. 그래서 성공이 더욱 가치 있게 느껴지는 것인지도 모르겠다. 나에게도 그러한 실패의 과정에서 성공의 향긋한 향기가 나기를 바란다.

가끔 나 자신과 타협하고 싶을 때가 있지만 나 자신을 이겨내는 자세가 필요하다. 매일 나 자신의 모습에서 향긋한 성공의 냄새가 배어 나오기를 기대해 본다.

집중력 향상시키기 –
나무를 가지치기하는 데는 이유가 있다

공부를 할 때도 집중력 있게 몇 시간을 하는 것이 중요하지, 여기저기 정신이 분산된 채로 10시간을 앉아있는 것은 크게 의미가 없다고 본다. 성공한 사람들의 특징은 집중력이 상당히 높다는 것이다. 그렇다면 집중력을 어떻게 하면 향상을 시키는지에 대해서 기술해 보고자 한다.

길을 가다 아파트 단지 안에서 가지치기를 하는 것을 보았다. 가지치기를 하는 이유는 여러 가지가 있을 것이다. 가지가 성장해서 아파트 창문으로 들어올 수도 있고 다양한 이유 때문에 가지치기를 할 것이다. 가지치기를 하는 이유 중 하나는 바로 분산되는 영양분을 소수의 가지에 집중시키려는 것이다. 잔가지가 많으면 바람에 쉽게 반응한다. 가지를 많이 자르면 아무래도 잔가지가 많을 때보다는 바람에 반응하는 것이 덜 할 것이다.

집중력을 향상시키기 위해서는 나무를 가지치기 하는 것처럼 잔가지를 순간순간 최대한 없애는 것이 중요하다. 자신에게 잔가지가 무엇인지 생각해 볼 일이다. 어떤 이에게는 스마트폰이 될 수 있고, 많은 친구들이 있을 것이고, TV 시청이 잔가지로 다가올 수 있다. 주변에서 이러한 잔가지를 없애면 자연스럽게 집중력이 향상될 수밖에 없다.

대부분이 아는 사실일 수도 있다. 마음으로 느꼈으면 행동으로 옮기는 지혜가 필요하다. 바로 자신에게 잔가지가 되는 것을 제거할 필요가 있다. 혼자 있는 시간을 최대한 많이 만드는 지혜가 필요하다. 주변에 자신을 반응하게 하는 것을 최대한 줄이도록 노력하자.

나에게도 잔가지를 줄이는 것이 매일 매일의 숙제이다. 그나마 순간순간 의식하면서 가지치기를 하니 조금씩이라도 시간을 많이 확보하는 것 같다. 자신의 집중력을 향상시키기 위해서 나에게 있어서 잔가지는 무엇이 있으며, 어떻게 잔가지를 제거할 것인지 계획하고 실천해 보도록 하자.

눈을 보며
나는 살아있음을 자각한다

하루에 거울을 보는 횟수가 몇 번이나 될까? 잘 생각은 안 나지만 그래도 한 10번 이상은 되지 않을까 싶다. 나의 경우에는 화장실 갈 때를 기본으로 엘리베이터를 이용할 때가 대부분이다.

나는 거울을 볼 때 특히 눈을 본다. 잘생기지도 않은 얼굴이지만 거울을 보며 안색을 살피고 건강 체크도 하며 눈빛이 살아있는지, 살아있지 않은지 체크한다. 눈동자를 보며 오늘 컨디션도 가늠하는데 대체적으로 눈빛을 보면서 활동량의 완급 조절을 한다. 밤 11시쯤 거울을 통해 눈을 보면 하루 동안 너무 열심히 눈을 사용했는지 충혈 되고 피곤한 기색을 하고 있는 것이 보인다. 그러면 자야 된다는 생각과 더불어 빠르게 실행에 옮긴다. 나는 이렇게 눈을 하루에 여러 번 보며 내가 살아있음을 느낀다.

또 다른 거울이 있다. 바로 나를 응시하고 있는 상대방이다. 특히 대화할 때 거울 속의 내 눈을 보는 것처럼 상대방도 나의 눈을 응시할 것이다. 그러면서 다양한 반응을 할 것이다. 상대방이 피곤한가? 자신감이 차 있는가? 적대감이 있는가? 나에게 호감이 있는가? 등 다양한 의사 표현이 가능하다. 그래서 눈을 '마음의 창'이라고 하는 것 같다.

이왕이면 눈을 상대방에게 자신감 있는 모습을 보여주면 좋다고 생각한다. 일단 거울 속에 보이는 자신의 모습을 보며 자신의 눈의 상태를 파악해 보고, 마음가짐을 변화시켜 보는 것이 어떨까 제안해 본다.

마인드의 차이 –
생각이 곧 자신의 생활수준을 결정한다

세상을 살면서 어떠한 생각을 갖고 사느냐가 상당히 중요하다. 그 생각 때문에 인생이 풍요롭게 바뀌기도 하고 극빈층으로 전락하기도 한다.

가끔 사람들과 이야기하다 보면 '저렇게 살 수밖에 없구나.'라는 생각이 자연스럽게 들 때가 있다. 무슨 말만 하면 부정적이고 안 좋은 생각만 하는 사람이 있다. 같이 대화를 나누고 난 후에 힘이 빠지는 경우도 있다. 내 머릿속까지 혼란스럽게 되는 경우가 있다. 그래서 가급적 저 사람은 피해야겠다는 생각을 해 본 적도 있다.

어느 정도 나이가 있으면서도 품위를 모르는 사람도 겪어보았다. 예전에 야유회에 갔다가 1등에 당첨된 적이 있었다. 1등 당첨금 중에 반 정도를 부서 직원들과 회식비로 충당을 했다. 그런데 회식에 한 명이 휴가 때문에 빠졌다. 그 사람이 참 기도 안 차게 말을 하는 것이었다. 본인이 회식 자리에 부득이하게 빠지니 다른 날 식사를 사라는 것이었다.

속으로 '이건 무슨 콘셉트지?'라고 생각했다. 내가 당신이 하는 잔치에 못 오니 다음에 한 번 더 하라는 것인가? 아직도 이해할 수 없는 부분이다. 말하기도 싫어서 그냥 다음 날 점심을 사주고 말았지만 어이가 없었다. 참으로 뻔뻔하고, 나의 상식으로는 도저히 이해가 가지 않았다.

계속 겪어보니 상당히 이기적이고 이해타산적으로 행동하는 사람이었다. 살아가는 모습을 보니 저렇게 악착같이 살아가면 재산도 많이 모았어야 된다고 생각하는데 그냥 그렇게 사는 것을 보니까 '저렇게 생각하고 행동하니까 저렇게밖에 살 수 없구나.'라는 생각이 들었다.

또 한 번은 나와 한 날 경조사를 같이 하는 지인이 있었다. 갑자기 흘러가는 말로 경조사비는 행사 끝나고 나중에 주겠다고 했다. 왜 저분이 저런 말을 했을까 생각을 해 보았다. 일단 내가 경조사비를 얼마 내는지 보고 그것에 맞춰서 경조사비를 줄 생각이었던 것이었다. 머릿속에는 상대방과의 계산이 깔려 있는 것이다. 그런 느낌이 든 이후에는 나도 그렇게밖에 대해지지 않았다.

주변에 잘 풀리는 사람들을 보면 정말 마음이 넓고 여유롭고 긍정적으로 생각하는 경우가 많다. 결국 생각하는 수준의 차이가 곧 자신의 수준을 만드는 것이다. 그래서 크게 생각하고 긍정적으로 생각하고 자신의 꿈을 크게 가지라고 말하는 것 같다.

인생 한 방을 노리다가
극빈층으로 전락하지 말자

주변에 보면 인생 한 방을 노리는 사람들이 있다. 유심히 지켜보면 결말은 참혹하기만 하다. 마치 불나방이 불을 동경하여 불을 가까이 하다가 자신의 생명까지 내어놓는 지경과 비슷하다고 봐도 과언이 아니다.

인생 한 방의 이면에는 탐욕이 자리 잡고 있다. 그 탐욕 때문에 자신은 물론이고 주변 사람들의 인생까지 망가트리는 경우를 종종 보았다. 나 또한 20대와 30대 초반까지 그러한 부류의 한 사람이 아니었나 반문해 본다. 천운으로 빠져 나왔지만 그 영향력에서 벗어나는 데 상당한 시간과 고통이 수반되었다.

사람이 자신이 속했던 영역에서 빠져나오기가 그만큼 힘들다. 왜냐하면 업이라는 것이 있기 때문에 그 업을 벗어나기가 상당히 힘들기 때문이다. 그래도 자신이 의지만 있다면 힘들어도 벗어날 수 있다.

내가 깨달은 것 중에 하나가 바로 '심음과 거둠의 법칙'이다. 조물주께서 우리에게 준 권한 중에 하나가 바로 '자유 의지'가 아닐까 생각된다. 그래서 자신이 옳고 그름을 판단하고 행동할 수 있다. 한 가지 명심해야 할 것은 자신의 생각과 행동에는 반드시 책임이 따른다는 것이다. 그래서 생각과 행동을 신중하게 할 필요가 있다.

당장 자신이 힘들면 '언 발에 오줌 누기'식으로 당장 편한 것을 찾거나 어려움을 외면하고 싶은 유혹이 있다. 나 또한 마찬가지이다. 그러나 모든 일에는 순리가 있다. 시간이 걸리고 노력과 수고가 수반된다. 그래야만 자신의 것으로 놓치지 않게 된다.

그것을 깨닫고 행동한다면 그것이 정말 복이다. 인생 한 방을 노리다가 정말 한 방으로 횡재를 얻었다고 기뻐하지 말자. 그것이 횡재인지 횡액인지는 두고 볼 일이다. 노력과 수고가 있고 인내하는 과정이 있다면 그것이 자신의 행복으로 찾아온다.

세 잎 클로버를 흔히 행복에 비유하며 네 잎 클로버는 행운으로 비유한다. 그런데 행복은 밟고 다니며 외면하면서 네 잎 클로버의 행운만 찾는 사람들이 있다. 인생 한 방은 이루기가 쉽지 않다. 일상의 소소한 행복을 통해서 하루에 조금씩 정진한다면 행운보다 더 큰 결과가 자연스럽게 자신에게 와 있을 것이다.

참회의 눈물 그리고 반성,
그것이 자신을 성장시키는 동력

살다 보면 자신이 잘못을 하고 주위에 피해를 줘도 뻔뻔하고 오히려 큰 소리를 치는 사람들을 보곤 한다. 이런 부류의 사람들은 인생을 변화시키기가 쉽지 않다. 반성이라는 개념은 둘째치고 자신을 위해서라도 자성의 과정은 반드시 필요한 과정 중에 하나라고 본다. 순간순간 자성의 기회를 갖는 것이 우리에게는 필요하다.

때늦은 후회로 참회의 눈물을 흘리는 사람들을 본다. 지나온 날을 반성하고 삶의 후회만큼이나 자신을 성장시키기 위해 노력하는 행동을 취한다. 이것이 참회의 눈물이 우리에게 주는 행동의 변화이다. 남자라고 눈물을 흘리지 말라는 법은 없다.

눈물은 우리의 감정을 순화시키는 데 긍정적 효과를 발휘한다. 한참 울고 나면 감정이 평온해지고 다시 시작하는 용기가 생기는 경우가 많다. 눈물이 주는 묘미일 것이다.

이 세상의 모든 일은 자기의 마음먹기에 달렸다고 해도 과언이 아니다. 만약 후회 없는 시작을 원한다면, 참회의 눈물을 흘리고 반성도 한다면 자신을 더욱 성숙시키며 성장시킬 수 있는 동력을 찾을 수 있을 것이다. 그렇다고 너무 자신을 학대하거나 자책하지는 말고 이왕이면 위로를 해 주는 것이 좋다. 어차피 마지막까지 함께해야 되는 것은 나 자신이다. 자신마저 자신을 외면하면 안 된다.

버티기 –
승리의 미소는 끈기가 있는 자에게 온다

버티기 하면 생각나는 에피소드가 있다. 해병대 교육훈련단에서 훈련을 받으면서 지낸 약 4개월간의 기간이다. 추운 3월 중순경에 교육훈련단에 입소해서 지금은 날짜도 잘 기억이 안 나는데 6월 말인가 7월 초에 임관식을 하고 휴가를 나온 기억이 있다.

훈련을 받는 기간 동안 시간이 왜 그렇게 안 가는지…. 3월과 4월에 부는 포항의 바닷바람은 유난히 매서웠다. 그리고 호흡기가 유난히 약해서 비염을 비롯한 편도선염으로 엄청난 고생을 했다. 가래가 한 움큼씩 수도 없이 나왔다면 믿기지 않을 것이다.

하루에도 수십 번씩, 아니 과정의 순간순간마다 그만두고 싶은 생각이 안 났다면 거짓말일 것이다. 그 과정을 겪고 군살이 다 빠지고 정신적으로 성숙한, 해병대 장교로 갖추어야 할 소양을 갖추고 군 생활을 시작했다. 아마도 버티기란 의미가 과거의 해병대에서 받은 훈련 과정의 비유가 적절하지 않을까 생각한다.

사회생활을 하다가 힘들 때면 해병대에서 훈련받을 때의 기억과 실무에서 생활했던 과정을 생각한다. 사람들은 힘들 때 자살에 대해서 한두 번 정도는 생각하는 것 같다. 과거에 나 또한 자살을 생각해 본 적이 있었다. 근데 이런 생각이 들었다. '군대에서 저 고생하고 나왔는데 자살로 생을 마무리하면 억울하잖아.' 본전 생각이 나서 자살을 절대 못하겠다는 생각이 들었다. 그래서 사람은 힘든 일을 겪어봐야 되는 것이 아닌가 한다.

　사람은 끈기가 있어야 된다. 소극적으로 버티는 것이 아니라 적극적으로 버티는 자세가 필요하다. 적극적이라 함은 자신이 힘든 과정에 직면해 있을 때 해결책을 모색하고 실행하면서 좋은 날이 올 것이라 버티는 것이다. 우리가 삶에서 승리를 쟁취하려면 적극적으로 버티기를 하는 자세가 필요하다. 나약한 생각을 가지고 버티면 얼마 안 가서 무너지기 마련이다. 어려운 과정의 순간마다 끈기 있게 인내할 수 있는 지혜가 필요하다.

목표를 익숙함으로 만들기 –
처음은 무엇이든 어색하다

아기가 엄마의 뱃속에서 양수에 쌓여 있다가 세상 밖으로 나왔을 때 느낌은 어떨까? 추측해 보건대 약간은 차가우면서 어색했을 것이다. 이제 더 이상 어머니의 뱃속에 들어갈 수도 없을 뿐더러 이 세상 모든 것이 어색하면서 새로울 것이다. 그러면서 세상의 사물을 하나 둘 접하면서 호기심 반 두려움 반으로 대하게 될 것이다. 조금씩 자신의 부모와도 익숙해지면서 주변을 확장해 나가며 익숙함을 만들 것이다.

　나이를 먹어가면서 익숙한 것들이 많아지는 반면에 새로운 것에 대한 두려움이 앞설 때가 많다. 그냥 익숙한 것을 하고 싶지, 어색한 것을 웬만하면 건들지 않고 싶어 하는 경향이 나에게도 조금씩 생기는 것 같다. 이것이 나에게 평생의 숙제라고 생각한다. 어색한 것을 익숙하게 만드는 과정에서 나 자신에게 설득당하지 않는 것, 새로운 것에 대한 동경과 끊임없이 시도해 나가는 것이 우리의 숙제라면 숙제일 것이다.

올해도 다양한 시도를 할 텐데 처음 접해보는 것들이 많아서 어색한 점이 한두 가지가 아니다. 그러나 이 어색함도 어느 순간에는 익숙함으로 바뀔 것이다. 목표를 익숙함으로 만드는 자세는 어색해도 끊임없이 시도하는 것이 아닐까 생각한다.

소한小寒을 지내고 –
하늘은 감당 못할 고통은 주지 않는다

절기상 소한小寒일 때 이 글을 쓴다. 어제도 춥고 오늘도 참 추운 것 같다. 춥지만 느끼는 것이 있다면 감당을 못할 정도는 아니라는 것이다. 이 또한 지나갈 것이라는 생각을 해 본다.

추위보다 더 크게 느껴지는 것이 있다면 사회생활이 아닐까 싶다. 요즘 사람들은 비정규직을 화두로 하여 구조조정 등으로 스트레스를 많이 받는 것 같다. 불경기라는 말과 더불어 힘들다는 말을 많이 한다. 체감하기에도 힘든 것은 맞는 것 같다. 더 힘들게 느껴지는 것은 불경기가 과연 언제까지 갈 것인가 불확실하기 때문이 아닐까 생각된다.

사람은 희망이 있으면 불확실성에도 감내할 수 있는 능력이 생긴다. 적어도 나의 경험으로는 그렇다. 그래서 항상 작은 희망이라도 찾아서 자기 자신에게 의미를 부여하는 연습이 필요하다.

길을 지나가다가 자연스럽게 앙상한 가지만 남은 나무를 위시로 하여 다양한 식물들은 본다. '밖에서 참 춥겠구나'라는 생각을 해 본다. 그러나 저 추위를 이겨내고 봄에는 초록색 새싹을 만들면서 생기 있는 모습을 보일 것이다. 문득 '하늘도 식물들에게 감당하지 못할 고통은 주지 않는구나'라는 생각이 들었다.

우리도 하루하루를 살면서 우리가 생각하지 못했던 다양한 문제들로 고통을 받는다. 순간 당황스럽겠지만 '하늘은 감당 못할 고통은 주지 않는다'라는 생각을 한 번 해 본다면 위로와 희망을 얻을 수 있다. 고통 뒤에 사람은 겸손해지고 신중해지는 것을 경험상 느낀다.

소한이 지나고 며칠 지나면 날씨가 조금 풀어진다고 한다. 인생도 저 날씨처럼 풀어졌다 추워졌다, 때로는 맑았다가 비가 오기도 하는 것 같다. 고통의 순간은 우리에게 당면한 짧은 순간일지 모르겠다. 그 순간을 지혜롭게 견디는 자세가 필요한 것 같다. 겨울이 지나고 3월 정도가 되면 추위도 한 층 꺾이고 아지랑이 피는 봄이 올 것이다. 지금 이 순간을 즐기는 자세가 우리에게는 필요하다.

하늘을 나는 새에게
상승의 의미를 묻다

새들은 인간과 달리 날 수 있는 특징을 가지고 있다. 날개가 있기 때문
이다. 물론 날개가 퇴화되어 날지 못하는 조류들도 있지만 대부분의
새는 날 수 있다.

새가 상승하는 것을 보고 문득 깨달은 것이 있다. 비워야 된다. 아
침에 하천을 따라서 백로가 저공비행을 하는 것을 보았다. 몇 번 날개
를 펄럭이더니만 그것을 에너지 삼아 큰 날개를 쭉 펴니 하천의 물 한
가운데로 저공비행을 하는 것이었다. 잠깐이지만 저 관경을 사진을 찍
어 놓았으면 좋았을 것을 하는 아쉬움이 남는다.

새들이 저렇게 날 수 있는 가장 큰 원인은 뼈 속이 비어 있기 때문
이다. 우리도 우리가 가지고 있는 것들을 의도적으로 비운다면 좀 더
상승하는 데 도움을 되지 않을까라는 생각을 해 본다.

큰일을 할 때는 반드시 주변 정리가 필요하다. 그러면서 자신의 삶
을 보다 단순하고 간결하게 만들 필요가 있다. 경우에 따라서는 대인
관계부터 시작해서 취미생활 등 자신이 불필요하다고 생각하는 것들
을 최대한 제거하는 것이 필요하다. 그러면 자기 자신만의 시간을 많
이 만들 수 있다. 그 시간을 통해서 자신의 내공을 쌓는 데 도움을 받을
수 있다.

높이 올라가고 싶다면 새의 뼈 속이 대부분 빈 것처럼 자신의 현재
상태에서 최대한 비울 수 있는 자세를 갖자. 갈수록 복잡해지고 있는

사회에서는 자신의 상태를 더욱더 비울 수 있는 자세가 필요하다. 그러한 자세가 자신을 상승시킬 것이라 믿어 의심치 않는다. 주변의 상황을 돌아보자. 그리고 단순화시킬 것이 무엇이 있는지 한 번 확인해 보는 것도 좋을 것 같다.

마지막과 새로운 시작의
의미에 대해서

어느 12월 말일의 이야기이다. 말 그대로 올해의 마지막 날이다. 글을 쓰는 이 순간 시계를 보니 몇 시간 안 남은 것 같다. 오늘 수십 년을 매일같이 직장생활을 하시던 분들이 명예퇴직을 했다. 마지막 출근과 퇴근을 하는 분과 악수를 나눈 기억이 있다. 사실 실감이 안 날 것이다.

예전 군 생활을 하다가 전역을 했을 때가 생각난다. 매일 절제된 생활을 하다가 며칠 동안 계획 없이 집에 있으려고 하니까 그때야 '내가 전역을 했구나.'라는 생각이 들었다. 전역한 지 며칠 후 서울에 갔다가 밤에 집에 오면서 울컥했던 기억이 난다. 아마도 그런 기분을 나중에 느끼지 않을까 생각한다.

오늘은 모두에게 올해의 마지막 일이었다. 마지막 아침, 점심, 저녁 식사… 이렇게 생각하니 모든 것이 아름다워지고 애틋해지는 것이다. 오늘 집에 와서 올해의 마지막 저녁식사를 했다. 대구탕이란다. 야채를 적게 먹는 것 같다고 샐러드도 해 줬다. 오늘을 기념하려 작은 케이크도 사 왔다.

이렇게 마지막의 의미는 애틋하고 아쉽기도 하며 아름답다. 개인적으로는 하루하루를 마지막 날처럼 살아가는 자세로 살았으면 더 좋았을 것이다. 그래서 달마 대사는 찰나를 사는 삶을 추구했나 보다. 순간순간 마지막이라고 생각하고 산다면 작은 시간이라도 소중하고 아름답게 느껴질 것이다.

우리는 내년의 시작을 기뻐하며 담배도 끊는다, 영어 공부도 한다는 등 다양한 결심을 한다. 그리고 흐지부지 넘어가며 다시 내년을 기약한다. 우리는 순간순간을 마지막으로 생각하며 매일 순간에 결심하고 실행에 옮길 수 있다. 이것이 마지막과 새로운 시작의 의미인 것 같다.

마지막과 시작은 양면의 동전과 같다고 생각한다. 마지막이 지나가면 시작이 오고 시작이 가면 다시 마지막이 온다. 일 년에 한 번 마지막과 시작을 느껴 보기보다는 마지막과 시작의 의미에 대해서 매 순간 느껴 보는 것은 어떨까 생각한다. 진부한 이야기지만 우리가 사는 오늘은 어제 생을 다한 자들이 그토록 원했던 날이다. 삶을 소중하게 생각하며 하루하루를 가치 있게 살았으면 좋겠다.

진정한 동기부여는
자신이 좋아하는 일을 하는 것

누구나 관심분야가 있을 것이다. 한 분야에서 수십 년을 오래도록 꾸준히 하는 분들을 보면 주변의 강요에 의해서 하는 경우는 찾아보기 힘들다. 특히 극한의 직업을 가진 분들을 보면 더욱더 그렇다. 극한 직업은 일이 정신적으로나 육체적으로 힘들고 위험성을 항상 내포하고 있는 것이 특징이다. 그러한 일을 하면서 수십 년 동안 초지일관되게 자신의 자리를 지키는 이유는 무엇일까?

그것은 바로 자신이 힘들기는 하지만 그 일을 좋아하고 보람을 느끼기 때문이다. 일을 논외로 하더라도 취미활동도 마찬가지이다. 가장 대표적인 것이 취미인데 취미도 즐겁지 않으면 오래 지속할 수가 없다.

진정한 동기부여는 정말로 자신이 좋아하는 일을 찾는 것이다. 주위의 강요나 금전적인 보상에 의해서 하는 것은 한계가 분명히 있다. 그렇기 때문에 항상 자신이 동기부여를 해야 한다. 외부적 환경에서 동기부여를 찾기는 정말 힘들다. 외부의 환경이 변화되기가 쉽지 않을뿐더러 맞추기도 쉽지 않다.

모든 일에는 즐거움이 있어야 한다. 즐거움의 정의는 각자 다를 것이라고 생각한다. 호기심, 진리 탐구, 성취감, 보람 등 다양한 즐거움의 기준이 있을 것이다. 결론을 말하자면 자신의 동기를 외부에서 찾지 말고 자신에게서 찾는 것이 가장 합리적이면서 효율적인 방법이라는 것이다. 자신이 좋아하는 일이 무엇인지 스스로 질문해 보기를 바란다.

죄책감은
자기 변화의 원동력이 될 수 있다

살다 보면 참 뻔뻔하고 염치를 모르는 사람을 보곤 한다. 이런 부류의 사람들은 자신이 대한 말과 행동에 대해서 일말의 양심이란 찾아볼 수 없는 경우가 많다. 세상의 모든 것이 자기를 위주로 하여 돌아간다. 남의 생각이나 처지는 전혀 고려하지 않고 산다. 안하무인이 따로 없다. 자신이 한 행동이 잘못 되어도 죄책감 같은 것은 전혀 느끼지 못한다.

다만, 혹시라도 자신이 크게 실수한 것이 있다면 관대하게 넘어가려고 한다. 그러면서 다른 사람의 조그만 실수나 결점에 대해서는 확대해석한다.

개인적으로 이런 부류의 사람들을 경계한다. 가급적이면 옆에 안 가려고 하고 있다. 나중에 어떻게 봉변을 당할지 모르기 때문이다.

죄책감을 크게 느낄 필요는 없다. 자학의 개념으로 발전하기 때문이다. 반면에 소소한 자신의 잘못에 대해서는 죄책감을 느껴야 된다고 생각한다. 자신의 말과 행동에 대한 일종의 반성이라고 볼 수 있기 때문이다.

죄책감을 자기성찰의 범주로 접근해야 한다고 생각한다. 그래야 죄책감을 통해서 자기 변화의 원동력을 삼을 수 있다. 자신의 한 말과 행동에 대해서 하루에 1분이라도 생각해 보는 시간을 갖는 것이 중요하다. 또한 다른 사람의 말과 행동을 타산지석으로 삼는 것도 자기 변화의 계기가 되는 데 아주 좋다.

세상에서 선과 악을 구별하기가 어렵고 모호하다고 이야기하는 사람들이 있다. 그것은 핑계라고 생각한다. 살기 어렵고 혼탁하다고 느낄 때일수록 자기 자신을 더욱더 바로 세워 양심적으로 살며 자기 변화에 주력하다 보면 즐겁고 성공적인 삶을 영위할 수 있다.

깨달음의 힘 –
그렇게 사는 데는 이유가 있다

가끔 이런 생각을 한다. 그렇게 살 수밖에 없구나. 또한 어떤 부류에 들어가면 비슷한 소득이나 생활 패턴으로 사는 것을 본다. 또한 그 상황을 빠져나오기도 상당히 힘든 것을 본다. 그 부류의 사람들의 생각이 엇비슷하기 때문이라고 한다.

깨달음의 힘에 대해서 이야기를 하고 싶다. 예전에 겪었던 어떤 분에 대해서 잠깐 이야기하고자 한다. A라는 분은 다른 사람에게 특별한 손해를 끼치지는 않지만 상당히 계산적이고 이해타산적인 분으로 기억된다. 개인적으로 생각해 보건대 이렇게 계산적이고 이해타산에 맞게 생활하면 부자가 되는 게 맞다고 본다. 그러나 소득 수준이 높지 않고 그럭저럭 사는 것이었다. 하는 행동을 보면 잘 살아야 되는데 왜 저렇게 살까 생각해 보았다.

사실 궁금했다. 왜 저러한 현상이 나타날까? 그러다가 문득 깨달은 것이 있었다. 그것은 바로 생각의 차이였다. 일명 생각의 그릇이 작았던 것이다. 더 크게 되려고 해도 자신의 생각의 한계 때문에 좋은 기회가 와도 그냥 흘러보낼 수밖에 없는 것이다. 그 주위에 계신 분들을 보면 소득 수준도 그만그만하고 비슷하게 사는 것을 보았다.

자신의 삶을 윤택하게 변화시키고 더 나은 삶을 가지려면 깨달아야 한다. 깨달음覺은 삶을 변화시킨다. 이를 위해서 실천이 필요하다. 그전 단계가 바로 깨달음의 단계라고 본다. 공부도 마찬가지고 직장에서도 마찬가지고 자신이 하는 사업에서도 마찬가지이다. 깨달아야 실천의 힘이 생길 수 있다.

개인적으로 겪어봤지만 과거의 직장이나 업종을 바꾸거나 공부에 비유하면 자신의 공부 수준을 높이는 것은 상당히 어렵다. 과거의 위치나 자신의 공부 수준에 익숙해져 있기 때문이다. 기껏해야 조금 더 좋은 조건으로 동종 업종으로 이직하거나 공부 수준이 조금 향상되는 정도가 대부분일 것이다.

예전에 나도 겪어 보았다. 과거에 하던 업이 있기 때문에 그 업을 벗어나기가 상당히 어렵다는 것을 몸소 느꼈다. 다른 분야로 이직을 시도하다가 다시 예전 업종에 기웃거리게 된다. 그래서 왜 첫 직장이 중요하다는 말을 주위에서 하는지 알겠다. 동종 업계에서는 어느 정도 경력을 인정해 줘서 들어가기 쉽지만 더 나은 직장을 잡기가 참 쉽지 않았던 것을 느꼈다.

그래서 깨달아야 한다. 깨달음이 있으면 과정이 힘들더라도 극복할 수 있다. 감히 비교할 대상은 아니지만 득도得度하신 분들과 평범한 나의 다른 점은 바로 깨달음의 차이이다. 그 수준의 차이 때문에 생활이 달라질 수밖에 없다고 본다.

자신이 삶이 바뀌지 않는다면 일단 행동하기에 앞서 깨달음을 얻기를 바란다. 삶을 바꾸기가 훨씬 수월할 것이다. 모든 일에는 정성과 노력이 들어가야 된다. 일단 깨닫자. 그러면 자신의 삶이 밝게 변화될 수 있다.

꾸준함의 비결은
적절히 쉬는 것에 있다

모든 일을 할 때 초지일관하고 마라톤처럼 끝까지 완주해야 좋은 마무리를 할 수 있다. 그러나 대부분 자신이 가지고 있는 카르마(karma, 업業) 때문인지는 모르겠지만, 작심삼일에 끝나는 경우를 종종 본다. 꾸준함의 비결에 대해서 생각해 볼 필요가 있다.

꾸준함은 인내를 요구한다. 반? 열심을 다한다고 하면 단거리에는 효과를 보일 수 있을지 모르겠지만, 장거리에서 성공할지는 미지수이다. 인생은 생각보다 무료한 과정으로 느껴질 수 있다. 영화처럼 슬픔 감정이 들 때 주변에서 슬픈 음악이 흘러나오거나 로맨틱한 환경에서 달콤한 멜로디가 흘러나오지 않는다.

매일 블로그에 글 하나를 포스팅하려는 계획을 가지고 있다고 하

자. 사실 블로그를 운영하는 사람이라면 매일 포스팅을 꾸준히 하는 것이 얼마나 꾸준함을 요구하는 일인지 알 것이다. 하루에 10개를 포스팅하고 열의를 가지고 매일 올리려고 해도 쉽지가 않다. 꾸준함의 비결은 중간중간 적절한 휴식을 취하면서 소진한 에너지를 회복하는 것이다. 그러면 오래 갈 수 있다.

혈기왕성한 10대부터 20대에서 나타나는 현상 중에 하나가 단시간 내에 모든 일을 끝내려는 성향이다. 물론 그러한 자세가 자신의 일을 빠르게 끝낼 수는 있겠지만 포기를 앞당기는 요소가 될 수도 있다. 20대에 가장 아쉬움이 남는 대목 중에 하나가 바로 이것이다. 10년을 두고 무엇 하나 꾸준히 해 본 적이 없는 것이 아쉽다.

물론 다양한 경험을 해 봤다는 것에 대해서는 만족한다. 하지만 한 가지라도 10년을 두고 꾸준히 했다면 전문가 소리는 바라지도 않아도 준전문가는 될 수 있고, 성공의 발판을 마련하는 데 쉽지 않았을까라는 생각이 들 때가 많다. 아쉬움이 있고 깨달음이 있어 지금부터는 장기적 관점에서 모든 일을 할 때도 급하게 서두르는 법이 많이 없어졌다. 또 달라진 것이 있다면 조금씩이라도 꾸준히 하는 자세를 가지고 실행에 옮긴다.

꾸준함의 비결은 중간중간에 적절히 쉬는 것이다. 이렇게 한 걸음 쉬어 가면 오래 할 수 있다. 일단 어떤 일을 시작할 때는 마음의 여유를 갖는 자세부터 갖자.

안전불감증 –
위험을 극복하는 힘

요즘 이슈가 되는 것 중에 하나가 바로 안전불감증이 아닐까 생각된다. 안전불감증은 물고기가 물을 인식하기 어렵고, 사람이 공기 중에 있으면서 공기를 잘 의식하지 못하는 경우와 비슷하다고 볼 수 있다. 자기가 처한 환경에 대해서 크게 문제가 없다고 생각하는 것이다.

운전을 할 때도 방어운전을 하라고 한다. 아무리 자기가 운전을 잘 해도 상대방이 운전에 미숙하거나 실수를 한다면 그 여파가 나에게까지도 오기 때문이다. 특히 조급한 마음때문에 안전에 대해서 후순위로 생각하게 하는 경향이 있다. 이러한 안전불감증이 대형사고로 발전할 수 있다.

대형사고가 나기 전에는 다양한 징후가 나타난다. 일명 조짐이라는 것이 지속적으로 나타나다 어떠한 환경에서 임계점에 다다랐을 때 사고로 이어진다. 물론 대비를 많이 한다고 해서 사고가 일어나지 않는다는 보장은 없다. 그렇지만 최소한으로 자신의 신변에 부정적 영향을 주는 것들을 제거할 수 있다. 결론]으로 말하면 항상 호시우보虎視牛步와 같은 마음으로 모든 일에 임해야 되겠다.

항상 준비하는 자세를 갖자.

항상 돌발 상황에 대해서 준비하는 자세를 가져야 한다. 성공을 하려면 위기에 강해야 된다. 평소에 자전거를 좀 타기 때문에 자전거에 대해서 신경을 좀 쓰는 편이다. 자전거 체인에 오일을 주기적으로 발

라준다거나 타이어의 상태를 보고 마모가 많이 되었다 싶으면 새로운 타이어로 바꿔 준다. 이왕이면 눈이나 비가 왔을 때 최대한 미끄러지지 않도록 준비를 하는 것이다. 언제든지 미끄러질 수 있다는 인식을 해야 하겠다.

수십 년을 자전거를 탔지만 눈이 와서 미끄러지는 바람에 팔이 부러진 적이 있다. 자전거를 어느 정도 잘 탄다고 자부해 왔는데 머리 안 다친 것이 다행이라고 생각한다. 자전거를 타면서 노면을 파악하지 않은 잘못도 있었지만, 타이어도 오래 타서 마모가 어느 정도 되었던 것 같다. 지금 와서 생각해 보면 예견된 사고였다고 본다.

이러한 사례는 휴가지에 여행을 가서 차가 고장 나는 것과 시험시간 중간에 배가 아파서 시험을 포기하고 나오는 등 주변에서 쉽게 찾아 볼 수 있다. 이렇게 별거 아니라고 생각했던 것이 문제를 야기하는 경우가 있다. 세심한 것에 신경을 쓸 필요는 있다고 본다.

위험을 극복하는 4가지 방법을 소개한다.

첫째, 일단 넘어졌으면 일어난 후 잠시 쉬어 가자.

길을 가다가 넘어졌다면 일어나는 게 급선무일 것이다. 이후에 자신이 왜 넘어졌는지 상황을 파악한 후에 움직이는 것이 최선이다. 일어나자마자 다시 걷다 보면 다시 넘어질 확률이 높다. 그 길이 넘어지기 쉬운 돌부리가 많은 길일 수도 있기 때문이다. 일단 상황파악을 한 후 걸어가도 늦지 않다.

둘째, 너무 처한 위험에 집중하지 말자.

자신이 지금 처한 위험이나 미래의 불확실한 위험에 대해서 너무 몰입하지 말자. 차라리 그 시간에 문제를 어떻게 해결할 것인가에 대해서 생각을 하는 편이 이롭다. 다가오는 불확실한 미래에 대해서도 너무 전전긍긍할 필요는 없다. 대부분의 위험은 일어나지 않을 것이다. 공상으로 끝날 확률이 높기 때문에 자신의 에너지를 다가오지도 않은 위험에 집중할 필요는 없다. 다만 위험에 처했다면 우왕좌왕하지 않고 유연하게 대처할 수 있는 마음의 여유가 더 필요하다고 본다.

셋째, 알면 알수록 위험에 대한 두려움이 적어진다.

자신이 처한 위험에 대해서 분석하고 공부할 필요가 있다. 가끔 푸르고 깊은 바다를 보며 아름답다는 생각이 들면서 동시에 바닷속을 상상하면 두려운 경우가 있다. 왜냐하면 내가 지금 보고 있는 바닷속에 대해서 무지하기 때문이다. 상어가 있을지 해파리가 있을지, 잔잔해 보이는 바다가 사실 밑에는 물살이 세서 빨려 들어갈지 모를 일이다. 이러한 다양한 두려움은 바로 무지에서 나온다.

예전 고대인들이 천둥이 치는 하늘을 보며 하늘이 노했다고 생각하던 시절이 있었던 것처럼 우리는 무지함 때문에 위험에 움츠려 있을 수 있다. 지적인 무장을 함으로써 자신의 위험에 대해서 적극적으로 대처해 나가는 자세가 필요하다.

안전불감증과 위험을 극복하는 힘에 대해서 몇 가지 정리해 보았다. 우리의 삶에는 위험이 항상 도사리고 있다. 호시우보의 마음으로 살아가는 지혜가 필요하며 위험에 대해 알면 알수록 우리는 위험에 대해서 자유로워질 수 있다. 항상 위험의 대상에 대해서 적극적으로 대처할 필요가 있다.

당신은 누구십니까?
스스로 보석이라고 생각하자

대인관계 중에서 가장 안타까운 것은 상대방에게 무시하는 투로 말하거나 안 된다고 단정 짓는 경우라고 생각한다. 나도 실제로 그런 경우를 경험한 적이 있으며, 나뿐 아니라 다들 세상을 살면서 한두 번쯤은 그런 경험이 있을 것이라 생각한다.

상대방을 부정적으로 대하는 사람들의 심리적 상태를 보면 상대방보다는 내가 더 우월하다는 마음이 깔려 있다. 쉽게 말해서 '내가 당신보다 낫다.'는 마음이 깔려 있는 것이다. 자만심이라고도 표현할 수 있다. 물론 이런 마음가짐으로는 대인관계가 오래 가지 못한다. 대인관계는 한 사람만 잘해서 유지되는 것이 아니기 때문이다.

상식적으로 생각해 보자. 상대방이 나에 대해서 혹평을 한다고 해서 내 자신의 본질이 바뀌는 것이 있을까? 아니다. 대표적인 예가 안데르센의 《미운 오리 새끼》 이야기가 아닐까 생각된다. 상대방이 뭐라고 해도 본질은 변하지 않는다.

누가 자신에 대해서 어떤 평가를 해도 스스로를 보석이라고 생각하며 살아가면 좋겠다. 물론 처음에는 원석이다. 시간이 많이 필요하겠지만 꾸준히 다듬는 자세가 필요하다. 다듬고 다듬어서 원석이 아닌, 찬란하고 아름답게 빛나는 자신을 표현할 필요가 있다. 그것은 자신의 몫이다. 스스로를 인정하는 자세가 필요하다.

세상을 살다 보면 경우와 예의를 모르는 사람이 종종 있다. 자신 또한 그런 범주에 속하지 않나 경계해야 하겠다. 그런 부류의 사람들의 말에 자신의 평가를 맡기는 우愚를 범하는 경우는 없어야 할 것이다. 다만 원석을 다듬는 책임은 자기 자신에게 있다. 스스로 자신을 보석임을 자각하고 스스로를 다듬는 데 힘써야 되겠다.

자기성찰 –
성공의 걸림돌 중 세상 탓하기

성공의 걸림돌 중 하나를 꼽는다면 세상 탓하기가 아닐까 생각된다. 외부의 환경적 요인으로 모든 탓을 돌리기 때문에 외부의 환경이 변화하지 않으면 자신도 변화하지 못한다고 생각하는 것이다. 종종 외부적 환경을 바꾸기 위해서 노력한다. 이것이 나쁘다고는 볼 수 없다. 그렇다고 해서 바람직하다고 볼 수도 없다고 생각한다. 왜냐하면 외부적 환경을 자신의 의지로 바꾸기가 쉽지 않고, 만약 바꾼다고 하더라도 시간이 얼마나 걸릴지 모르기 때문이다.

자기성찰의 의미 중에는 자신에 대한 반성의 의미가 있다. 실패의 원인을 외부에서 찾는 것이 아니고 내부적 요인에서 찾는 자세가 필요하다. 그러면 훨씬 성공을 향한 길을 빠르게 진척시킬 수 있다.

내 안의 문제는 무엇인가? 보다 객관적으로 자신의 상태를 면밀히 분석할 필요가 있다. 그 이유가 게으름 때문인지, 너무 일이 많아서인지, 아니면 현실과 동떨어진 일은 아닌지 다양한 원인을 분석해 볼 필요가 있다.

세상을 탓하기에는 인생이 너무도 짧은 것 같다. 이 세상에서 성공자라고 칭하는 사람들을 보면 어려운 환경을 극복하고 성공한 사람들이 많다. 특징을 보면 자기 자신의 내부를 보며 자성의 기회를 가지려는 경향이 강하다는 것이다.

나 또한 과거에는 세상을 탓하는 경향이 있었다. 불경기 때문이야, 경쟁 조건 자체가 불공평해 등 다양한 이유를 들어 세상 탓을 했다. 결론적으로 말하자면 그렇게 세상 탓을 한다고 해서 달라질 것은 없다는 것이다. 그 시간에 자신을 더 되돌아보는 것이 자신에게 주어진 환경을 바꾸는 데 많은 도움을 줄 것이다.

단순한 삶이 주는 교훈 –
집중력 향상

세상이 갈수록 복잡해지고 있으며 IT의 발달로 편리함을 더하고 있다. 과거 10년 전과 비교해 봤을 때도 상당히 많은 문명의 혜택을 누리고 있는 것은 확실하다. 복잡한 세상을 살아가면서도 의식적으로 삶은 단순하게 만드는 자세가 중요하다고 생각한다. 생활이 단순해진다고 해도 생각까지 단순해지는 것은 아니다. 효율성 면에서도 단순한 것이 삶에 유익하다고 판단되기 때문이다. 특히 집중력 향상에 많은 도움을 준다.

내 삶에도 복잡함의 증거가 많이 내포되어 있다. 개인적으로 옷을 보더라도 엄청난 옷이 옷장 안에 있다. 주기적으로 정리한다고 해도 왜 이렇게 쌓이는지…. 가급적 옛날부터 잘 안 입거나 오랜 시간 방치해 둔 옷 같은 경우에는 모아서 정기적으로 기부를 하곤 한다.

시계를 봐도 여러 종류가 있다. 가끔은 출근할 때 어떤 시계를 차고 가야 되나 고민을 몇 분 동안 하는 경우가 있다. 가방도 마찬가지이다. 가방을 여러 개를 사용하다 보니 가끔 가방을 바꾸어 가면서 중요한 물품을 전에 사용하던 가방에 놓고 한참 찾기도 한다.

이런 경험도 해 본 적이 있다. 사용하는 만년필이 여러 종류라서 예전에 사용하던 만년필을 몇 개월 동안 사용하지 않다가 사용하려고 하는데 없어서 며칠을 찾았다. 결국 겨울옷을 넣어 놓은 가방에서 한참 동안 뒤적이다가 찾은 경우가 있다.

생활의 풍족함이 어떤 경우에는 시간 낭비를 초래하는 경우가 있다. 그래서 주변의 환경을 최대한 단순하게 만들어서 우리의 삶에서 중요하다고 생각하는 일에 집중적으로 시간 활용을 하는 것이 좋다고 본다.

느림의 삶 –
늦음은 없다. 다만 늦게 꽃을 피울 뿐이다

    20대 때와 30대 후반의 나 자신을 보며 많은 것이 달라져 있음을 새삼스럽게 느낀다. 그중에서도 몇 가지를 든다면, 다른 사람의 삶과 비교하지 않는 삶이다. 예전에는 다른 사람에게 좋은 일이 있으면 조금이나마 내 삶과 비교하면서 내 자신을 원망한 적이 있다. 지금은 다른 사람의 삶도 소중한 삶이고, 지금의 내 삶도 남들과 비교할 수 없는 소중한 삶이라는 것을 깨달았다.

    인생을 살다 보면 특출하다고 생각되는 사람들이 있다. 그 이면을 살펴보면 부단한 노력과 희생이 있음을 발견하게 된다. 사람들은 그의 화려함과 성과만을 보면서 부러워하곤 한다. 나 또한 그랬다.

    이 세상에 천재라고 불리는 사람은 소수에 불과하다(적어도 내가 본 바에 의하면 그렇다). 또한 그 천재라고 불리는 분들도 부단한 노력을 기반으로 자기희생을 하는 것을 보았다. 그 분들이 내는 성과에 대해서 부러움보다는 존경을 표하기로 했다.

    느림의 삶에 대해서 이야기해 보고 싶다. 느림이라는 것도 비교의 대상에 있어서 상대적인 것일 수도 있다는 생각이 든다. 만약 지금 방향성을 가지고 열심히 노력하고 있다면 방황하고 고민할 필요는 없다고 본다. 다만 결과가 상대적으로 늦을 수 있는 것이다. 즉, 꽃으로 본다면 늦게 꽃을 피울 뿐이다.

    5월의 어느날 붉은 영산홍이 내 눈에 들어왔다. 며칠 전까지만 해도 꽃봉오리만 보였었는데 영산홍 꽃이 언제 핀지 모르게 피었고, 현재 주위에 철쭉은 하나도 남아있지 않은데 혼자 화려함을 나타내고 있었다. 낙화한 꽃들과 마찬가지로 조만간 시들 거라 생각하기에 아쉽기는 하지만 정말 보고만 있어도 화려함이 극치를 이루고 있었다.

이때 본 꽃이 우리의 삶에 적용 가능하다고 본다. 우리의 삶을 꽃으로 비유한다면 빠르게 피거나 느리게 피는 경우가 있다고 볼 수 있다. 자신의 삶이 느리다고 자책할 필요도 없고 빠르게 성장한다고 우쭐할 필요도 없다.

우리의 삶에서 늦음은 없다고 생각한다. 다만 늦다면 더디게 결과가 나타날 뿐이다. 자신의 신념과 방향성만 확고하다면 문제는 없다고 본다. 때를 기다리면 된다. 조금 늦으면 또 어떨까? 그 순간을 즐기면 그만인 것이다.

자책하지 말자. 다만 자신의 삶을 방관하며 충실하지 않는 삶을 산다면 그것은 정말 후회될 일이다. 그렇지 않다면 자신감을 갖고 자신의 삶에 충실하면 되겠다. 언젠가는 화려한 색감을 가진 영산홍처럼 우리의 인생을 꽃피울 날이 올 것이다.

햇살을 가득 먹으며 살아가는 영산홍들을 보며 느림의 삶의 결코 나쁘지 않음을, 또한 늦음은 상대적인 것임을 깨달았다. 너무 조급하게 생각하면 될 것도 안 될 수 있다. 차분히 마음을 가다듬고 지금의 삶에 충실하며 즐겁게 살자.

예지 능력 –
직감적 본능에 귀 기울이기

여자들은 본능적으로 직감이 발달해 있다고 한다. 어떤 위기 상황이 발생했을 때, 특히 어머니의 경우 위기 극복의 중추적인 역할을 담당한다. 개인적으로도 어머니의 위기관리 모습을 보았으며, 여자의 완벽하지는 않지만 비교적 정확한 직감에 공감한다.

'집사람의 결혼 결정에도 직감이 작용했을까?'라는 엉뚱한 생각이 갑자기 난다. 물론 결혼은 양가 집안의 허락과 서로의 동의를 거쳐서 실현됐고 현재 가정을 이루어 살고 있다. 사실 우리 집의 경우에는 집사람의 의지가 컸다. 그래서 결혼도 빠르게 진척시킬 수 있었다.

결혼을 하면 내가 재정적으로도 풍족하게 해 주고 자신이 원하는 이상향을 실현해 줄 것이라는 기대가 직감적으로 있었던 것 같다. 아직까지는 집사람의 직감이 크게 발휘되는 것 같지는 않다. 지금은 그럭저럭 평균 수준을 유지하면서 사는 것 같다. 그래도 여자의 입장에서는 남편을 선택하는 것이 일생의 선택 중에 가장 큰 선택 중 하나라고 생각하는데, 나와의 결혼에 대한 직감적 본능은 어느 정도 작용했다고 본다.

어머니께서 나에게 예전에 결혼하기 전에 해 주신 말씀이 기억난다. 결혼을 하기 전에 결혼할 반려자를 만나면 다르게 보인다고 하셨다. 느낌을 기반으로 한 본능적 직감을 이야기하는 것 같다. 이러한 직감의 선택으로 인하여 미래의 결과가 나타난다. 예지 능력의 정확도가 판가름되는 시점이라고도 볼 수 있다.

예지 능력은 직감적 본능에서 나온다고 볼 수 있다. 아무리 지적으로나 논리적으로 무장을 한다고 해도 직감적 본능을 당해 내지 못한다고 볼 수 있다. 어떤 사람이 예전에 직감에 의해서 자신의 부동자산을 모두 처분하고(물론 개인적인 생각에는 생활할 정도의 여유 자금은 있었겠지만) A사 주식을 샀다는 이야기를 들었다. 그에게는 확신이 있었던 것 같다. 물론 자신의 예지대로 결과가 이루어졌다. 이러한 것이 바로 예지 능력의 하나라고 볼 수 있다.

동물들도 본능적으로 예지 능력을 가지고 있다. 지진이 나기 며칠 전부터 두꺼비들이 이동을 하는 모습을 보거나, 비가 오려고 하거나 날씨가 흐릴 때 제비들이 낮게 비행을 하는 것을 볼 수 있다. 이를 비롯하여 다양한 동물들의 예지 능력을 관찰할 수 있다. 이것들도 바로 본능적 직감에 기인한 것이다.

인간도 적어도 자신의 마음 상태에 귀 기울이면 어느 정도 예지 능력은 확보할 수 있을 것이라 생각한다. 이것이 바로 인사이트(Insight)라고 생각한다. 물론 과거의 경험과 지적 능력, 논리력 등도 직감에 상당히 많이 영향을 준다고 볼 수 있다.

위에서 잠깐, 개인적으로 생각하기에는 아주 위험한 발상을 가지고 주식 투자를 한 분의 이야기를 언급했다. 아마도 그 분은 증권 시장에 대한 배경 지식이 엄청날 것이라고 생각한다. 사람은 아는 만큼 볼 수 있다고 생각한다. 우리 인간도 본능적 직감에 의해서 결단할 때 예지 능력이 충분이 발휘될 수 있다고 본다.

예지 능력은 미래에 대한 확신이라고 본다. 또한 확신이 있다면 미래를 자신이 생각하는 대로 변화시킬 수 있다고 생각한다. 어려운 순간이나 위기의 순간, 실수로 잘못 판단해서 일을 더욱더 악화시키는 경우를 볼 수 있다. 이럴 때일수록 주변을 정리하고 자신만의 시간을 많이 갖는 것이 판단에 중요한 역할을 한다고 본다. 우리는 중요한 순간마다 자기 자신에게 귀 기울일 필요가 있다.

우리가 과로를 했을 때, 초기에 이상 증상이 조금씩 나타난다. 우리의 몸이 '나를 알아주세요.'라는 메시지를 보내는 것이다. 이러한 것을 간과하고 무시하다 보면 더 큰 병으로 이어지고, 우리의 몸은 더 강력하게 메시지를 보낸다. 직감적으로 알아차리는 능력이 필요하다. 한치 앞도 모르는 것이 인생이라고 하지만, 어느 정도의 예지 능력은 직감적 본능에 의해서 대처가 가능하다고 본다. 100퍼센트 완벽하다고는 생각하지 않지만, 예지 능력을 믿는다면 중요한 결정이나 판단이 필요할 때 자신의 내면의 알아차림, 즉 직관적 본능에 귀 기울이는 것도 좋을 방법이라고 생각한다.

구습 타파를 위한 변화의 시도가 어려운 것은 변화가 더디게 이루어지기 때문이다. 무엇이든지 시간이 걸린다. 물은 섭씨 100도에서 끓는다. 그 전에는 크게 반응이 없다. 어느 정도의 시간이 걸린다. 긴 인고의 변화 시간이 지나고, 그 시간이 과거가 되면서 현재의 삶이 자연스럽게 바뀌게 된다.

가장 어려운 것이 무엇일까? 몸무게 감량, 식습관 개선, 게으름 떨쳐 내기, 습관적으로 상대방 비방하기 등 쉽지 않다. 새해가 시작되면

체육관이나 헬스클럽에 사람들이 넘쳐난다. 그러다가 몇 개월 안 가서 사람들은 각종 이유를 대고 과거 삶의 익숙함으로 회귀하고 만다. 게으름, 식습관, 상대방 비방 등 자신에게 긍정적으로 작용하지 않는 것들이 신체적으로나 정신적으로 영향을 주는 일들에 대해서 변화하려면 아래와 같은 비법이 필요하다.

새로운 삶을 위한 구습 타파가 진행되려면 일단 깨달음이 있어야 한다. 과거의 삶에 대해 부끄러움을 느껴야 된다. 과거처럼 살지 않겠다는 통렬한 반성이 있어야 한다. 절대 과거로 돌아가지 않겠다는, 익숙한 길들여짐에서 벗어나겠다는 철저한 의지가 필요하다.

그 다음에는 실행에 집중할 뿐이다. 많은 유혹과 타협의 마음이 순간순간 몰려올 것이다. 변화의 시도가 과연 좋은 결과로 귀결될지에 대한 의구심도 생길 수 있다. 왜냐하면 한 번도 가보지 않은 미지의 세계일수도 있기 때문이다. 그래서 새로운 삶에는 더욱더 용기가 필요한지 모르겠다.

4 /
선택은 성공과 후회의 갈림길

지혜롭게 포기하는 것은
성공의 열쇠이다

우리나라 속담에 '열 재주 가진 사람이 밥 굶는다'라는 것이 있다. 참 의미가 있는 속담이라고 볼 수 있다. 왜 10가지 재주가 있는 사람이 굶을 수밖에 없을까?

그것은 아마도 너무 많은 재주 때문에 정작 하나에 집중하지 못하기 때문이 아닐까 생각된다. 재주가 많아서 이것을 하기에도 욕심이 생기고, 저것을 하려고 하니 다른 것에 대한 아쉬움이 밀려오기 때문이 아닐까? 이 세상에서 성공한 사람들을 보면 한 가지에 특출하지만 모든 분야에서 특출하지는 않다. 우리는 10가지 재주를 가진 사람보다는 9가지를 포기하고 한 가지에 달인이 되는 마음가짐과 자세가 더 필요하다. 그러기 위해서는 삶을 단순화시키고 집중시킬 필요가 있다.

원숭이 사냥법에 대해서 들어보았을 것이다. 원숭이 손이 들어갈 만큼 구멍을 만든 항아리에 쌀을 넣어놓고 원숭이를 유인한다. 원숭이는 그 속에서 쌀을 끄집어내기 위해서 손을 집어넣었다가 손안에 움켜쥔 쌀을 포기하지 못해서 결국 사냥꾼에게 자신의 목숨을 내놓고 만다. 우리도 살아가면서 원숭이처럼 어리석은 방법을 택하는 경우가 많다.

우리는 살면서 포기할 것이 너무나도 많다. 이것도 저것도 다 움켜쥐려고 했다가 결국 중간은커녕 손해를 보는 경우가 많기 때문이다. 만약 성공하기 바란다면 자신이 하고자 하는 것 중 몇 가지만 선택하고 그것에 집중을 하자. 그것이 성공의 열쇠가 될 것이다.

공부를 택할 것인가 친구를 택할 것인가, 열심히 일하는 것을 택할 것인가 노는 것을 택할 것인가는 본인이 스스로 결정해야 하겠다. 단, 분명한 것은 하나를 선택하면 그에 따른 기회비용으로 나타나는 것을 반드시 포기해야만 선택한 것에 대해서 성공할 확률이 높다는 것이다. 제발 이것저것 하려고 욕심 부리지 말자. 한 가지가 수준에 오를 때까지는 그것만 보고 달려가는 것이 지혜로운 방법이다.

오늘도 어떤 것을 선택하고 결단하기에 앞서 무엇을 포기하는 것이 지혜로운 방법일지 생각해 보기를 바란다. 오늘도 당신을 향한 성공에 한 발짝 더 가까이 가기를 기원한다.

누가 뭐라고 감언이설을 해도
자신만의 길을 가라

예전에 다니던 직장에서 퇴사를 몇 개월 전에 구두로 통보하고 나 자신의 일을 하기 위해서 준비를 할 때가 있었다. 그런데 신입 직원이 몇 명이나 중간에 교육을 받다가 포기를 하는 것이다. 그러자 자꾸 나에게 몇 개월만 더 근무하라고 부담을 주는 것이었다.

개인적인 사정이 있어서 되지도 않을뿐더러 마음도 떠났고 퇴사를 얼마 남겨 놓지도 않은 상태에서 그런 말로 자꾸 부담을 주니 앞에서 말은 안 했지만 짜증이 몰려왔다. 이런저런 합리적인 이유를 제시하며 마음 떠난 사람에게 이런저런 말을 하니 그것도 스트레스라면 스트레스였다. 결국 내 의지를 관철시켰다. 그것이 나의 미래에 상당히 옳은 판단이었다.

퇴사를 얼마 앞두고 상사가 나에게 이런 말을 한 적이 있다. 내가 회사에서 일해 주면 자신이 편하다고 했다. 결국, 자신이 편하니까 있으라는 거였다. 그것이 본심이었던 것이다. 얼마나 괘씸하게 느껴졌는지⋯. 지금은 내 연락처가 바뀌었고 그분과 연락을 하지도 않지만 앞으로도 크게 연락할 일은 없을 것이다.

결론적으로 말하고 싶은 것은 다른 사람을 위한 인생을 살지 말라는 것이다. 결국 나 자신을 이해해 주는 것처럼 이런저런 이야기를 하며 설득하려고 했지만, 내막을 따지고 보면 자신의 이익을 위한 일이었다. 세상 살면서 이런 일이 다반사이다.

자신의 소신과 계획이 있으면 남들이 뭐라고 하든지 그 길을 가는 것이 경험상 옳다고 본다. 위의 예시가 사회에서의 관계의 본심인 것 같다는 것을 새삼스럽게 느낀다. 물론 사심 없이 조언이나 도움을 주려는 분들도 많이 있다. 그런 분들하고는 관계가 자연스럽게 오래갈 수밖에 없다. 그러나 그런 경우가 아니라면 주변의 사람들이 무슨 얘기를 하든지 크게 귀담아듣지 않았으면 좋겠다. 결국 자신의 이익을 염두에 두고 말하는 경우가 많기 때문이다.

가족들은 다른 것 같다. 가족들은 나 자신의 입장에서 이야기해 주는 경우가 대부분이다. 독사들도 자기 자식은 귀하게 대접한다. 나 자신도 마찬가지로 나와 내 가족에게는 아무래도 지극정성으로 대할 수밖에 없다.

살면서 수많은 결단을 하는데, 특히 회사를 퇴사할 때 저런 결단을 몇 번을 내린 것 같다. 물론 결과는 내 소신껏 판단한 경우가 옳았다. 인생을 살 때 소신 있게 살아갈 필요성이 있다. 세상을 살면서 인지상정으로 사는 것도 필요하지만 그것도 적당히 해야 하는 것이다. 다른 사람 위한다는 명목으로 행동하다가는 자신이 손해 보는 경우가 많다. 그 손해가 누구를 위한 것인지 깊게 생각해 볼 일이다.

주변과 더불어 살면서 사회생활을 하되 자신만의 소신을 갖고 최종 결정을 하는 것이 중요하다. 특히 직장생활을 하면서 더욱더 상대방이 아무리 좋은 말로 감언이설을 해도 그 의중에는 자기중심적인 생각이 깔려 있는 경우가 많다. 상대방이 설득할 때는 책임감을 미끼로 강압적으로 말할 때도 있고, 인정에 호소하는 경우도 있고, 물질적인 보상으로 회유하는 경우도 있다.

사실 내가 저런 다양한 경우를 겪어 보았지만 결국 마지막으로 보면 나 자신의 소신을 갖고 결정하고 행동했을 때가 옳았다. 주변에 그 많던 감언이설로 설득하던 사람들은 다 어디로 갔는지 궁금하다. 그들도 각자 자신의 인생을 살고 있겠지….

나는 아빠다 –
주변을 긍정적인 사람으로 포진시키자

나는 아빠다. 내가 왜 아빠인가에 대한 물음에 다양한 답변을 할 수 있 겠지만, 그중에 한 가지를 예로 든다면 우리 아이가 어린이집에 등원 했다가 집에 들어오면서 내가 먼저 퇴근하고 집에 있을 때 현관에서 큰 소리로 부르는 소리로 알 수 있다. "아빠!"

부르는 이유는 따로 있다. 신발을 벗겨 달라는 것이다. 물론 아빠의 용무가 끝나면 자신의 관심사를 찾아서 간다. 아이패드를 찾으러 가거 나 초콜릿을 찾으러 거실을 배회한다거나 하는 것들이다.

내가 아빠인 이유는 주변에서 나를 아빠로 인정하기 때문이다. 우 리 어머니도 집사람도 나를 우리 아들의 이름과 아빠를 붙여 부른다. 나는 누구 아빠인 것이다. 그리고 나는 자각을 한다. 내가 아빠구나. 그러면서 행여나 의기소침해 있을 때라도 가장이라는 생각으로 강제 적이라도 힘을 내게 된다.

이 세상의 가장은 아빠의 책무가 막중할 것이다. 아빠라는 정체성 (identity)은 내가 잊고 싶어도 주변에서 하루에 몇 번씩 자각을 시켜 준 다. 이와 같이 주변에 긍정적인 사람들이 포진해 있으면 자연스럽게 자신도 긍정적으로 살 수밖에 없다. 그래서 주변에서 대인관계를 맺을 때 긍정적이고 실천적인 사람을 가까이하는 것이 좋다.

주변에 부정적으로 투덜대는 사람이 있다. 그런 사람들이 주위에 한 명이라도 있으면 분명 자신에게 부정적 영향을 준다. 자신의 정체성이 부정적인 사람에 의해서 바뀌는 것이다. 다른 사람의 부정적인 파동에 의해서 자신의 파동도 자연스럽게 부정적으로 바뀌는 것이다.

긍정적인 사람을 의무적으로 주변에 포진시키자. 내가 아빠임을 가족들이 계속 부른다면 나는 언제나 아빠로서 행동하는 경향을 보일 것이다. 자신을 주변에서 긍정적으로 봐 주면 긍정적인 인생을 살 수밖에 없다.

이제 얼마 안 있으면 마흔을 바라보는 나이지만 돌이켜 보니 시간이 정말 화살같이 지나간 것 같다. 앞으로의 인생도 화살과 같이 지나갈 것이다. 걱정 근심을 뒤로 하고 웬만하면 긍정적으로 삶을 개척하며 살아가는 지혜가 필요하다고 본다. 주변의 긍정적인 사람들과 더불어….

우유부단한 성격의 피해 –
선택은 빠를수록 좋다

다양한 성격들에는 모두 장점과 단점이 있지만, 제일 안 좋다고 생각하는 성격이 있다면 바로 우유부단한 성격이 아닐까 한다. 왜냐하면 머뭇거리다가 기회를 놓치거나 시간 낭비가 많아서 결국 손해를 보는 경우가 많기 때문이다. 인생의 성공을 논할 때 '선택과 집중'을 잘해야만 성공을 할 수 있다. 선결되는 것이 선택이다. 선택을 하기 전에는 숙고해야 되겠지만, 그 선택은 가능한 빠른 시간 안에 해야 하고 그 이후에는 집중을 해야 한다.

우유부단한 성격을 소유한 사람들이 선택을 한 후에도 갈팡질팡하며 집중을 못하는 경우를 보곤 한다. 결국 목적을 달성하기도 어려울뿐더러 후회를 하는 경우를 보곤 한다. 결국 선택을 어떻게 하느냐가 중요한 관건인데 일단 자신을 어떻게 빠르게 설득하느냐가 관건인 것 같다.

우유부단한 성격을 최대한 지양하는 방법 중에는 자신이 결정할 내용을 문서로 만들어 보는 것이 있다. 절차와 방법 그리고 예상되는 결과 등을 정확한 데이터나 이성적 사고로, 자신의 손으로 만들어 보는 것이다. 일단 결정을 하고 난 후에도 흔들린다면 자신이 계획했던 것들을 리뷰하면서 자신의 마음을 다시 한 번 가다듬는 자세가 필요하다.

남자의 경우에는 이성 친구를 사귈 때도 우유부단하면 상대방에게 호감을 얻기가 어렵다. 경험상 여자들은 결단력 있고 자신감에 찬 남자에게 호감을 느끼기 때문이다. 직장생활을 할 때도 마찬가지로 적용이 되며, 자신의 환경 속에서 일어나는 모든 일에 대동소이하게 적용된다. 그렇기 때문에 항상 결정은 과감하고 그다음에는 집중해서 실천에 옮기는 자세가 필요하다.

나이를 한 살, 두 살 먹으면서 느끼는 것이지만 갈수록 선택의 기회가 줄어든다. 회사에서도 이왕이면 한 살이라도 젊은 사람을 뽑으려고 하고, 자기 자신도 변화보다는 안정을 자연스럽게 추구하게 된다. 그래서 선택은 한 살이라도 어릴 때 빠르고 과감하게 하는 것이 좋다. 이런 점에는 나도 아쉬운 부문이 많다.

안 될 것 같은 것은 과감히 포기하고 될 것 같은 것만 찾아서 하는 것이 바람직한 것 같다. 사실 가능성 많은 것을 찾아서 하기에도 시간은 벅차다. 시간은 유한하고 짧다. 나는 안다. 내가 아무리 노력해도 메이저리그의 승률이 높은 야구 선수가 될 수 없으며 유럽의 명문 축구단의 선수가 될 수 없다. 자신이 할 수 없다고 생각하는 것은 과감하게 포기하고, 자신이 빠르게 할 수 있는 것을 선택하는 것이 자신의 성공을 위한 지름길임을 잊지 않았으면 좋겠다.

일 년 후의 나 –
미래는 미스터리

일 년 전 이 시점에서 일 년 후 지금 이 순간의 환경이 이렇게 변해 있을 줄은 상상하지 못했다. 앞으로도 계속 그럴 것이고, 미래라는 부분은 미스터리로 계속 남을 것이라고 판단한다. 지금까지 그래왔던 것처럼….

문제는 미래를 부정적으로 계속 생각한다면 부정적으로 갈 확률이 경험상 상당히 높다는 것이다. 그래서 미래를 항상 긍정적으로 생각하고 행동에 옮기는 자세가 필요하다. 미래를 움직이는 힘은 바로 현재라고 봐도 과언이 아니다.

현재는 항상 갈림길이다. 계속 선택을 해야 한다. 이왕이면 긍정적으로 선택을 해야 한다. 특히 미래를 준비하는 사람들이게는 상당히 중요한 마인드가 될 것이다. 항상 긍정적인 기대를 하고 오늘을 실천적으로 살 필요가 있다. 대부분 자기가 원하는 대로 인생이 움직일 것이기 때문이다.

오늘이 힘들다고 외면하지 말자. 자신이 자신의 인생을 외면하면 내 인생도 나를 외면할 것이다. 힘들다고 하지 말자. 지치면 조금 쉬어가고 피곤하면 수면이라도 취하자. 만약 영양적인 부분에 문제가 있다면 영양을 균형 있게 만드는 자세와 노력이 필요하다.

자신의 처해진 상황을 외면하고 미래의 변화만 생각하지 말자. 가장 어리석은 처신 중 하나라고 보면 될 것이다. 세상의 모든 일은 자기 하기 나름이라고 생각하고 긍정적 마음으로 자신의 미래를 개척하자. 만약 그렇게 노력해도 지금 상상하는 미래의 모습과는 거의 닮아있지 않을 것이다. 다만 차이가 있다면 긍정적으로 상황이 변했느냐 부정적 환경으로 바뀌었느냐다.

미래의 모습에 너무 연연하지 않았으면 좋겠다. 그 두려움 자체가 자신의 행복한 삶을 방해할 수 있기 때문이다. 그냥 내 삶은 항상 긍정적으로 변화한다고 생각하고 실천에 옮기면서 살아가는 자세가 필요하다. 만약 긍정적으로 생각은 하는데 실천이 없다면, 그것은 자기가 주어진 현실을 외면한 채 자신에게 마법을 걸고 있는 것이라고 봐도 과언이 아니다. 미스터리한 인생을 보다 명확하게 만들기 위한 방법은 긍정적 생각과 그에 수반되는 실천뿐이다.

나이아가라 증후군 –
결정과 실천은 빠를수록 좋다

나이아가라 폭포를 사진으로 보면 거대한 폭포의 모습에 압도당할 것이다. 비록 나는 사진으로만 그 모습을 보았지만 사진만으로 폭포의 거대함과 낙차의 위력에 움츠려진다. '만약 혼자 배를 타고 하류로 흘러 내려가다가 나이아가라 폭포의 아래로 떨어진다면 기분이 어떨까?'라는 상상을 해 본다. 생각만으로도 오금이 떨려온다.

　나이아가라 증후군에 대해서 들어 본 분들도 있을 것이다. 대략적으로 요약을 한다면 인생을 강물에 비유했을 때, 우리가 결정을 하지 않고 우유부단하게 그냥 물줄기만 따라가다가 나이아가라 폭포에 떨어질 때가 되어야 자신을 자책하며 떨어진다는 것이다. 나이아가라 증후군은 결정은 빠를수록 좋다는 교훈을 준다. 머뭇거리면 인생을 허비하다가 쓸쓸한 결말을 맞이한다는 것이다.

　인생의 묘미 중에 하나가 바로 결정과 실천이 아닐까 생각한다. 자신이 결정하고 실천에 옮긴다면 '하늘은 스스로 돕는 자를 돕는다'라는 격언이 있듯이 하늘도 무심하게 두지는 않을 것이다. 가장 불행한 인생 중에 하나가 바로 머뭇거리다가 결정과 실천을 못해서 낭패를 보는 경우이다.

　결정은 과감하게 하고 실천에 집중한다면 긍정적인 결과에 도달할 확률이 높다. 그럼에도 불구하고 결과만 생각하고 겁을 먹거나 과정을 무시한다면 좋은 결과를 얻기 힘들다. 나이아가라 증후군이 주는

교훈처럼 머뭇거리다가 폭포 아래로 떨어지는 실수를 범하지 않으면
좋겠다.

결정했으면
뒤를 돌아보지는 말자

당신의 결정과 실천이 현재와 미래를 보다 주체적으로 바꿀 수 있다.
마음 가는 대로 생각 가는 대로 인생은 흘러간다. 마음을 터놓고 지내
는 친구한테 '나중에 시간 되면 포항의 오어사를 비롯하여 예전에 훈련
받을 때 지나쳤던 장소에 가보고 싶다'는 문자를 보냈다. 나중에 정말
다시 가보고 싶고, 아련한 추억과 함께 동기들과 함께했던 시절들이
그립다. 아마도 다시 돌아오지 못할 시간이기 때문에 그런 것 같다.

　지금은 해병대 훈련 과정이 어떤지 모르겠지만, 해병대 훈련 과정
에서 빠지지 않는 것이 있다면 바로 천자봉 정상에 오르는 것이다. 내
가 훈련받을 때만 해도 오어사 근처에 있는 천자봉으로 올라갔었다.
지금은 진해에 있는 천자봉으로 간다는 이야기가 있는데 전역한 지 십
년이 넘어서 지금은 어떻게 변했는지 모르겠다.

　평소 TV를 잘 보지는 않지만 퇴근하고 잠깐 동안 보고 있는데 채널
을 돌리다 우연히 겨울 산사의 풍경을 보여주는 방송을 보았다. 어디
서 많이 보던 관경인데…. 자세히 보니 겨울의 오어사의 풍경이다. 앞

에 저수지가 있고 오어사가 맞았다. 내가 훈련소 때 본 오어사는 따뜻한 봄을 지나 여름으로 가기 전의 풍경이었는데, 오어사의 겨울 풍경을 보니 감회가 새로웠다.

이때 문득 이런 생각이 들었다. TV를 평소에 잘 틀지도 않는데, 퇴근을 하고 TV를 보면서 수백 개의 채널이 있는 방송에서 오어사의 풍경을 볼 수 있는 것은 과연 우연이라고 할 수 있을까? 만약 그것이 우연이라면 우연치고는 기막힌 우연이라는 생각이 들었다.

동시에 깨달음이 왔다. 제목처럼 마음 가는 대로 생각 가는 대로 나의 인생도 그렇게 흘러갈 수밖에 없겠다는 생각이 들었다. 내 마음 가는 대로 생각이 있는 곳에 당연하게 행동도 따라 갈 수밖에 없고, 자연스럽게 인생도 흘러갈 수밖에 없다는 것이다. 그래서 마음을 항상 바르게 하고 생각도 항상 긍정적으로 할 필요가 있다는 생각이 들었다. 이것이 바로 생각의 힘이 아닐까 생각된다.

성장과 퇴보의 갈림길에서

사람은 평생 배움의 자세와 실천을 가져야 된다고 생각한다. 그래야만 정체되지 않고 퇴보하지 않는다. 비록 세월이 지나고 나이가 들어 신체적으로도 노화가 와도 마찬가지이다.

퇴보라는 단어를 생각하면 두 명이 생각난다. 한 명은 고등학교 때 같은 반 학생인데 우리보다 한 살이 많았다. 일명 복학생이었다. 얼굴은 복학생이 맞는데 하는 행동은 초등학생이었다.

초등학교 때 한참 인기가 있었던, 한 달에 한 번씩 나오던 만화 잡지가 있었다. 이에 대한 기억이 가물가물할 때 복학생이 만화 잡지를 학교에 가지고 나타났다. 만화를 보는 몰입도가 엄청 높았다. 대부분이 그 만화책을 보라고 해도 보지 않는 수준이 되었지만 그 복학생의 수준은 초등학교 수준에 머물러 있었던 것이다.

또 한 사람이 기억난다. 같은 중학교를 졸업한 학생인데 갈수록 악한 짓을 많이 했다. 이제는 연락도 안 하지만 길을 가다가 우연히 마주친다고 해도 외면할 것이다. 이런 표현을 잘 사용하지 않지만 '벌 받을 것이다'라는 말이 연상되는 사람이다. 말투나 사고가 중학교나 고등학교 때 수준을 탈피하지 못한 듯하다. 신체적으로는 성장을 했을지 몰라도 수준은 아직 중학교 정도에 머물러 있는 것이다.

정체되어 있다는 것은 바로 퇴보를 의미하지 않나 하는 생각이 나의 지론 중 하나이다. 그래서 항상 고민하고 움직이는 자세가 필요하다. 위의 예시에서 나온 사람들의 전형적 특징은 바로 과거에 머물러 있다는 것이다. 다른 사람들은 다 성장하고 있는데 자신은 하지 못한다면 그것이 바로 퇴보라고 생각한다.

예전에 아는 교수님의 방에 쓰여 있는 글귀가 생각난다. '움직이면 살고 누우면 죽는다.' 움직이는 것이 성장의 의미를 가지고 살아 있다는 의미에 가까운 것이 아닐까 생각해 본다.

자발적 선택과 자유롭게 일하는 것이
탁월한 성과를 만든다

나는 해병대 장교로 전역을 했다. 자랑 같아서 남들에게 말은 안 하지만 내면에는 무한한 자부심을 갖고 있다. 그 이유는 무엇일까? 스스로 선택해서 지원을 했고 힘든 과정을 무사히 마치고 사회에 나왔기 때문이다. 물론 해병대 근무지 중에서 제일 힘들다는 지역에서 근무를 했었다는 것에 대해서도 큰 긍지를 느끼고 있다.

군대 동기들도 가끔 회식자리에서 만나면 내 앞에서 군대 얘기를 잘 안 꺼내는 경향이 있다. 해병대가 강한 군대의 이미지를 가지고 있는 이유 중 하나가 바로 힘든 환경인 줄 알면서도 자발적 선택으로 지원하기 때문이 아닐까 생각한다. 그러한 성향은 사회에 나와서도 본능적으로 지속되는 것 같다. 항상 스스로 반문하고 적극적으로 문제를 해결하려고 노력하는 편이다. 그래서 성과가 더 좋은 것인지 모르겠다.

예전에 겪었던 에피소드 두 가지를 이야기하고자 한다. 예전에 직장 상관 중 한 명이 시간이 지나면서 점차 나를 통제하려고 했었다. 결론을 말하자면 1년도 안 돼서 퇴사를 하고 나왔다. 사생활까지 통제를 하려고 하는 경향을 보였기 때문이다.

그 상관은 회사를 다니면서 개인적으로 부업을 했는데 자꾸 직원들을 그쪽으로 끌어들였다. 처음에 입사해서 정말 열심히 했고 성과가 좋았다. 하지만 지속되는 통제 속에서 숨이 막힐 것 같았다. 자연스럽게 성과가 안 좋아지고 갑작스럽게 퇴직을 하게 되었다.

또 한 가지 에피소드는 어떤 분이 공짜 쿠폰을 가지고 커피를 사 준 적이 있다. 거기까지 간 것도 그 분이 원해서 간 것이지만, 개인적으로 카페 아메리카노를 선호해서 주문을 했더니만 캐러멜 마키아토를 주문하라는 것이다. 나중에 알고 보니 그 분이 피곤할 때 캐러멜 마키아토를 주문해서 먹기 때문에 상대방에게도 자신의 취향을 강요한 것이었다. 그 이후에도 자신의 취향을 대놓고 강요하는 경우도 있었다. 자신의 기준에 내가 맞춰주기를 바랐던 것이다.

결론적으로 어떻게 되었을까? 지금 내 연락처에는 위에서 언급한 두 명의 연락처가 지워져 있다. 내가 하고 싶은 말은 관리자 입장에서 자신이 다른 사람을 통제하면 성과가 더 좋아질 것이라는 생각이 잘못됐다는 것이다. 만약 부하 직원의 성과를 좋게 만들고 싶다면, 부하 직원 스스로 선택하고 자발적으로 일을 처리하도록 유도하는 편이 좋다.

위의 사례에서 보는 것처럼 상대방의 선택을 강요하면 성과가 나오겠지만 강제성에 따른 행동 변화는 오히려 역효과가 날 수 있다. 자신을 위해서라도 자유롭게 일하려는 마음을 갖는 자세가 성과를 내기 위해서 더더욱 필요하다고 본다.

선택과 집중 그리고
이것저것 하고 싶은 마음

우리는 신이 아니다. 인간이다. 간혹 신의 영역을 넘보고 싶은 마음이 들 때가 있을 것이다. 그것은 바로 완벽해지려는 마음이다.

기독교에서는 교만을 죄로 규정하고 있으며 죄에 대한 대가는 파멸이다. 대부분 외부적인 환경 부문 때문에 망하는 경우보다 자멸하는 것이 더 많은 것 같다. 그만큼 교만으로 인한 자만이 우리에게 많은 문제와 부정적 결과를 준다.

그렇기 때문에 우리는 항상 겸손하고 부족한 존재라는 생각을 하며 살아야 하겠다. 부족함을 인지함으로 우리는 성장의 발판을 마련할 수 있다. 우리가 성공하기 위해서는 목표를 잡고 선택과 집중을 할 필요가 있다.

목표 → 선택 → 집중 (○)

선택 → 목표 → 집중 (X)

집중 → 목표 → 선택 (X)

사람은 시간과 공간을 초월할 수 없다. 말 그대로 오늘을 사는 존재이다. 물론 문명의 발달이 시간과 공간의 문제를 간접적으로 해소시킬 수는 있다. 예를 들어 멀리 있는 곳의 사람과 대화할 때는 음성 통화를 하면 되고, 자동차나 비행기 혹은 기차 등의 탈 것을 통해서 공간 사이를 빠르게 이동할 수 있다.

성공을 하기 위해서 가장 중요한 것이 바로 '이것저것 하고 싶어 하는 마음'을 최대한 자제하는 것이다. 욕심 부리지 말라는 말이다. 이것저것 하다 보면 일을 많이 벌이고 싶다. 이것도 해 보고 싶고 저것도 해 보고 싶다.

그러다가 일을 벌이고 뒷감당을 못해서 중간에 포기하곤 한다. 중도이폐中途而廢라는 고사가 있다. 즉, 일을 하다가 중간에 그만두는 것이다. 이 원인 중 하나가 일을 너무 많이 벌이는 것이다.

역대의 성공한 사람들을 보자. 그들은 한 가지 부문에서 성공했다. 물론 한 분야에서 성공을 하면 다른 분야에서도 성공할 확률이 높다. 왜냐하면 성공의 원리는 비슷하기 때문이다.

이것은 나에게도 해당되는 말이다. 일을 크게 벌이지 말자. 작게라도 시작해서 한 분야에서 성공하려고 노력해야 한다. 다시 한 번 말한다. 이것저것 하고 싶어 하는 마음을 최대한 절제하고 한 분야를 깊게 (IN-DEPTH) 파는 마음으로 모든 일에 임한다면 언젠가는 정상의 반열에 올라갈 것이다.

안정적 생활과
기회와 도전 사이의 갈림길에서

나이가 한 살 한 살 먹을수록 도전에 겁이 나는 경우가 많다. 결혼하고 가족을 부양하다 보면 더욱더 그러한 마음이 들기 마련이다. 현실적인 부문이 자꾸 마음에 걸리기 때문이다.

현재 안정적인 생활을 영위하고 싶은 생각이 간절하다. 사람의 마음이라는 것이 서 있으면 앉고 싶고 앉으면 눕고 싶은 것이기 때문에 자기 관리를 철저히 하지 않으면 게을러지기 십상이다. 통상적으로 대부분이 사기업을 다닐 텐데 사기업에서 안정적인 생활을 영위하기가 쉬울까라는 생각을 해 보았을 때 선뜻 긍정적인 답변이 나오지 않는다. '삼팔선 오류도'라는 표현은 예전에 신조어로 나왔던 것인데 요즘은 당연시되고 있다.

도전이라는 의미를 생각할 때 추운 겨울 양털을 깎는 과정이 생각난다. 추운 겨울에 양털을 깎아야 추위를 피해서라도 빠르게 양털이 자라날 수 있다고 한다. 안정적인 생활을 원하면 원할수록 기회와 도전과는 반비례할 수 있다는 생각이 든다. 기회와 도전에 방해가 되는 요소들을 몇 가지 정리해 보고자 한다.

첫째, 채무가 많으면 발목이 잡힌다. 개인 채무가 많으면 도전하기가 어렵고 기회가 와도 놓쳐버리기 십상이다. 왜냐하면 불확실성에 투자를 하기 위해서 여유 자금이 있어야 하기 때문이다. 당장 주택 관련 상환금과 생활비 등 나갈 것이 많아 걱정이라면, 도전을 하기보다는 현재의 생활을 유지하는 것이 낫다고 판단할 경우가 많다.

평소에 자기계발을 해서 몸값을 많이 올리면서 동시에 최대한 절약이 몸에 배어 있어야 한다. 그래야만 여유 자금이 조금씩 생길 수 있다. 그래서 우연히 기회가 왔을 때 그 기회를 도전의 기회로 잡을 수 있다. 채무는 기회가 왔을 때 도전을 망설이게 하는 가장 큰 걸림돌 중 하나라고 생각한다.

둘째, 현실에 대한 만족감이다. 현실에 대한 만족감은 행복의 근원이 될 수도 있다. 예전에 아는 스님하고 전화 통화를 하는데, 스님이 이런 말씀을 해 주신 기억이 있다. "욕심을 가져야 발전이 있다. 다만 집착은 하지 마라." 이 말이 아직도 귀에 생생하다.

현실에 대한 만족감도 좋지만 자신의 발전을 위해서라도 욕심을 가지고 사는 것이 중요하다. 그것이 다른 사람들에 피해를 주지 않고 공공의 이익에도 도움을 줄 수 있다면 금상첨화라고 본다. 욕심을 가지고 사는 것이 중요하다. 현실의 만족감을 갖되 안주의 개념으로 바라보지는 말고 발전의 개념과 병행해서 생각하면 기회와 도전을 찾는 데 많은 도움을 받을 수 있을 것이다.

셋째, 두려움에 대한 응전이다. 누구나 미지의 세계에 대한 두려움은 있다. 또한 동시에 호승심과 기대감도 느껴진다.

처음 해병대에 지원하던 때가 생각난다. 집안에서 군대를 다녀온 사람들 찾기가 힘들었다. 그래서 군대에 대한 이런저런 정보를 찾는 것도 어려웠다. 특히 해병대 지원은 나에게도 큰 도전이자 두려움의 대상이었다. 위에서 잠깐 언급했지만 호승심과 기대감도 같이 있었던 것도 사실이다.

미지에 세계 즉 자신이 가보지 못한 세계에 대한 두려움은 있기 마련이다. 그래도 가능성이 있다면 도전해 보는 것이 후회가 없다. 후회 중에 자신이 과거에 해 보지 않은 것에 대한 후회가 제일 크다고 한다. 두려움은 누구에게나 조금씩은 있다. 그래도 이겨낼 용기가 나중에 큰 보상으로 찾아올 것이다.

넷째, 누가 어떻게 해 줄 것이라는 생각은 버려야 한다. 이런 이야기를 하시는 분을 보았다. 회사에서 퇴직을 하는데 대리점 하나씩 차려줘야 되는 것이 아니냐는 말을 들은 적이 있다. 그분의 생활을 면밀히 살펴보았다. 평소에 자기계발이라고는 담을 쌓은 분이었다. 누가 어떻게 해 줄 것이라는 생각에 쌓여서 사는 것 같은 느낌이 들었다.

다른 한 분은 나에게 이런 말을 한 적이 있다. 좋은 경매 물건 있으면 자신에게 이야기를 해 달라고 한다. 갑자기 이런 생각이 들었다. '좋은 경매 물건을 왜 당신에게 소개를 하고 그 과정까지 내가 일일이 조언하며 도와줘야 하나? 잘 되면 그만이지만 안 되면 그 책임을 다 나에게 물을 텐데…' 하는 생각이었다.

누가 내 일을 어떻게 해 줄 것이라는 기대를 아예 버리는 것이 좋다. 상대방이 도와주면 고마운 것이다. 그것 또한 나중에 갚아야 할 빚이다. 감나무 아래서 입 벌리고 있다가 우연히 떨어진 감을 먹는 것보다 자신이 직접 따서 먹는 것이 훨씬 맛있다.

우리의 일상생활을 하면서 많은 문제를 안고 산다. 그 문제에는 기회라는 것이 숨어 있다. 그 기회를 잡기 위해서는 반드시 도전이라는 것을 해야 한다. 안전적인 생활을 추구하면 할수록 움츠러들기 십상이다. 그 안정적 생활에서는 기회를 포착하기가 쉽지 않을 것이다.

더 소중한 것을 위해서
지금의 소중한 것을 포기할 줄 알아야 한다

가장 아쉬움이 남는 일을 기억에 꼽는다면 해병대 장교로 임관할 때 받은 임관 반지를 판 일이다. 물론 경제적으로 보았을 때 손해를 보지도 않았고 오히려 그때 판 것이 수지맞는 장사였다. 임관 반지를 위해 비용을 지불했을 때보다 2배 정도의 시세 차익을 얻었기 때문이다. 그 이후로 금값이 많이 떨어졌다. 판매에 있어 최적의 시간을 잘 맞춘 것 같다.

그러나 해병대 임관이라는 의미가 고스란히 녹아있는 반지였는데 아쉬움은 평생 남을 것 같다. 그나마 주위의 동기들을 보면 잃어버린 친구들도 있고 일찍 팔아먹은 경우도 있었다. 10년 넘게 가지고 있었으면 오래 가지고 있었다라고 생각하여 애써 위안을 삼아 본다. 당시 임관 반지보다 더 소중하다고 생각하던 일을 하고 있었다. 그것을 위해서 반지를 포기한 것이다.

이 세상에 있는 것을 다 가질 수는 없다. 우리가 10개의 회사가 다 마음에 든다고 모두 다 다닐 수는 없다. 자신의 삶에서 중요하다고 생각하는 회사 중 하나만 선택을 해야 할 것이다. 경우에 따라서는 과감히 포기할 줄도 알아야 한다.

물론 그 임관 반지를 팔았다고 해서 인생이 크게 바뀌지는 않았다. 그러나 소중한 경험은 하나 얻을 수 있었다. 더 소중한 것을 하기 위해서는 지금 내 손에 쥔 것 중에 소중한 것을 내려놔야 된다는 사실이다.

그것이 학문적 표현으로 말한다면 '기회비용'이다. 경제학에서 나오는 용어이다. 하나를 선택하면 하나를 포기해야 한다. 영어를 공부하기 위해서 그 시간 동안은 수학이나 기타의 과목을 공부하는 것을 포기해야 한다. 우리에게 시간은 순차적이기 때문이다.

희생이라는 의미에 대해서 생각해 보았다. 지금 희생을 함으로써 더 큰 가치를 얻는다면 희생을 해야 한다. 그런 마음이 필요하다. 희생하기도 싫어하면서 자신의 상황에서 유리한 것을 얻으려고 한다면 그것은 바로 욕심이자 탐욕에 가깝다고 봐야 할 것이다.

지금 더 가치 있는 선택을 위해서 자신이 소중하다고 생각하는 것들 중에 어떤 것을 내려놔야 될지 생각해 보자. 그러면 더 가치 있는 것에 한 발짝 다가가는 계기를 마련할 수 있을 것이다.

안 좋은 습관 –
외부에 책임을 전가하는 말

습관적으로 외부에 책임을 전가하는 사람이 있다. 정말 안 좋은 습관 중 하나이다. 왜냐하면 결과에 대한 선택은 자기 자신이 했기 때문이다.

다양한 사례가 있지만 그중에서 사람들이 가장 힘들어 하는 것이 바로 금전적 손해가 아닐까 생각된다. 주식투자라든가 집 구매 등 규모가 금액이 큰 규모의 선택을 했는데 손해를 보는 경우이다. 누구의 권유로 주식 투자를 했고, 집 구매를 했을 수도 있다. 하지만 결론적으로 최종 결정을 하고 실행에 옮긴 사람은 바로 자기 자신이다. 말 그대로 상대방은 권유자일 뿐이다. 수익이 올라가도 자기에게 가는 것이고 손해를 봐도 자신의 책임이다. 이러한 사람의 심리는 '잘되면 제 탓 못되면 조상 탓'이란 말이 정확하게 대변해 주고 있다.

주변에서도 심심치 않게 이러한 성향을 나타내는 사람들을 볼 수 있다. 삶을 유심히 살펴보면 열심히는 사는 것 같은데 성취와 성과의 관점에 봤을 때 결과가 그렇게 좋지는 않은 것 같은 느낌을 받는다. 자기성찰의 관점에서 봤을 때 행동이 변화될 수 있는 확률이 많은 것은 문제를 자신에게 있다고 생각하고 접근하는 것이다. 영어 공부를 시작하려고 하는데 영어학원이 없어서, 시간이 없어서, 업무 때문에 피곤해서라는 다양한 이유를 외부에서 찾는 경우를 본다. 결국에는 영어 실력 향상에도 도움이 안 된다.

결과적으로 어떤 일이 자신이 의도하는 바대로 풀리지 않았을 때는 일정 부문 자신에게 문제가 있는 것이다. 그것을 받아들인다면 자신이 성장할 확률이 높아진다. 물론 모든 문제의 원인이 자신에게 있다고 자책하지 말자. 외부적 환경의 요인으로 어떻게 할 수 없는 경우도 있다. 그 또한 받아들이는 자세를 갖고 노력하다 보면 성공에 가까워지고 성취감을 느끼는 데도 많은 도움이 될 수 있을 것이다.

　살아오면서 느끼는 것이지만, 인생이 서울에서 부산까지 잘 정비된 기찻길을 따라서 가는 것은 아닌 것 같다. 때로는 우회하기도 하고, 자갈길도, 진흙길도, 걸어갈 때도 있고, 직선 코스의 평탄한 길을 가는 것도 경험한다. 과거에도 그랬고 앞으로도 그럴 것이다. 외부에다 원인을 돌리지 말고 자신의 내부에서 문제를 찾는 자세를 가지면 성과를 올리는 데 도움이 많이 될 것이다.

목적의식을 가지고 사는 삶 – 목표 설정 중 주의사항

사람은 살면서 목적의식이 있어야 한다. 인생을 살다가 어느 정도 시간이 흘러 뒤돌아보면 목적의식이 자신의 삶에 많은 영향을 끼친 것을 알 수 있을 것이다. 이것이 바로 목적의식의 묘미이자 강력한 힘이다.

　요즘에는 목적의식 없이 사는 사람들을 종종 본다. 물론 나름대로의 사연은 있다고 생각하지만, 자신의 인생을 주체적으로 살기 위해서라도 목표는 반드시 필요하다고 생각한다. 결과를 성공적으로 이끌기 위해서 목표 설정은 상당히 중요하다. 단, 목표를 너무 높게 잡거나 너무 낮게 잡아서 전략에 실패하는 경우를 본다. 목표는 중상 정도가 좋고, 점수로 따지자면 100점 만점의 80점 정도가 적당하다고 개인적으로 생각한다.

그렇다면 지금부터 목표 설정을 위한 주의사항에 대해서 몇 가지 정리해 보고자 한다.

첫째, 너무 조급하게 목표 설정을 하지 말자.

사람이 의욕이 앞서다 보면 현실적인 부분이나 자신의 처지에 대해서 고려하지 않고 계획을 세우는 경우가 있다. 이렇게 목표 설정을 하다 보면 계획대로 일이 안 풀려서 마음이 조급해지는 경우가 생긴다. 그러다 보면 초조해지고 스트레스를 받고 그러다가 중도 포기 혹은 실패라고 생각하는 경우가 있다. 목표는 너무 느긋하게 세우는 것도 문제이지만 너무 기간을 단축시켜 세우는 것도 자신에게 악영향을 줄 수 있다. 여의치 않으면 계획을 수정하는 것도 필요하다. 결론은 너무 조급하게 목표를 설정해서 지치는 경우가 없도록 하는 것이 중요하다는 것이다.

둘째, 중간에 쉬는 시간을 주어야 한다.

열정이 앞선 나머지 아침부터 저녁까지 계획을 실천하기 위해 중간 중간에 쉬는 시간도 없이 일하는 사람들이 있다. 결과적으로 보면 능률이 떨어지는 것을 볼 수 있다. 쉬는 과정은 절대 낭비하는 시간이 아니다. 재충전의 시간이다. 다시 시작하기 위한 정비 기간이라고 볼 수 있다. 쉬는 시간에 몸과 마음의 긴장을 완화시키며 자신에게 보상을 해 줄 수 있는 방법을 찾는 자세가 중요하다고 본다. 우리의 몸이 계획의 실천을 위해서 하루 종일 고생한다고 생각해 보면, 적절한 보상은 활력소가 될 수 있다.

셋째, 모르면 벤치마킹 하자.

사례를 통해서 자신의 목표 설정의 기준점을 맞출 수도 있다고 본다. 자신이 기준점을 세우지 못할 때는 적절한 사례를 통해서 기준점을 가질 필요가 있다. 자기 자신만의 생각으로 도저히 일이 풀리지 않을 것 같은 때 가장 중요한 방법이다. 다행히도 요즘은 다양한 지식에 대한 공유가 많이 이루어지고 있어 원하기만 한다면 많은 정보를 수집할 수 있다. 벤치마킹이 목표 설정에 많은 도움을 줄 수 있다.

우리의 삶은 방향성에 의해서 변화될 수 있으며 목적의식을 가지고 사는 삶이 될 수밖에 없다. 목표 설정 중 주의사항에 대해서 몇 가지 정리해 보았다. 일단 계획이 현실적이면서 실천하기 쉬워야 하며, 중간에 지치지 않게 휴식을 취하는 자세도 중요하다고 본다. 혼자 목표 설정을 하기 힘들면 벤치마킹을 해서 자신의 기준에 맞추는 자세도 좋은 방법이라고 생각한다.

살면서 깨닫는 것이 있다면 대인관계에서도, 사용하는 물건이나 생활 패턴도 단순화시켜야겠다는 생각을 의식적으로 해야겠다는 것이다. 특히 무의미한 약속, 꼭 필요하지 않은데 구매한 물건 등 생활 중에서 중요하지 않은 것을 줄여나가는 자세가 필요하다고 생각한다. 삶을 단순화시키면 시간 낭비를 줄일 뿐더러 자신이 활용할 수 있는 시간이 많이 생긴다.

예전에 직장에 다니던 중 잠깐의 휴가 기간을 내어서 도서관에서 공부를 한 적이 있다. 무슨 전화가 이렇게 많이 오는지 불필요한 전화를 공부하는 중간에 엄청 받은 기억이 난다. 대응 방안으로 진동이나 무음으로 해 놓았지만 쉬는 시간에 전화해 보면 정말 불필요한 전화가 대부분이었다. 물론 전화한 상대방에게는 중요할지 모르겠지만 나에게는 정말 중요하지 않은 전화였다. 이렇게 전화를 받으면 공부를 하다가 흐름이 끊긴다. 이것은 잔잔한 호수에 돌을 던져서 파장이 생기는 느낌이라고도 볼 수 있다. 왜 공부를 하는데 휴대폰을 정지시키거나 주위의 친구들이나 지인들과 연락을 끊고 목적을 달성하는 동안 혼자만의 시간을 가지는지 지금은 이해할 수 있다.

어떤 일을 마무리 짓기 위해서는 집중력이 필요하다. 집중하기 위해서는 단순한 삶의 환경이 필요하다. 예전에 외국에서 박사 학위를 받고 현직에서 교수님으로 계시는 선배님께서 하신 말씀이 있어서 정리해 본다. "외국 학교에 있으면 환경적으로 공부할 수밖에 없다."라고 말씀하셨다. 그 이유가 주위가 산림이 울창하게 있고, 우리나라의 큰 도시에 있는 대학 캠퍼스처럼 나오자마자 음식점, 커피숍 등 이용할 수 있는 시설이 많은 것이 아니기 때문이다. 그만큼 공부할 수 있는 환경이 조성되어 있고, 좋은 논문을 쓸 수 있는 환경이 조성되어 자연스럽게 몰입할 수밖에 없다고 한다.

만약 무엇을 이루고 싶거든 삶을 단순화시키는 연습을 꾸준히 해서 자기 시간을 많이 확보하는 습관을 가지도록 하자. 이러한 습관은 특히 집중력 향상에 많이 도움이 되어서 몰입할 수 있으며, 선택의 문제에서 덜 고민할 수 있어 시간 낭비를 줄일 수 있다.

생각 차이 –
긍정적인 사람, 부정적인 사람

긍정적인 사람과 부정적인 사람의 차이는 바로 생각 차이이다. 생각의 차이에 따라서 인생도 바뀐다. 사실 세상을 긍정적으로 보는가, 부정적으로 보는가는 자신의 의사에 달려 있다고 볼 수 있다.

세상을 가치중립적으로 볼 필요성이 있지만 세상의 긍정적인 요인을 많이 보는 것이 자신에게 많은 도움이 된다. 부정적으로 보면 소극적으로 대처하게 되고 세상을 비관적으로 바라볼 수밖에 없다. 나 또한 세상의 삶이 결코 호락호락하지 않음을 알고 있다.

사람은 30대 이후가 되면 이상적이기보다는 현실적으로 변한다고 한다. 세상에는 밝은 면도 있고 어 운 면도 분명 존재한다. 그건 가치중립적인 관점에서 현실을 보는 것이다. 이러한 관점은 주식투자를 하는 사람이 자신이 산 주식이 오르기를 기대하는 것과는 전혀 다르다. 인생을 가치중립적인 방향에서 바라보되 긍정적인 부문을 부각시켜서 볼 필요가 있다.

부정적인 사람과 긍정적인 사람을 비교해서 보았을 때 생각의 차이는 습관적 사고에서 나온다는 것을 느끼게 된다. 예전에 어느 분이 컴퓨터에 너무 몰두하면 정신에 문제가 생길 수 있다고 말하는 것을 들었다. 물론 그 분 의견을 존중하고 상식적으로 보더라도 어느 정도 일리는 있다고 생각된다. 그런데 나 또한 학부에서 컴퓨터를 전공했고, 지금까지 많은 사람을 겪어봤지만 적어도 나는 단 한 명도 정신적으로 문제가 있는 사람을 본 적이 없다. 물론 게임 중독이나 인터넷 중독 등 다양한 중독을 호소하는 사람은 있다. 그렇지만 일상생활이 크게 저해될 정도로 컴퓨터 때문에 인생이 부정적으로 변하는 사람은 보지 못했다.

나는 컴퓨터를 비롯한 IT 분야가 인간과 사회에 많은 긍정적 환경을 제공한다고 본다. 물론 다양한 문제점도 가지고 있는 것이 사실이다. 개인적인 주장은 굳이 부정적인 문제점만을 바라보고 살 필요는 없다는 말이다. 긍정의 눈으로 바라보면 긍정의 결과를 많이 얻을 수 있다.

이것은 바로 생각 차이에서 비롯되는 것이다. 부정적인 생각을 계속 하게 되면 정말 습관적으로 부정적인 사람이 될 수밖에 없다. 인생은 반전의 묘미가 있다고 본다. 반전을 주느냐 마느냐의 차이는 바로 생각 차이이다. 세상을 현실적인 관점에서 보되 현실에서 긍정의 부문을 찾아서 자신의 의지를 관철시킨다면 좋은 결과를 예상할 수 있을 것이다.

창조적 사고와
내가 할 수 있는 것

창조적 사고는 기존의 틀에서 나오지 않는 새로운 관점이다. 기존에 생각하지 못했던 결과물을 만들어 낸다. 창조적 사고에 대한 중요성에 대해서는 어느 정도 인식하고 있으면서 어떻게 접근할 것인가에 대한 생각과 행동은 더딘 것 같다는 생각이 든다. 창조적 사고는 결과론적으로 볼 때도 다양한 이점을 제공해 준다.

　그렇다면 내가 할 수 있는 것으로는 무엇이 있는지에 대해서 정리해 보도록 하겠다. 예전에 정말 열심히 사시는 분을 보았다. 1년 365일 정말 쉬는 날이 있을까라는 생각이 들 정도로 자기 일에 최선을 다하는 분이었다. 처음에는 참 일도 열심히 하고 존경스러운 분이구나라는 생각이 들었는데, 나중에는 일 중독자로 느껴졌다. 지금도 자신의 방식으로 일에 최선을 다하고 있다.

　성과적인 관점에서 봤을 때는 업무적 능숙도는 증가하여 과거에는 10분에 처리할 것을 지속적으로 단축하는 효과가 있는 것 같다. 그러나 이것도 어느 정도 순간이 지나면 크게 단축되는 효과는 없을 것이다. 문제는 자신이 한 일에 대한 성과적 보상에 대해서 생각할 때는 크게 변동이 없다는 것이다. 그 분은 성실하기는 하지만 그냥 일을 열심히 하시는 분밖에는 될 수 없다.

　개인의 경험에 비추어 봤을 때도 마찬가지이다. 하루 종일 정말 쉬는 시간이 없을 정도로 바쁠 때가 있다. 주어진 시간 동안 업무 처리하기에도 바쁜 경우를 볼 수 있다. 결론적으로 지금 하는 일에 충실한 나머지 창조적 사고는 엄두도 못 내고, 창조적 생각은 나지 않는다. 퇴근해서는 쉬거나 잠자기 바쁘다. 대부분의 직장인이나 생업에 종사하시는 분들의 일상이 대동소이 할 것이라 생각한다.

창조적 사고가 가능하려면 자신만의 시간이 많아야 된다고 생각한다. 다른 사람이 봤을 때 '혼자서 공상하고 있는 시간이 많아 보이는구나.'라는 생각이 들 정도로 생각하는 시간이 많으면 좋다. 위에서 제시한 성실한 유형의 사람이 봤을 때는 불성실한 삶처럼 보일 수 있다.

자신의 삶을 열심히 사는 것은 중요하다. 그렇지만 중간중간 소위 말하는 '연장을 가다듬는 시간'은 더욱더 중요하다. 논에 추수할 곡식이 많다고 해서 자신의 힘만 믿고 연장만 가지고 추수를 하는 것보다 드넓은 논을 보며 과연 어떻게 해야 합리적으로 추수를 할 수 있을 것인가에 대한 생각을 먼저 해야 하겠다. 창조적 사고는 바로 위에 제시한 비슷한 맥락에서 보면 될 것 같다.

산 정상에 올라가는 방법은 여러 가지가 있다. 반드시 한 길만 있는 것은 아니다. 왜 산을 '올라간다'고 생각하는지에 대한 것도 생각해 볼 필요가 있다. 비행기를 이용해서, 낙하산을 이용해서 산 정상에 도착할 수도 있다고 본다. 우리에게는 사고의 유연성이 필요하다.

내가 할 수 있는 것은 자신의 시간을 어떻게 확보할 것인가에 대한 고민이다. 혼자만의 시간, 생각할 수 있는 시간, 여유로운 시간을 확보하는 데 최선을 다해야 할 것이다.

마음을 잔잔한 호수처럼 만드는 시간이 필요하다. 그러면 우리의 뇌에서는 알파파가 형성이 된다. 알파파가 나올 때는 집중력이나 사고력이 높아지는 등 두뇌 활동을 활발하게 진행시킬 수 있어 창조적 사고가 가능하다. 거기에서 무한한 잠재력을 경험할 수 있다.

산책하기, 양치하는 시간, 잠깐 휴식하면서 앉아있는 시간, 반신욕하는 시간 등 분주한 일상에서 잠깐씩이라도 자신만의 시간을 만드는 데 주력한다면, 창조적 사고를 통해 지금보다 여유로운 생활을 만들 수 있다. 창조적 사고의 아이디어로 자신의 인생도 바뀔 수 있다. 일상생활에서 휴식이나 여가가 그만큼 중요하다는 증거이기도 하다.

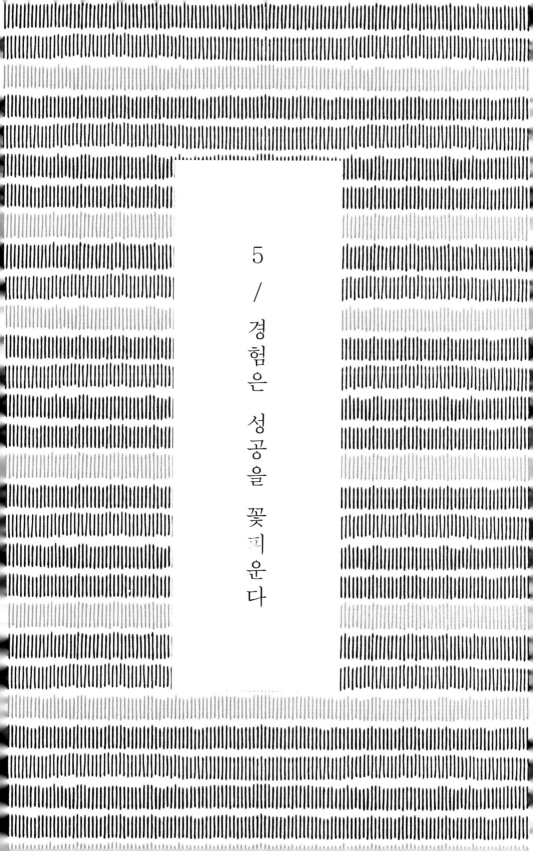

5 /

경험은

성공을

꽃피운다

열심히 하다 보면
다른 길도 보이게 된다

혹시 지금 하는 일이 작아 보이고, 마음에도 차지 않고, 내키지 않는다고 생각하는 사람이 있을 것이다. 연봉도 적고 지금 하는 일이 부끄럽다고 느끼면서 월급날만 기다리는 사람이 있을 것이다. 이런 부류의 사람들은 끓는 냄비 안의 개구리처럼 지금은 미지근한 물에 담겨 있지만 앞으로는 뜨거운 물에 익혀지는 운명을 가질 확률이 높다. 인생 한 방을 노리는 부류의 사람들이 아닐까 생각된다. 한 방에 혹 가는 사람들이 있어도 인생 한 방으로 잘 나가는 사람은 내 기억에는 없다.

지금 하는 일에 충실하라고 말해 주고 싶다. 지금 하는 일을 열심히 하다 보면 미세한 것이 보인다. 그리고 기회라는 것이 우연을 가장하여 온다. 사실 이러한 것을 아는 사람은 별로 없다.

거의 대부분의 사람들은 화려한 겉모습을 좋아한다. 나 또한 그런 것을 싫어하는 것은 아니다. 멋진 정장을 입고, 고급 외제차를 타고, 멋진 시계도 차고, 품위 있게 차를 마시며 여유로운 삶을 살고 싶은 마음이 있다. 지금의 나의 현실이 최악의 상황은 아니라고 생각하지만, 그렇다고 크게 품위 있게 사는 것은 아니다. 그냥 평범하게 사는 대한민국 가장 중에 한 명이다.

살아가면서 필요조건은 자신이 주어진 일 혹은 자신이 하고 싶어 하는 일을 열심히 하는 것이다. 그것이 무엇이든지 간에. 그러나 열심히 하는 것이 충분조건은 아니다. 최소한의 필요조건이다.

정말 나 자신이 인정할 정도로 열심히 할 필요가 있다. 열심히 하다 보면 다른 길도 보이게 된다. 이것저것 하다 보면 내가 몰랐던 길이 보이게 된다. 그것이 기회다. 나중에 기회가 발견되면 그 기회를 십분 살리면 된다.

제일 어리석은 것은 위에서 말한 바와 같이 자신의 현재 처지를 비관하며 노력조차 안 하는 것이다. 행운은 노력하는 자에게 우연을 가장하면서 온다. 나는 필연이라고 보지만 다른 사람은 우연으로 느낄지 모르겠다.

결론 맺자면 현실에 충실하자. 그렇다고 만족하라는 것은 아니다. 열심히 하다 보면 다른 길이 분명 보인다. 안 보이면 그것이 이상한 것이다. 자신을 믿고 자신의 삶에 최선을 다해 보자.

멘탈 갑^甲 –
멘탈이 강해지는 법은 자기 하기에 달렸다

이 세상의 모든 일의 결정적 승패는 아마도 멘탈에 의해서 달라지지 않을까라는 생각이 든다. 그렇다면 멘탈의 강함은 선천적인 것일까? 아니면 후천적인 것일까?

주관적인 판단에 의하면 선천적인 부문도 일부 작용을 하고 후천적인 노력도 작용한다고 볼 수 있겠다. 그렇다면 선천적인 부문은 그렇다 하더라도 후천적인 부문의 노력을 어떻게 할 것인가에 대해서 생각해 봐야 할 것이다. 나의 주관적 경험을 바탕으로 멘탈이 강해지는 법에 대해서 정리해 보고자 한다.

첫째, 극한을 넘어보기. 사람들 중에 나를 보고 소심하다고 말하는 사람이 있다. 그래서 경우에 따라서는 함부로 대해도 된다고 생각하며 말을 함부로 하거나 예의에 어긋나게 행동하는 사람들이 있다. 그러나 사람들이 간과하는 점이 있다. 평소에 보는 내 모습은 지극히 평온할 때의 모습이라는 것이다. 상대방이 보는 모습은 극히 일부분일 수 있는데 너무 안이하게 생각하고 판단하는 경우인 것이다.

사람은 극한의 상황을 맞닥뜨렸을 때나 상황이 어려워질 때 본심을 나타내기 마련이다. 멘탈 갑의 행동의 본능은 극한의 상황에서 나타나게 되어 있다. 평소에 생활에서까지 멘탈 갑의 역량을 표현할 필요는 없다고 본다. 그래서 항상 사람을 평가할 때는 신중해야 하겠다. 오랜 시간 옆에서 겪어보지 않았다면 사람을 함부로 평가를 하지 말기를 바란다. 지금 모습이 상대방의 본 모습이 아닐 수 있기 때문이다.

둘째, 과연 그렇다면 극한은 어떻게 넘을 것인가? 그 방법론에 대해서 정리를 해 보고자 한다. 의도적으로 자신의 한계나 수준을 높이려는 자세가 필요하다. 나의 경우에는 중학교 때부터 각종 동아리나 종교 단체에서 리더의 역할을 자청해서 했다. 그래서 그런지 사람들 앞에 서는 것이 두렵지 않다. 오히려 그런 것을 즐긴다고 봐야 하겠다.

처음부터 나 자신이 그런 것을 잘했던 것은 아니다. 처음 사람들 앞에서 섰을 때 얼마나 떨렸는지 모른다. 앞에 앉아 있는 사람들과 눈을 마주치는 것도 어려웠다. 사람들 앞에 서는 것이 두려운 것은 누구나 마찬가지일 것이다. 그러나 자꾸 사람들 앞에 서다 보면 익숙해진다. 그러면서 자신의 능력은 계속 높아진다.

해병대에 다녀왔던 것 역시 나에게 많은 도움이 된 것 같다. 나는 해병대 장교로 전방에서 근무하면서 다양한 돌발 상황을 겪었다. 해병대의 구성원들은 대부분 성향이 터프하다. 이러한 거친 구성원들과 지내면서 자연스럽게 나 자신도 강해진 것 같다. 다양한 위기의 상황을 자연스럽게 겪으면서 나의 멘탈도 강해졌다.

마치 근육을 쓰면 쓸수록 근육이 강해지는 것과 같다고 볼 수 있다. 만약 멘탈이 강해지려고 한다면 자기 자신의 한계를 극복하려는 다양한 시도를 적극적으로 해 보는 것이 중요하다고 본다. 그것은 언제나 자신의 몫이기 때문이다. 끊임없이 시도하자.

마지막으로, 어려운 시험을 준비하는 사람이 있다고 가정을 해 보자. 그 사람이 처음부터 시험을 잘 볼 수는 없을 것이다. 다양한 경험과 시행착오를 자연스럽게 겪을 것이다. 시험 시간이 60분인데 그 시간 동안 시험 문제를 다 푸는 것 자체가 처음에는 어려울 수 있을 것이다. 그런데 끊임없이 노력하다 보면 40분에도 시험 문제를 정확하게 풀고 시간이 남는 여유를 가지게 될 수가 있을 것이다.

그것은 자기 하기 나름이다. 자꾸 자신을 극한으로 몰아가며 평소와는 다른 예외적인 상황을 가끔은 만들 필요가 있다. 그러면 의외의 상황에 능숙하게 적응하고, 문제 해결력이 높아지는 멘탈 갑의 모습을 자연스럽게 발견할 수 있을 것이다. 자신에게 주어진 일에 겁먹지 말

자. '하늘이 무너져도 솟아날 구멍이 있다'라는 속담도 있다. 자신이 어떠한 마음을 가지고 적극적으로 행동하느냐가 자신을 멘탈 갑으로 만들어 줄 것이다.

자신만의 계획을 가진 인생 – 누구를 위한 인생은 살지 말자

태어나 보니 이 세상이지만, 누구나 자신만의 계획을 가지고 살 필요가 있다. 계획을 가졌더라도 모두 그 계획대로 인생이 풀리는 것은 아니다. 그래도 자신만의 계획을 꼭 만들자. 자신만의 계획이 없으면 다른 사람의 계획에 편승해서 살아갈 확률이 높기 때문이다.

생각 없이 살면 다른 사람의 생각의 의해서 자신이 움직일 확률이 높다. 그래서 인생을 살면서 자신만의 소신을 가지고 사는 것이 필요하다고 본다. 물론 다시 강조하지만 자신만의 계획을 가진다고 해서 그 계획대로 인생이 흘러가는 것은 아니다. 그러나 어느 정도는 자신의 계획에 준하는 결과가 나올 수 있다. 그러므로 계획이 구체적이지는 않더라도 대략적이라도 정리해 두는 것이 중요하다고 본다.

누구를 위하여 내 인생을 사는 것은 어리석은 것이다. 자신의 인생을 사는 것이 중요하다. 남에게 보여주는 인생은 겉은 화려해 보일지 모르겠지만 지나고 나면 허무하다. 상대방에게 인정받아야만, 혹은 상대방에게 잘 보여야만 자신의 기분이 좋아진다면 정말 불행한 인생을 살 수 밖에 없는 것이다.

아마도 우리 아버지 세대는 자신의 인생을 살기보다는 가족을 위해서 희생하거나 주변의 눈을 많이 의식하며 인생을 사는 경우가 많았다고 본다. 막상 은퇴를 해 보니 자신의 희생은 어디 가고 가족에게까지 외면 받는 경우도 있다.

사실, 자신의 인생을 주체적으로 사는 방법에 익숙하지 않은 사람도 많을 것이다. 어디서 그런 것을 가르쳐 주는 곳도 없고, 주위에서 조언을 받는 것도 어렵다. 나를 비롯하여 많은 사람들이 자신의 가치관이나 계획이 정립이 안 돼서 주변의 계획에 우왕좌왕 끌려 다니는 경우를 보곤 한다. 그래서 말도 안 되는 사업 아이템에 현혹되어 시간과 젊음을 낭비하고, 주변 사람들의 인생도 끌어들여 망가뜨리는 경우도 있다. 물론 사회에서 양질의 직장을 찾기가 어렵고 자신조차 진지하게 자신의 꿈에 대해서 생각해 본 경우가 없기 때문이라고 생각한다. 그래서 주변에 자신의 이익을 위해서나 악한 의도를 가진 사람들의 꼬임에 넘어가 자신의 인생을 허비하는 경우를 보곤 한다.

꿈은 단번에 정립이 되는 것은 아닌 것 같다. 꿈은 성장하기도 하며, 중간에 시시때때로 궤도 수정이 되기도 한다. 그러나 큰 맥락은 자신이 가지고 있어야 한다. 그래야만 다른 사람의 인생의 들러리가 되지 않는다.

자신만의 계획을 가진 인생을 살면 자존감은 물론 행복감을 느끼며 자신감 있게 살 수 있다. 주변의 사람들에게 잘 보이려고 인생을 살 필요는 없다. 다 부질없는 일이다. 살다 보면 그러한 행동이 얼마나 무의미한지 자연스럽게 깨닫게 될 것이다. 하루하루 자신의 인생을 살 수 있도록 노력하자. 그러기 위해서는 자신만의 계획을 꼭 만들어 보기를 권장한다. 그다음은 실천에 집중하면 된다.

우물 안 개구리 –
우리의 인생은 아는 만큼 보이게 되어 있다

우물 안 개구리의 세상은 우물 안에서 보이는 하늘이 전부이다. 그래서 자신이 보는 것이 전부라고 생각하고 살 수밖에 없다. 그 이상의 세계를 보려 한다면 기를 쓰는 노력을 해서라도 우물 밖으로 나오려는 시도를 해야 하겠다.

물론 우물 밖으로 나온다고 해도 낭만적인 신세계가 펼쳐진다는 보장은 없다. 오히려 약육강식의 세계가 펼쳐져 우물 안에서 사는 것이 더 안전한 선택일 수도 있겠다. 그래서 사람들이 변화를 시도하는 것보다 안정을 추구하는지 모르겠다. 그나마 비교적 안전하다고 판단하기 때문이다.

우리가 지금의 수준에서 더 나은 인생을 추구한다면, 어쩌면 많은 위험이 따를지도 모르겠다. 그만큼 고생도 감수해야 한다. 어쩌면 내가 보는 이 세상이 전부인 양 살아가는 것이 행복의 관점에서는 더 행복할지 모르겠다는 생각도 든다.

　뱀이 성장을 하기 위해서는 반드시 허물을 벗는 시도를 해야 한다. 그래야만 크게 성장을 할 수 있다. 중학교나 고등학교 때 키가 훌쩍 크는 경험을 한다. 키 큰 사람한테 물어 보니 성장의 과정에서 몸이 아프다고 했다. 무릇 성장에는 고통은 필수요건이 아닌가라는 생각이 들었다.

　우리는 많이 배울 필요가 있다. 우리가 배운 만큼 보는 시야가 넓어진다. 모르면 기회가 와도 그냥 지나칠 수밖에 없다. 그것은 분명한 사실이다.

　나의 사례를 하나 들어 보고자 한다. 나는 과거 금융 관련 업무에 종사했다. 금융 관련 자격증도 몇 개 가지고 있고, 실무 능력도 어느 정도 된다. 금융 관련 거래를 하기 전 자연스럽게 이익이나 손해가 예측된다. 또한 시기적절한 선택을 하기 때문에 크게 손해를 보는 일이 극히 드물다. 그 과정까지 오기까지 수많은 시행착오가 있었다. 이것이 나에게는 고통이었다. 내가 그동안 부동산을 포한한 금융 거래에 있어서 크게 손해를 보지 않고 조금이라도 이익을 본 것은 내가 가지고 있는 금융 지식이 있기 때문이다. 세상은 내가 아는 만큼 보이는 것이다.

　주변에서 내공이 출중한 사람들을 보곤 한다. 그 사람들이 하는 말을 내 수준에서 이해할 수밖에 없다. 내 수준으로밖에 볼 수가 없는 것이다. 만약 상대방의 수준에 맞추려면 나를 그 수준까지 끌어올려 맞추는 방법밖에 없다.

　이때 깨달은 것이 있다. 이 세상은 자신이 아는 만큼 보이게 된다.

그래서 항상 시습時習하는 자세가 필요한 것 같다. 기회는 자신이 아는 범위 내에서 우연을 가장하여 행운이 찾아 온 것이다. 우선 자신을 믿고 항상 모든 일에 노력하는 자세를 갖고 살아가기를 바란다.

잘 가고 있나?
흔들림이 들 때가 있다

사람의 마음은 오묘하기 때문에 자신만만하게 세상을 살면서 세상이 다 내 것처럼 느껴지는 때가 있다. 반면에 의기소침해져서 '정말 내가 잘하고 있나'라는 생각이 들 때도 있다.

'왜 이러한 마음의 상태가 나타날까?'라는 생각을 해 보았다. 개인적으로 내린 결론은 마음이 육체의 상태(컨디션)나 주변의 환경에 영향을 받는다는 것이다. 엄밀히 말하면 외부의 환경에 마음 상태가 약해졌다고 봐야 하겠다. 그렇기 때문에 우리는 항상 육체적 부문에 신경을 많이 써야 한다. 크게 어려운 것은 아니고 컨디션 관리라고 보면 되겠다.

컨디션 관리는 어떻게 하는 것이 좋은가 말해 보고자 한다. 컨디션 관리는 규칙적인 생활이다. 물론 운동도 안 하고 식사도 거르거나 반대로 폭식을 하는 등 불규칙적인 패턴으로 사는 사람들도 있을 것이다. 그러나 컨디션 관리는 위와 같은 규칙적 생활이 아니고 적당한 절제와 적당한 운동, 충분한 영양 섭취, 충분한 휴식 그리고 항상 여유로운 마음을 가지려고 노력을 하는 것이다.

대부분 마음이 약해지는 이유는 육체의 문제에서 영향을 받는 경우가 많다. 강인한 체력에서 강인한 정신력이 나온다는 것과 비슷한 맥락이라고 해도 타당하다고 본다. 물론 강인한 정신력도 강인한 체력에도 영향을 줄 수 있다. 두 사물의 관점이 서로 유기적으로 영향을 준다고 볼 수 있다.

자신감이 없거나 의기소침해 있다면 자신의 건강에 문제가 없는지 살펴보자. 그리고 체력을 보충하고 충분한 휴식 후에 자신이 하는 일을 바라보자. 그러면 훨씬 자신감 있게 세상이 보일 것이다.

습관의 무서움 –
취향도 변하나 보다

이런 경험을 가지고 있다. 라면과 인스턴트커피의 섭취를 10개월 동안 거의 안 먹은 적이 있다. 현재도 진행 중이다. 라면은 중간에 몇 번 먹었다. 그래도 일주일에 몇 개씩 먹던 거에 비하면 거의 안 먹는 것이라고 봐야 한다. 인스턴트커피는 한 번인가 먹은 기억이 난다. 원두커피인지 알고 샀는데 나중에 알고 보니 인스턴트커피였다.

그렇게 한 10개월을 지내오면서 몸에 변화가 생겼다. 일단 살이 5

킬로그램 이상 빠졌다. 더 빠지고 있으며 현재 진행 중이다. 겨울철 비염이 상당히 심했는데, 올해 겨울은 작년보다 따뜻한 것도 있었지만 비염 때문에 고생을 하지 않았다.

집 여기저기를 살펴보다가 우연히 예전에 사 놓았던 각설탕을 발견했다. 각설탕이 두 개씩 포장이 되어 있는데 그중 한 개를 커피에 넣어 먹었다. 옛날에 그렇게 맛있게 먹던 달콤한 커피를 이제는 못 먹겠다. 뒷맛이 개운하지가 않다. 아침에 하루 한 잔 정도 원두커피에 시럽을 넣어서 먹으면서 기분 좋아하던 것은 옛일이 되어 버렸다.

사람 습관이란 참으로 무섭다. 안 먹은 지 3개월이 넘어가니 이제 지금의 습관에 익숙해져서 설탕을 넣어서 먹으면 오히려 이상해지는 느낌을 경험하다니, 어쨌든 취향도 변할 수 있다는 것을 새삼스럽게 깨닫게 되었다. 앞으로도 설탕을 넣지 않고 먹는 습관을 계속적으로 간직해야겠다. 하나 둘 좋은 습관을 만들다 보면 내 인생도 점점 좋은 것들로 채워지게 될 것이다.

경험의 중요성 –
굶주리지 않아 보았으면 배고픔을 모른다

아는 것만큼 중요한 것이 경험이다. 그래서 회사나 사회에서는 경험이 많은 실무자를 선호한다. 가급적이면 아는 것만큼 행동도 뒤따르는 것이 자신의 지경을 넓히는 데 중요하다. 특히 10대에는 이론적인 공부에 충실해야 하지만, 20대에는 자신의 이론적 지식과 더불어 다양한 경험을 쌓는 데 주력해야 한다고 생각한다.

생각해 보니 지난 수십 년 동안 배고픔을 모르고 살아온 것 같다. 예전 어른들이 겪었던 보릿고개라는 것을 지식으로만 알지 나도 잘 모른다. 사실 이해하지 못한다. 그냥 어렴풋이 배고픔이 무엇이라는 것을 조금 알 뿐이다. 가장 최근에 겪었던 배고픔은 해병대 훈련을 받으면서 겪었던 식사도 최소한으로 주고 잠도 잘 재우지 않았던 극기주 정도에 느꼈던 고통이다. 그것도 벌써 10년이 넘은 일이다.

살다 보니 자연스럽게 느끼는 것이 있다면 자신이 경험한 만큼 안다는 것이다. 시행착오가 그래서 중요한 것 같다. 시행착오를 하더라도 이것저것 해 보면서 경험을 쌓아야 한다는 것이다. 다른 사람이 대신해 줄 수 없는 것이다.

어릴 적 구공탄으로 난방을 하던 때가 있었다. 방이 하도 차가워서 구공탄의 윗부분에 덮여 있는 뚜껑에 손가락 세 개를 가져다 댄 적이 있다. 하나만 가져다 대어도 됐을 텐데 세 개를 가져다 대었다. 보일러가 열이 엄청나고 있었는데 모르고 만졌다가 결국 세 손가락에 화상을 입었다.

인간의 인지 능력에는 한계가 있는 것 같다. 그래서 다양한 시행착오를 겪으면서 조금씩 깨닫는 것 같다. 결국 한정된 시간 속에서 다른 사람보다 경험을 많이 쌓는다면, 그만큼 세상을 살아가는 데 귀중한 자산이 되는 것이다.

한때는 목표가 높으면 먼저 체념하고 시도조차 안 한 적이 있다. 지금 생각해 보면 가장 우매하고 어리석은 생각인 것 같다. 무엇이든지 실행에 옮기는 자세가 필요하다. 그것을 안다면 세상을 살아가는 것이 훨씬 쉽게 느껴질 것이다.

한 발씩 움직이는 한이 있더라도 조금씩이라도 해 보자. 그래야 나중에 후회를 덜 한다. 경험이 그만큼 중요하다. 그것은 서두에서 이야기한 것처럼 굶주려 보지 않으면 배고픔의 고통이 무엇인지 모른다는 것과 맥락을 같이 한다.

성공 사례 -
맛에도 분명 비결이 있다

평소에 분식을 자주 먹는 편이라 웬만해서는 분식점에 잘 안 가려고 한다. 특히 라면은 잘 안 먹으려고 하는데 오늘은 너무 일찍 일어나서 그런지 갑자기 라면이 먹고 싶어지는 것이다. 결국 분식점에 가서 라면을 먹기로 했다.

물론 집에 찾아보면 라면 한두 개는 있을 것이다. 없어도 집 앞에 길만 건너면 이른 새벽이지만 편의점이 2개나 있다. 얼마든지 라면을 사 가지고 집에서 끓여 먹거나 편의점에서 라면을 먹는 것이 단돈 얼마라도 절약하는 길이다. 오랜만에 분식점에서 라면을 시켰는데 가격이 3,000원이다. 예전에 2,500원 정도 할 때 가본 것 같은데 조금 오르긴 올랐다.

내가 분식점에 간 이유가 있다. 집에서 끓이면 분식점에서 해 주는 맛이 나지 않기 때문이다. 그 이유는 뭘까? 지금까지 살면서 크게 생각하지 않았던 것이 사실인데 요 근래에 와서 분식점 사장님을 통해서 알게 되었다.

비결은 '온도'였다. 아무래도 집에서는 분식점의 가스레인지 화력을 따라가지 못한다. 높은 열이 분식점표 라면 맛의 비결이었던 것이다. 짜장면은 당구장에서 먹어야 제 맛이고 된장국이나 김치찌개는 어머니가 끓여주는 것이 최고다. 컴퓨터 게임도 집에서 하는 것보다 PC방에서 하는 것이 더 재미있다.

모든 성공 사례에는 이유가 있는 것이다. 맛에도 분명 비결이 있다. 분식점 라면의 맛이 온도에서 나오는 것처럼 말이다. 성공 사례를 벤치마킹해서 자신만의 성공을 이끌어가는 것도 좋을 것이라 생각한다.

인내력을 높이려면
우직함으로 나아가야 한다

실력을 만들기 위한 덕목을 꼽는다면 우직함이 아닐까 생각한다. 우직함이란 말 그대로 꾸준하게 나아가는 실행력이다. 우직함이 자신을 성공의 반열에 오르게 하는 데 상당한 역할을 할 것이다.

인생은 영화에서 나오는 것처럼 반전이나 드라마틱한 경우는 거의 없다. 배경에서 음악도 안 나오고 상당히 단조로운 일상이 대부분이다. 어제 했던 일을 오늘 해야 하고 또 내일도 반복적으로 해야 한다. 그래야만 미세한 부문이 채워지며 전문가로서의 역할을 감당할 수 있다.

꾸준히 하는 능력이 바로 우직함이다. 보통 어떤 일을 시작하면 처음에 100명이 시작하다가 10년 뒤에는 몇 명 남지 않는 것이 태반이다. 그 소수의 몇 명은 정말로 우직하게 자신의 길을 갔다고 볼 수 있다. 그리고 앞으로도 그렇게 할 것이다. 왜냐하면 지금까지 우직하게 행동한 것이 제2의 천성인 습관을 만들었기 때문이다. 그렇기 때문에 인내력이 높다.

우리가 사는 세상에서 대부분의 사람들은 평범하다. 소수의 천재라고 불리는 사람들도 옆에서 봤다. 정말로 자타가 공인하는 분들이다. 그러나 그분들의 이면을 들여다보면 정말로 엄청난 노력을 많이 하는 것을 알게 된다. 잠을 줄이고 놀고 싶은 것을 참아가며 그 자리까지 간 것이다. 그러나 사람들은 지금 눈앞에 보이는 화려한 모습만 보고 부러워한다.

우직하게 꾸준히 실행에 옮기다 보면 그것이 습관이 되어 버린다. 나중에는 관성의 힘에 의해서 꾸준히 전진할 수 있는 힘을 얻을 수 있다. 사람들 중에는 땀 흘리지 않고 남들이 노력한 부문에 무임승차를 하려는 경향을 가진 사람들도 있다. 그러나 설사 무임승차를 했다 치더라도 오래갈 수가 없다. 왜냐하면 자신이 노력한 부문이 없기 때문이 지켜낼 수 있는 인내력이 없기 때문이다.

그렇기 때문에 작은 일이라도 지겨움을 참고 우직하게 노력해야 한다. 그러면서 자연스럽게 인내력이 만들어지고 외부의 충격에도 잘 견딜 수 있는 내공이 생긴다.

자전적 나의 20대를 바라보며, 그리고 삶의 철학과 역경

가끔 내 자신의 20대를 바라보면 갈팡질팡도 해 보고 좌충우돌 도전하며 살았던 기억이 난다. 야심은 있는데 이상은 저 하늘 높이 있고, 노력은 하는데 현실의 장벽에 부딪혀 현실과 이상에서 오는 괴리감을 느끼면서 좌절도 많이 하고, '정말 하면 될까?'라는 생각도 많이 하고, 머릿속도 복잡하고, 과연 지금 가는 길이 옳은 길인가 고민하면서 많이 흔들렸던 것 같다.

주위에서 나를 보고 하는 말이 있었다. 생각이 너무 많다고…. 내가 생각해도 정말 생각을 많이 한 것 같다. 그런데 지나고 나서 보니 고민도 없이 그냥 편하게만 살려고 하는 사람들도 주위에 많이 보였던 것 같다. 물론 남의 속도 모르는 주관적인 판단일지도 모르겠다.

30대 후반을 거쳐 40대의 불혹의 나이로 가고 있으면서 느끼는 것이지만, 20대에는 역경을 많이 겪어 보는 것이 좋다고 생각하며 삶의 철학(삶을 살아가는 데 자기만의 기준점)을 만드는 나이가 되는 것이 좋다고 본다.

첫째, 자신의 꿈을 준비하는 나이

예수님은 30세에 공생애를 시작했다. 예수님께서 살던 시절, 이스라엘에서는 30세부터 사회활동을 시작했다. 그전까지 이것저것 연마를 했을 것이다. 석가모니는 6년간의 고행을 한 후 35세에 깨달음을 얻었다. 공자는 평생 학문에 매진해 진리를 찾으며 살았다. 그 외에 역사를 보면 스스로 역경을 자처해서라도 자신의 확고한 철학을 적립해나간 사람들이 많다.

우리나라에서는 20대가 더욱더 혼란스러운 나이인 것 같다. 그런데 한 가지 생각해 볼 필요가 있는 것 같다. 언제 힘들지 않았던 적이 있었는가? 지나온 과정이 다 힘들었다. 앞으로도 힘들 것이다. 어떻게 받아들이는지가 관건인 것 같다.

20대는 힘듦을 자처하는 나이이다. 내 자신도 일부러 힘듦을 자처할 때가 많았다. 그중 하나가 바로 해병대 장교로 자원입대한 것이다. 요즘은 힘든 것을 잘 안하려고 하는 경향이 있을 것 같다. 이러한 생각은 자신에게 크게 도움이 되지 않는다.

또한 이것저것 시도해 보면서 자신의 가능성과 적성을 저울질 할 필요가 있다. 30대가 돼서도, 40대가 돼서도 자신의 가능성과 적성을 못 찾아서 고민하는 사람도 많다. 20대에 그걸 찾고 앞으로 정진한다면 직업적인 만족감은 물론이고 행복도 느낄 수 있을 것이다.

둘째, 한 우물 파기

만약 자신의 갈 길이 굳건하게 정해졌으면 이것저것 기웃거리지 말고 한 우물을 파기 바란다. 20대 후반이나 30대 초반까지는 크게 표가 안 나는데 30대 후반이 되니까 친구들끼리도 어느 정도 거리감이 느껴지는 것을 보곤 한다. 해병대 동기 중 한 명은 처음에는 보잘것없는 직장에 다니는 것처럼 느껴졌는데 꾸준히 노력하더니 현재는 이름만 들어도 다 아는 모 방송사에서 위치를 확고히 하고 있다. 자신의 의지가 확고하고 꾸준히 정진해서 그렇다고 생각한다.

주변에 보면 물질만 보고 달려가는 사람이 있다. 이거 잘된다고 하면 이거 했다가 저거 잘된다고 하면 저거 하는 식이다. 그러다 나중에는 죽도 밥도 안 되는 경우를 본다.

다들 느끼겠지만 나이를 먹으면 먹을수록 기회가 적어진다. 이거다 싶으면 한 가지에 몰두하는 것이 좋다. 그 분야의 정상에 올라가면 다른 분야에 관심을 가졌을 때도 성공할 확률이 높다. 왜냐하면 한 번 정상에 서 보았기 때문이다.

셋째, 보여주기 위한 인생 살지 말기

20대는 한참 외모에 신경을 쓰고 사춘기 못지않게 나 자신과 상대방을 비교할 나이라고 본다. 남한테 잘 보일 필요가 없다. 오히려 정작 어려울 때 상대방에게 상처받을 확률이 높다. 이해타산에 맞춰서 자신에게 유리하다 싶으면 잘해 주거나 아니다 싶으면 매몰차게 구는 사람도 종종 있다. 다른 사람에게 잘 보이려고 하기보다는 자신의 내공을 쌓는 데 힘쓰는 것이 좋다.

자신이 맨 얼굴을 드러냈을 때 그것을 인정해 줄 수 있는 사람들을 주위에 많이 만들면 좋겠지만 그것조차 쉽지 않다. 그리고 그런 관계가 형성되려면 10년 이상의 시간이 필요하다고 본다. 또한 상호존중이 없는 관계 형성은 오래가지 못한다. 상대방의 형편에 따라서 처신을 달리하는 사람들을 보곤 한다. 다른 사람의 시선보다는 자신의 인생을 살려고 노력하면 좋을 것 같다.

넷째, 고전에서 답을 찾아보자

요즘 20대를 보면 '나도 20대 때 저렇게 열심히 살았나.'라는 생각이 들 때가 많다. 무슨 스펙이 그렇게 많은지…. 한 가지 안타까운 것은 열심히만 살 줄 알았지, 앞에서 잠깐 기술했지만 자신만의 삶의 철학이 과연 있는가 하는 점이다. 자신의 삶에 고난이 오면 어떻게 대처해야 하는지 몰라 당황스러워하는 경우가 있다.

이럴 때 고전에서 답을 찾아본다면 많은 도움이 될 것이라 본다. 《논어》, 《맹자》, 성경, 불교경전 등 이 세상에는 수천 년이 지나도 변함없이 우리에게 전해내려 오는 책들이 있다. 수천 년 동안 내려오는 이유가 분명히 있을 것이다. 고전에서 답을 찾아보자. 그러면 훨씬 인생에서 봉착하는 많은 문제들에 쉽게 접근할 수 있을 것이다.

20대에는 사춘기보다 더 고민을 많이 하고 방황을 할지도 모르겠다. 그러나 역경이 결코 역경으로 끝나지는 않는다. 가을에 열매를 맺는 모든 식물들이 맑고 청명한 날만 지내오지는 않았을 것이다. 20대에 고민과 방황도 많이 하고 삶의 철학을 확고히 하는 계기를 만들었으면 좋겠다.

숙면 취하는 법 –
성공하는 사람은 잠을 충분히 잔다

성공하는 사람의 특징 중에 한 가지를 든다면 잠을 충분히 잔다는 것이다. 하루 24시간 중 수면 시간을 최소한으로 하고 일을 강행할 수도 있다. 그것을 자랑 삼아 말하는 사람이 있다. 그런 부류의 사람이 일은 많이 할지 모르겠다. 반복된 일에는 적합할지 모르겠지만 창조적인 일에는 맞지 않다고 생각한다. 정말 불철주야 일하는 사람들을 보면 자기 자신의 몸을 돌보지 않은 채 일만 해서 일정 수준의 부를 누릴지는 모르겠지만 나중에 몸의 일부분이 탈나는 경우가 있다. 특히 40대나 50대 한참 일할 나이인데 몸에 이상이 발생해서 지금까지 안 입고 안 먹고 힘들게 번 돈을 병원비로 충당하는 경우를 본다.

성공을 하기 위해서는 잠을 충분히 자야 된다. 어떤 이들은 잠을 소모적이고 무의미하다고 생각한다. 제2의 죽음이라고 생각하는 사람들도 있다.

우리의 뇌는 잠잘 때도 활동을 한다. 하루 동안 있었던 일을 정리를 하는 시간이라고 볼 수 있다. 컴퓨터로 따지면 데이터 백업 과정이다. 이 시간을 통해서 불필요한 데이터를 지우는 등 머릿속을 정리한다고 보면 된다.

또한 신체의 기능을 회복시키며 재생시키는 효과를 잠을 통해서 얻을 수 있다. 허리를 펴고 누워서 밤에 잘 수 있는 것이 얼마나 큰 축복인지 밤을 새서 일하는 분들에게 한 번 물어보기를 바란다. 잠은 다시 시작할 수 힘을 우리에게 제공해 준다. 일단 잠을 자더라도 숙면을 취해야 한다. 숙면을 취하는 법에 대해서 모른다면 다음에 기술하는 방법을 따라해 보도록 하자.

일단 몸을 청결히 하는 것이 중요하다. 하루 동안 열심히 일했다면 샤워를 통해서 몸을 청결히 할 필요가 있다. 더 좋은 것은 반신욕을 하는 것이다. 반신욕은 하루의 피로를 어느 정도는 푸는 데 도움을 준다고 본다.

그리고 밤에는 되도록 방안을 어둡게 만들 필요가 있다. 소음이 방안에 들어오지 못하도록 조치를 취하는 것도 중요하다. 날씨가 춥거나 서늘하면 되도록 집안 온도를 일정 수준으로 따뜻하게 하면 숙면에 도움이 많이 된다.

숙면을 취하는 법은 다양하다. 사람마다 숙면의 방법은 천차만별이라고 생각한다. 일단 자신이 수면을 취하는 곳이 어느 곳보다 편해야 한다. 긴장이 느껴지면 안 되고 평화로움이 느껴져야 하겠다.

성공하는 사람은 생각이 유연하고 여유로워야 된다는 것이 나의 지론이다. 그러기 위해서는 충분한 숙면을 통해서 자신의 몸과 마음을 최적의 상태로 만들 필요가 있다. 그러면 지금 하는 일을 훨씬 효과적이며 능률에 맞게 할 수 있으며 성과도 좋을 확률이 높다고 본다. 마지막으로 잠을 적게 자면 성향이 날카롭게 변하고 능률도 떨어진다. 그만큼 잠이 중요하다는 것을 말하고 싶다.

마음 가는 대로 해라 –
이 세상에는 그냥이 없다

우리가 사는 이 지구는 광활한 우주의 작은 행성 중 하나에 불과하다. 우주에는 우리가 셀 수 없을 정도로 많은 행성들이 있다. 우리가 지금 당연하다고 생각하는 것 중 하나가 바로 인간으로 태어나는 것, 주변의 생물들이 생육하고 번성하는 것이다. 당연하다고 생각했던 것에 대해 한 번 더 생각해 보면 하나도 당연한 것이 없는 것 같다. 이 세상에는 그냥이 없다. 모두 다 알게 모르게 의미가 있다고 봐야 할 것이다.

생각보다 인생은 짧은 것 같다. 평생 20대일 것 같았던 내 자신도 세월을 이기지 못하고 그냥 흘러갈 뿐이다. 아무리 저명하고 명망 있는 분들도 세월 앞에는 꼼짝 못하는 것 같다. 그러기에 인생이 더욱더 소중하고 가치 있게 느껴지는 것일 수도 있겠다. 유한한 인생을 살면서 후회 없는 인생을 살려면 보다 가치 있고 의미 있게 인생을 살아갈 필요가 있다고 보는 바이다.

내가 생각하는 지론은 만약 자신의 마음이 가리키는 것이 가치 있고 의미가 있다면 "마음 가는 대로 해라."라고 말하는 것이다. 마음 가는 대로, 자신의 내면에서 속삭이는 것이 무엇인지 귀담아 들을 필요가 있다. 어떤 사람들은 자신의 꿈을 생각하기보다는 먹고 사는 것이 먼저이기 때문에 평생을 열심히 산다. 그러다 어느 정도 삶이 안정화가 되면, 황혼의 나이에도 불구하고 자신의 내면에서 원하는 것을 찾아 지금까지와 다른 전혀 새로운 인생을 사는 경우도 보곤 한다. 조금이라도 후회 없는 인생을 살기 위해서이다.

복잡하게 얽혀있는 자신의 환경을 잠깐 내려놓고 내면의 목소리를 들어보는 것도 후회를 덜하며 사는 인생일 것 같다. 내면의 목소리를 들어보라는 것은 자신이 살았던 모습을 돌아보는 계기를 갖는 것도 포함한다. 내 자신은 몰랐지만 너무 물질만 추구해 온 나머지 주변 사람들과 반목하고 주변을 외면하고 살았는지 반성해 볼 필요도 있다고 본다. 더 늦기 전에 자신의 내면의 소리를 외면하지 말고 "마음 가는 대로 해라."라고 말해 주고 싶다.

그리고 이 세상에는 그냥은 없다. '새벽에 일어나서 운동하고 공부하며 노력하는데도 인생에서 좋은 일은 일어나지 않는다고 말하는 사람이 있는가 곰곰이 생각해 보라'는 앤드류 매터스의 명언이다.

위의 명언이 우리에게 시사하는 바가 크다. 자신의 마음속에서 우러나오는 내면의 소리에 충실하되 자신의 삶에 최선을 다하는 모습을 보여줄 필요는 있다고 본다. 다른 사람에게 보여주는 인생이 아닌 자신만의 인생에 있어서 자신만의 여정을 떠나 보자.

수행자의 간절한 마음과 원願,
그리고 정진

우리가 무엇이든 이루기 위해서는 간절한 마음이 뒷받침되어야 한다.

간절한 마음이 없다면 일을 성사시키기가 쉽지 않다는 것을 새삼스럽게 느낀다. 세상의 이치 중에 하나라고 볼 수 있다. 간절한 마음은 '원願'으로 '원하다 원' 자를 쓸 수 있다.

또한 간절한 마음과 더불어 뒷받침이 되어야 할 것이 있다. 바로 꾸준히 정진하는 마음이다. 이것이 적절히 수반이 된다면 원하는 것을 이루는 데 훨씬 수월하게 작용한다. 자신은 최선을 다한 후에 나머지는 하늘에 맡기면 되는 것이다.

예전에 간절한 마음이 있었던 적이 있었다. 그중 하나는 바로 영어에 대한 갈망이었다. 지금 와서 생각해 보면 몇 년 동안 참 열심히 했다는 생각이 든다. 영어 회화테이프를 반복적으로 하루에 몇 시간 이상 들으며 영어학원은 물론이고 혼자 자습도 참 많이 했던 것 같다. 간절한 마음으로 열심히 원을 그리고 정진하였다.

문제는 몇 년 지나고 나니 처음 마음에 그렸던 원이나 간절한 마음이 누그러지고 꾸준히 정진하는 행동도 많이 사라지게 되는 것이었다.

대학교를 졸업하고 해병대 장교를 지원해서 다녀왔다. 그때는 참 그 마음이 간절했던 것 같다. 대학 졸업식을 하고 며칠 후, 집으로 육군 훈련소에서 몇 달 후 입소하라는 입영 통지서가 온 상태였다. 장교 후보생으로 못 간다면 육군훈련소로 가야 되는 상황이었고, 그나마 대학원에 합격한 상태라서 해병대 사관후보생(OCS)에 떨어진다고 해도 군대 가는 것을 연기할 수 있었다. 하지만 불확실성에 대한 정신적인 압박은 상당했던 기억이 난다.

지금 와서 삶을 돌아보니 간절한 마음 덕분에 해병대 장교로 임관하여 건강히 전역하고 대학원도 졸업할 수 있었다. 자신의 일을 성사시키기 위해서는 간절한 마음과 자신의 원 그리고 꾸준한 정진이 뒷받침되어야 한다.

패망의 길–
교만한 마음과 아집에 대하여

패망의 길에 대해서 말해 보고자 한다. 거의 대부분의 패망은 외부적인 요인이 아닌 내부적인 요인에 의해서 발생한다. 결국 자멸한다는 의미이다. 개인으로 따지면 자기 관리를 제대로 못해서 그렇고, 기업이나 국가로 따진다면 내부적인 분열이 큰 원인 중에 하나라고 볼 수 있다.

개인적인 관점에서 패망의 길에 대해서 정리해 보고자 한다. 제일 큰 원인이 되는 것이 교만한 마음과 아집이 아닐까 생각한다. '나'라는 자신의 의미에 대해서 너무 과대평가하기 때문에 상대방을 얕잡아 보거나 배려심이 없는 행동을 한다. 이러한 행위가 바로 자신을 패망시키는 원인이 된다. 그래서 자기관리가 필요하다.

아집은 말 그대로 자기중심적인 생각이다. 다른 사람의 생각이나 사정이 들어올 여지가 없기 때문에 결국 고립되기 십상이다.

특히 교만한 마음은 성취를 많이 한 사람들 중에 나타나는 경우가 있는데, 이로 인해 패망의 길로 떨어지는 사람들을 종종 본다. 그 사람들의 특징은 과거의 어려웠던 상황을 극복하고 입지전적 인물이 된 경우가 많다는 것이다. 그래서 자신의 자부심을 남들 앞에 내세우며 실수하는 것도 간과하는 경우가 많다. 그러면서 서서히 무너지는 것이다. 주위에서나 언론에서 이런 사람들을 보곤 한다. 공인으로 신분을 망각하고 말 한마디, 행동 하나 잘못했다가 아웃되는 경우를 보곤 한다.

패망의 길로 들어서지 않으려면 '자아성찰' 능력이 있어야 된다. 자신을 항상 되돌아보는 자세가 필요하고 내 자신에게도 문제가 있다는 것을 깨닫고 고쳐나가는 자세가 필요하다. 만약 그러한 자성 작용을 갖지 못한다면 패망의 길로 들어서기가 훨씬 수월하다. 말 그대로 자멸하는 것이다.

나이를 한 살 한 살 먹으면서 성숙되는 과정을 거치는 사람이 있는 반면에 겉으로는 웃고 있으면서 교만한 마음과 아집으로 가득 차 있는 사람도 있다. 후자의 경우, 결국 외톨이로 전락하거나 회복이 어려워질 수 있다. 어떤 어려움이 생겼을 때 문제는 자기 자신에게 있다는 것을 알면 훨씬 이 세상을 지혜롭게 살아갈 수 있을 것이다.

20대에 부족한 점 –
내면을 보는 눈

10대에는 외모에 신경을 많이 쓴다. 사춘기에 접어들면 외모에 더욱더 신경이 많이 쓰일 것이다. 자신을 의식한다기보다는 외부에서 자신을 보는 모습을 의식한다는 표현이 맞는 것 같다.

사춘기가 지나고 10대가 끝나고 20대가 되어 대학에 들어가거나 사회생활을 하게 된다. 외모적인 부분도 신경을 많이 쓰겠지만 취업에 관심을 많이 갖는다. 소위 말하는 스펙 쌓기에 열을 올리기 시작한다. 다른 사람을 경쟁상대로 생각하고 다른 경쟁자들보다 1점이라도 더 획득하는 것이 급선무라고 생각한다. 다른 사람이 자격증 2개를 가지고 있으면 나는 3개가 있어야 마음에 놓인다. 그래야만 경쟁 우위에 설 수 있다고 생각하기 때문이다.

물론 열심을 다하는 것은 참 보기 좋다. 그러나 장기적인 관점에서 보았을 때 평생을 다른 사람을 경쟁상대로 생각하면서 살 수는 없다. 20대에 힘들어 하는 이유가 바로 대부분의 시선이 외부로 가 있기 때문이 아닐까 생각된다.

20대에 부족한 점이 있다면 바로 외부적인 시선에 관심이 많이 가서 내면의 자신이 가지고 있는 강점이 정말 무엇인지 잘 모른다는 것이다. 자신에 상태나 자신에 대해서 잘 모르면서 무턱대고 경쟁에 임하는 것이 아닌가라는 생각을 해 본다. 제3자의 객관적인 입장에서 자신의 상황을 보다 명확히 알 수 있다면 굳이 다른 사람과 경쟁하려고 애쓸 필요는 없다고 본다. 왜냐하면 자기 자신의 길만 묵묵히 가면 되기 때문이다.

자기만의 길을 가기 때문에 다른 사람이 가는 길에 대해서 연연해할 필요도 없다. 여기부터 힘든 것은 자기의 역할이다. 힘들어도 보람은 있을 것이다. 자기 자신의 상태에 대해서 잘 알기 때문에 더 정확하게 외부적 환경에 접근할 수 있다.

사실 감정적인 상태에서 자기 자신을 온전히 바라보는 것이 쉽지는 않다. 그래서 자신의 감정을 진정시키는 방법이 필요한데, 일단 혼자만의 시간을 갖는 것이 중요하다. 산책을 하든가 벤치에 앉아있거나 정신을 온전히 집중할 수 있는 시간을 잠시 동안이라도 만들자. 그리고 3자의 입장에서 자신을 바라보는 연습을 하는 것이다. 그러면 자신이 보지 못했던 나만의 무언가(원석)를 발견할 수 있을 것이다. 그 다음에 내면의 원석을 가다듬는 방법은 자신의 몫이라고 생각한다.

새로운 삶 구습 타파 –
길들여진다는, 익숙해진다는 것은

가끔씩 살면서 이런 생각이 든다. '이건 아닌데….' 이렇게 생각하면서 행동은 과거와 똑같이 살고 있다. 왜냐하면 과거의 인습에 길들여지고 익숙해져 있기 때문이다.

길들여지고 익숙해졌다는 것이 나쁜 면만 있는 것은 아닌 것 같다. 지금의 삶에 적응했다는 의미도 포함되어 있기 때문이다. 익숙해짐은 지금의 하는 일에 능숙하고, 효율적으로 돌아간다는 의미로 해석될 수도 있다고 본다. 반면에 '이건 아닌데….'라는 의미에는 우리 안에 있는 나쁜 구습과 새로운 삶을 갈구하는 마음이 내포되어 있다. 말 그대로 구습 타파가 필요한 시점이다.

삶은 쉽게 변하지 않는다. 과거의 삶이 이어져 지금까지 왔고, 미래에도 영향을 끼치는 경우가 많기 때문이다. 그래서 카르마라는 것이 얼마나 우리의 삶에서 강력하게 작용하는지 알게 되는 대목이라고 생각한다.

미래를 긍정적으로 바꾸기 위해서는 정말 부단한 노력과 고통이 필요하다. 구습 타파의 시도에는 마찰이 생기기 마련이다. 고통이 수반되니 몇 번 시도하다가 고통스러워 각종 이유를 대고 현재의 삶에 만족하면서 산다. 대부분이 새로운 삶을 추구하면서도 익숙해진 삶에 대한 만족감을 가지고 있다.

기회를 잡으려면 준비하라 –
성과를 내는 기술

기회를 만들려고 할 때, 그 기회를 외부에서 찾으려고 하면 확률이 떨어진다. 누가 먼저 손 내밀어 줄 것이라는 생각은 아예 버리는 것이 좋다. 자신의 기회는 자신이 적극적으로 잡는다는 마인드(mind)를 가지는 것이 좋다고 본다. 모든 일에는 시간이 걸린다. 또한 준비를 하고 기회를 잡았으면 그 기회를 사용하여 성과를 내야 하겠다.

첫째, 준비를 하는 사람의 마음가짐.

기회를 잡으려면 긍정적인 마인드와 활동적인 자세가 필요하다. 세상을 볼 때 경기가 어렵다니, 취업이 힘들다니 살기가 퍽퍽하다는 등의 말을 한다. 과거에서 현재까지 살아온 시간을 돌이켜 보자. 언제 어렵지 않고 힘들지 않았던 시절이 있었을까?

자기가 처한 상황이나 지금 처한 상황이 제일 힘들다는 느낌을 받는다. 앞으로도 어렵거나 힘들 것이다. 과거와 비교해 보았을 때 사람들의 옷 입는 수준을 비롯하여 먹거리의 수준이 많이 올라간 것을 느낀다. 힘들다, 힘들다 하면서 앞으로도 사회는 발전할 것이며 모든 면에서 수준은 지속적으로 올라갈 것이다.

어느 순간이든 틈새가 있고, 기회가 있어 수요가 필요한 산업이 있고, 정체기나 쇠퇴기의 산업이 있을 것이다. 그러한 틈새를 노리고 준비를 한다면 성과를 내는 데 중요한 역할을 할 것이다.

둘째, 두려움에 맞서는 용기.

누구나 처음에는 설렘과 두려움이 있을 것이다. 용기를 내서 시작을 해도 어느 정도 궤도에 오르기까지 힘들기는 마찬가지이다. 그래서 초반에 포기하는 경우가 많고, 1년 정도 지나서 돌이켜 보면 100명이 시작을 했다면 10명 이하만 통상적으로 남을 것이다. 누구에게나 어떤 일이든 힘들고 시작하기가 어렵다. 나 또한 어떤 일을 시작할 때, 새로운 일에 대한 설렘도 있지만 두려움도 함께 가지고 있다.

용기를 가지고 꾸준히 인내하자. 노력은 결코 자신을 외면하지 않는다. 살면서 깨달은 것이 있다면 노력이라는 존재에 대해서다. 자신이 노력한 만큼 그만큼 성과에 가깝게 도달할 수 있다.

셋째, 명확한 목표 의식.

배가 목적지가 불분명하면 지그재그로 방황할 수밖에 없다. 목적이 분명해야 최적화된 경로를 통해서 목적지에 도달할 수 있다. 목표는 글로 써 놓으면 많이 도움이 된다. 머리로 생각만 하는 것보다 목표와 그 목표를 실행하는 세부적인 방안에 대해서 도출할 수 있다. 이것이 메모가 주는 가장 장점 중에 장점이라고 생각한다.

수많은 사람들이 상위 0.001퍼센트의 관문을 뚫고 명문대나 선망의 직장에 들어가서 방황하는 이유가 바로 자신의 명확한 목표 의식이 없기 때문이다. 기회를 잡기 위해서라도 목표는 꼭 필요하다.

넷째, 자신에게 떳떳한가?

윤리적 항목은 가장 중요한 항목 중에 하나이다. 만약 자신이 윤리적이지 못하다면, 지금은 크게 영향이 없다고 느낄지 모르겠지만 그 부도덕함 때문에 한 순간에 무너질 수 있다. 특히 성과를 많이 낸 경우에는 자신의 부도덕함 때문에 발목 잡혀 평생 이룬 업적이 모래성이 무너지는 것처럼 흔적도 없이 사라지는 경우를 종종 본다. 성과를 낼 때는 윤리적 기반 위에 차곡차곡 준비하기를 바란다. 이것이 더디게 가는 것 같고 과정이 너무 긴 것처럼 느껴지지만 결국에는 지름길이 될 수 있다.

다섯 번째, 운동하자.

어떤 일을 이루기 위해서라면 운동을 통한 체력 관리는 필수이다. 젊거나 처음 시작할 때는 크게 차이가 안 날지 모르겠지만, 나중에는 엄청난 차이로 체력의 수준이 벌어진다. 근력은 나이와 상관이 없다. 나이가 70대라도 자신이 꾸준히 관리만 한다면 젊은 사람 못지않은 근력을 소유할 수 있다. 운동도 준비의 관점에서 본다면 정말 큰 준비라고 본다.

여섯 번째, 자신의 투자에 인색하지 말자.

만약 내 자신이 세일즈맨이라면 스마트폰, 아이패드, 노트북 등 세일즈에 필요한 물품을 구입하는 데 돈을 아끼지 않을 것이다. 또한 의류를 비롯하여 기동력에서 유용한 자동차 등에 투자를 할 것이다. 물론 이렇게 투자하는 것이 아까울 수 있다. 하지만 이렇게 투자를 하면 더 많은 성과를 내기가 용이하다.

공부도 마찬가지이다. 비싼 교육비를 지급하면서까지 외국에서 공부하는 의미를 알아야 하겠다. 지금 당장 손해 보는 것 같아도 결국에는 성과에 긍정적으로 작용한다. 자신의 투자에 인색하면 안 된다. 투자도 준비의 일환 중 하나이다.

기회는 적극적으로 준비하는 자에게 온다. 준비와 성과의 관점에 대한 몇 가지를 정리해 보았다. 살면서 요행을 바라지 말자. 노력은 결코 자신을 외면하지 않음을 알게 될 것이다.

갈팡질팡하는 이유 중 하나는
가치관의 혼란 때문이다

살면서 흔들릴 때가 있다. 힘들고 어디로 가야될지도 모르겠고 그래서 갈팡질팡하는 경우가 있다.

우리는 현재 다양성의 시대에 살고 있다. 그만큼 가치관도 다양하고 생활 패턴과 생각도 백인백색이라는 말이 어울린다. 내 생각도 옳은 것 같은데 다른 사람 생각도 옳은 것 같다. 내 마음 속에서도 다양한 생각들이 혼재되어 있어 쉽게 결정하기가 어렵다. 간혹 주위에서 우유부단하다는 소리를 듣는 경우도 있다. 그래서 시계추처럼 여기 갔다가 저기 갔다가 하는 경우가 많다.

복잡한 세상을 살수록 자신의 소신을 명확히 하고 가치관을 분명히 할 필요가 있다. 물론 다른 사람의 생각을 존중할 줄 알아야 한다. 성인이 되어 생각과 판단하는 능력이 있다고 해도 생각 없이 판단하고 결정하는 경우가 있다.

예를 든다면 주식이나 부동산 등에 투자하는 것이다. 한때 증권시장이 상승기에 있을 때 많은 사람들이 '묻지마 투자'에 동참했다가 손해를 보는 경우를 보았다. 부동산이 좋다고 하면 깊은 생각이 없이 투자를 하는 경우도 있고, 경매가 좋다고 하면 눈과 귀가 그곳으로 쏠린다. 주식이나 부동산, 경매 등에 투자를 하는 것에 대해서 긍정적이다 부정적이다 판단은 못하겠다. 다만, 자신의 투자 가치관이나 소신이 얼마나 반영이 되어 있나에 대해서 심도 있게 생각해 봐야 할 것이다.

갈팡질팡하는 이유는 바로 가치관이 명확하지 않기 때문이다. 그래서 주위의 행동이나 생각을 모방하는 것 같다. 그리고 나중에 실패하면 주위에 탓을 돌린다. 모든 판단과 행동에 대한 책임은 자신이 지는 것이다. 만약 자신의 판단과 행동을 다른 사람에게 위임한다면, 위임한 만큼 자신의 인생에서 본인의 자리가 많이 없어질 것이다.

가치관은 선택의 기준을 만들어 주고 결과의 토대가 될 수 있다. 가치관의 기준을 어떻게 세울 것인가에 대해서는 본인의 주관적 기준이므로 뭐라고 말하기가 그렇지만, 항상 선택의 동기에는 '왜?'라는 생각과 동시에 가치를 불어 넣어야 한다. 그래야만 자신의 소신이 흔들리지 않고 갈팡질팡하지 않는다.

어학을 공부해도 자신이 왜 해야 되는지 당위성에 대해서 생각을 해 보고, 사업을 해도 왜 이 사업을 해야 되는지 확실한 믿음을 가져야 된다. 고등학교 때까지는 대학교에 가는 것이 목표였다가 막상 대학교에 가서는 자신에 대한 정체성이나 가치관에 혼란을 느끼는 것도 바로 명확한 가치관이 바로 서지 않아서 생기는 것이라고 생각한다.

가치관이 정립되기까지 시행착오는 할 수 있다고 생각한다. 하지만 그 기간이 너무 길면 안 된다. 평생 가치관만을 정립하면서 살 수는 없다. 누구나 때로는 흔들리고 갈팡질팡할 것이다. 그때마다 명확한 기준에 대해서 생각해 볼 필요가 있다.

6 /

인생을 성공으로

이끄는 반올림 원리

셰익스피어 명언 중
밑바닥에 관한 이야기

셰익스피어 명언 중 '지금 밑바닥이라고 말할 수 있는 동안은 아직 진짜 밑바닥이 아니다'라는 아주 유명한 말씀이 있다. 세상을 살면서 수많은 사람들이 밑바닥을 경험해 본다. 끔찍할 것이다. 나에게 밑바닥을 경험해 보았냐고 질문한다면 '글쎄'라는 단어가 먼저 떠오를 것 같다. 힘든 과정을 겪어 보았지만 '과연 그때가 밑바닥이었을까?'라는 의문이 든다.

자신 스스로 밑바닥이라고 생각한다면 셰익스피어의 명언을 심도 있게 생각해 보기를 바란다. 주변에 엄청난 규모의 자산가였다가 하루아침에 단칸방 신세로 전락한 사람의 이야기도 심심치 않게 들린다. 그런 사람들에 비하면 어쩌면 지금의 내 처지는 행복한 경우에 속하는 경우라고 생각한다.

아는 지인이 예전에 이런 말을 해 준 적이 있다. 힘들다는 말을 할 수 있을 정도면 정말 힘든 상황이 아니다. 정말 힘들면 힘들다는 말도 나오지 않는다고 한다. 처음에는 그 말을 이해할 수 없었지만 수년이 흐른 지금에서야 그 말의 의미를 어느 정도 알 수 있을 것 같다.

비유가 적절한지 모르겠지만 모서리에 정강이를 세게 부딪혔을 때 고통이 심해서 말이 안 나오는 경우가 있다. 바로 그러한 경우가 여기에 속하지 않을까 생각된다. 하늘은 감당할 수 있을 정도의 시련만 준다고 한다. 지금 힘든 상황이 있더라도 감내하는 자세를 갖고 이겨냈으면 좋겠다.

가족 –
함께하는 삶이 있는 운명 공동체

가족이라는 공동체는 참으로 중요하다. 사회생활을 잘하려고 해도 가족이 안정화가 되어 있어야 된다. 그렇지 않으면 자신의 일에 집중하지 못하고 자꾸 자신의 정신력을 집안일에 신경을 쓰게 된다. 가족 하나하나가 자신의 일에 충실하면서 서로에게 영향을 준다는 생각을 가지고 생각과 행동을 바르게 해야 하겠다.

한 사람이 잘하면 그 영향에 다른 가족에게도 갈 수 있고, 한 사람이 부정적인 행동을 하면 그 여파가 다른 가족 구성원에게 분명하게 영향을 준다. 그러므로 행복한 가정을 만들기 위해서 각자 구성원이 노력을 해야 하겠다. 가족은 어쩌면 운명 공동체에 비유할 수가 있다. 그렇기 때문에 항상 나 자신의 일과 가족의 일에 관심을 갖고 협력하는 자세를 갖는 것도 필요하다.

만약 가족에게 부정적인 영향을 받지 않으려면 최대한 노출을 자제하는 방법도 있다. 그러나 아직 자립할 수 없는 학생의 경우에는 그렇지 못하는 것이 현실이다. 가족을 위한 제일 좋은 방법은 자신의 일에 최선을 다하는 것밖에 없다. 나의 잘됨은 가족 누군가의 희생이 있어서 된 것이다.

지금 분가를 해서 새로운 가족을 이루고 이제 가장으로 최선을 다해서 살고 있지만, 그전까지 부모님의 내리사랑이 없었다면 지금의 내가 존재할 수 있었을까? 아니다. 부모님의 희생이 알게 모르게 많이 있었기 때문에 지금의 내가 존재할 수 있었던 것이다. 분가를 했어도 가족 간에 서로 영향을 받고 살고 있다. 동고동락의 의미가 여기에 속하지 않을까 생각한다.

가족의 소중함을 알았으면 좋겠다. 만약 가족이 어려움이 있다면 가족을 위해서 기도하자. 가족에게 어떤 도움을 줄 수 있는지 찾아보는 것도 좋은 방법이라고 생각한다. 현재 우리의 삶에서 가족이라는 의미가 자꾸 희석되어 가는 것 같다. 문제를 자꾸 사회 밖에서 찾으려는 경향을 보이는 것 같다. 가족의 소중함을 안다면 굳이 문제를 밖에서 찾지는 않을 것이다. 가족은 내 운명의 일부분이라고 봐도 과언이 아니다.

평생 잘 나갈 줄 알았지?
아니다 겸손하자

우리는 유한한 인생을 살고 있다. 우리가 세상을 살면서 마음에 항상 화두로 삼아야 할 것이 있다면 바로 겸손이다. 기독교에서는 교만을 죄罪로 보고 있다. 겸손과 교만은 양립할 수 없다.

　주변에 자신이 잘났다며 자기자랑을 하며 사는 사람들을 가끔 본다. 과연 그 기간이 얼마나 갈지 궁금하기도 하다. 이 세상에는 영원한 것은 없기 때문이다. 세상의 일이란 끊임없이 변한다. 화禍가 길吉이 되기도 하고 길吉이 화禍로 바뀌기도 한다. 양지가 음지가 되고 음지가 양지가 된다. 이것이 무구한 역사를 가진 동양철학에서 말하는 세상이 돌아가는 이치이다.

　다만 나의 생각은 이왕이면 화는 짧고 긍정적인 것을 더욱 오래 가지고 가는 자세가 필요하다고 생각한다. 즉, 양지나 길의 포지션을 이왕이면 오래 가지고 가기를 원한다. 그러기 위해서는 더욱 겸손해야 된다.

　사람들은 풍족해지거나 여유가 있으면 빈틈이 보이기 시작한다. 그리고 조금씩 교만이 싹트기 시작하고 결국에는 안하무인으로 자기도 모르게 변하는 경우를 본다. 그래서 하늘은 젊을 때 고난이나 시련을 통해서 더욱 겸손하게 만든다.

기회 포착하기 –
세상을 바라보는 관점에서 기대 심리를 갖자

기회는 자신이 만드는 것이다. 자신이 기회라고 생각하면 그것이 곧 기회이다. 결국 자신이 바라보는 관점에서 모든 것이 결정되는 것이다.

만약, 자신의 상황이 좋지 않고 처지를 비관하면 그걸로 끝나는 것이다. 반면에 역사에 기록된 위대한 영웅들처럼 자신이 처한 환경을 극복의 대상이라고 생각한다면 그것은 말 그대로 일시적인 장애물일 뿐이다. 개인적으로 생각을 해 보건대 나에게도 기회는 무수히 왔던 것 같다. 단지 그것을 기회로 보지 못한 것이 문제이다.

지금도 수많은 기회가 알게 모르게 나를 지나가고 있다. 이것을 십분 살리는 것은 나의 몫이다. 누구도 탓할 것이 아니라 바로 나의 문제일 뿐이다.

우리는 미래에 기대 심리를 가질 필요가 있다. 기대하는 바가 있어야 한다. 자신의 마음에 목표를 정했다면 목표에 대해서 긍정적으로 기대하는 바가 분명히 있어야 한다. 그러면 인생이 보다 행복해진다.

생각해 보니 나에게도 위기가 다양한 기회였던 것 같다. 안 좋은 상황에서도 볼 수 있는 다양한 모습이 있었던 것 같다. 특히 대인관계에 있어서도 안 좋은 상황에서 상대방의 본심에 대해서 알 수 있는 계기를 마련해 준다. 비단 대인관계뿐만 아니라 자신의 어려운 상황을 극복하면 자신감이 생긴다. 힘듦을 통해서 단련되는 것이다. 그래서 '젊어서 고생은 사서도 하라'는 말이 나온 것 같다.

어려운 상황에서도 기대 심리를 갖는 자세가 필요하다. 그래야만 자신의 삶에서 꽃이 활짝 핀다. 자신을 믿고 기대하는 자세를 갖는 것이 필요하다. 자신이 세운 목표가 있다면 그것을 기대하자.

기대치가 높으면 높을수록 자신에게 오는 성취감은 높아지고 또한 성과 또한 높아질 것이다. 자신이 기대하지 않고 미래의 자신의 목표한 것이 대해서 부정적인 단정을 한다면(물론 이것도 기대의 관점에서 본다면 부정적 기대라고 본다.) 그대로 될 수밖에 없다. 결론적으로 항상 자신이 세운 목표나 계획에 대해서 목표나 긍정적 기대 심리를 갖고 생활한다면 자연스럽게 여러 가지 기회를 포착할 수 있을 것이다. 우리는 긍정적으로 잘 될 수밖에 없는 인생이다. 단, 자신이 그것을 부정한다면 예외가 되겠지만….

흔들리지 않는 나무는 없다.
피하지 말고 정면 돌파

비도 오고 바람도 많이 분 날의 이야기이다. 점심을 먹고 사무실로 향하는데 바람이 많이 불었다. 한가운데 건물 4층보다 큰 나무들이 바람에 흔들리는 것이 보였다. 바람에 자기 자신을 맡기고 있는 것 같은 느낌을 받았다.

우리도 주변의 환경에 의해서 흔들리는 경우를 본다. 물론 나도 그런 범주에 포함되는 사람일 것이다. 나무가 바람에 흔들리는 것처럼 우리도 주변에 외풍(?)을 자연스럽게 받아들이는 지혜도 필요하겠다는 생각을 해 본다. 그래야만 나 자신을 지킬 수 있고 뿌리도 더욱 강해질 수 있겠다는 생각을 해 본다.

무엇이든지 정면 돌파가 필요하다. 아는 지인이 이런 나에게 이야기를 해 주었다. "회피하려고 하지 마라. 이 세상에 천국은 없다." 나를 비롯하여 많은 사람들이 힘든 일이 있으면 피하려고 한다. 그리고 다른 곳을 기웃거리면서 편한 곳을 찾는다. 나 또한 과거에는 그랬다. 과연 편한 곳이 있을까? 아마도 없을 것이다. 10년 이상을 직장 생활을 하면서 느끼는 것이지만 편한 직장은 없었다.

도망가려고 생각하지 말고 무슨 일이 생기면 정면 돌파를 하는 자세가 필요한 것 같다. 바람에 흔들리는 나무의 뿌리가 더 단단해진다. 또한 태풍의 예를 들고 싶다. 태풍이 피해를 많이 주지만 평온한 바다를 한 번 뒤집어 놓으면서 바다를 정화시키는 역할을 한다.

우리의 인생에서도 위기를 한 번씩 맞닥뜨리면서 더욱더 성숙해지는 자신을 발견한다. 위기가 왔다고 불평하지 말고 정면 돌파하는 자세가 필요한 것 같다. 그 위기에서 값진 결과를 발견할 수 있을 것이다.

적자생존適者生存 —
나의 행복이 곧 다른 사람의 불행일까?

내가 30대 초반일 때의 이야기이다. 지리산에 2박 3일 동안 종주를 하러 갔었다. 위치가 어디인지 자세히 기억나지 않고 정확한 말도 기억이 안 나지만 내용을 요약해 본다면 '숲 속에서도 경쟁이 일어나고 있다'라는 말을 보았다. 평화로워 보이는 숲인데, 그 평화로움과 녹색의 아름다움을 느끼려고 지리산까지 갔는데 여기서도 경쟁이 이루어지고 있다고 해서 신선한 충격을 받았다.

이 세상을 살면서 경쟁이라는 것은 우리의 삶에서 뗄 수 없는 요소 중에 하나임이 분명한 것 같다. 가끔 이러한 경쟁이 우리에게 많은 스트레스로 작용하는 것도 분명 있다고 본다. 직장도 마찬가지다. 양질의 한정된 직장은 정해져 있지만 선호하는 사람들은 많다. 그래서 많게는 수백 대 일의 경쟁률을 통과해야 하는 불편한 진실이 숨어 있다.

이것이 어쩔 수 없는 현실일 수도 있다. 받아들여야 할 숙명일지 모르겠다. 하나의 승자의 웃음 속에 가려진 수백 명의 슬픔과 좌절이 있을 수 있다. 적자생존하면 상당히 마음이 느껴진다. 하지만 이것이 자연의 섭리임에는 분명하다.

그렇다면 '나의 행복이 다른 사람이 불행으로 이어지는가?'에 대한 진지한 질문은 나 자신에게 해 볼 필요가 있다. 생각해 보건대 결론을 내리자면 그렇지 않다고 말하고 싶다. 남들이 가지 않는 자신만의 길을 간다면 큰 경쟁을 하지 않고도, 다른 사람에게 슬픔을 선사하지 않고도 자신만의 영역을 구축할 수 있다. 전략을 달리 세운다면 나의 행복이 다른 사람의 행복과 무관하게 작용할 수 있다. 그런 길을 찾아보는 것도 한 방법이 될 수 있다고 본다.

또한 경쟁에 대한 성숙된 인식도 필요하다. 다른 사람이 경쟁을 통해서 기득권을 가졌다면 나보다 열심히 했고 최선을 다했기 때문이라는 생각과 승복하는 자세를 가져야 한다. 어떤 보이지 않는 손이 작용해서 상대방이 기득권을 가지고 갔고 누군가 내 몫을 가지고 가고 있다는 생각을 갖는다면 불행해질 수밖에 없다고 본다.

따라서 사회 구조적인 문제지만 사회 전반적으로 경쟁에 대한 성숙한 시민 의식도 필요하다고 본다. 승자를 인정해 주고 비록 패자가 되었지만 열심히 노력하고 최선을 다한다면 언젠가는 나에게도 기회가 올 거라는 생각을 하자. 이렇게 생각하는 사람이 늘어난다면 조금은 더 따뜻한 사회에 가까워지는 것이 아닐까 생각해 본다.

계단을 오르며 성장의 의미에 대해서
다시 한 번 생각해 보다

공부를 하다 보니 이것저것 할 게 많다. 분량도 많고 몇 달 해서 끝나는 것이 아니라 최소 1년 이상은 포기하지 않고 해야 되기 때문에 심적인 부담감도 만만치 않다. 그리고 마음이 급해서인지 빠르게 성장을 하고 싶어 하는 마음이 불쑥 불쑥 올라온다. 그럴 때마다 이건 아닌데… 하면서 나 자신을 다독거리고는 한다.

직장을 다니면서 공부를 한다는 것이 참 쉽지 않다는 것을 느낀다. 평소 같으면 직장을 다니고 나머지 시간을 여가로 활용했을 것이다. 여행도 다니고, 영화도 보고, 가볍게 읽을 수 있는 책도 보면서 재충전의 기회로 삼고 나름대로의 스트레스를 푸는 데 활용했다. 지금은 틈나는 시간을 활용해서 공부에 쏟아 부어야 한다는 것이 부담이라면 부담일 것이다. 다행히 평소에 책을 보는 것을 놓지 않고 공부하는 것을 좋아한다는 것이 버틸 수 있는 원동력이라면 원동력일 것이다.

우리는 엘리베이터를 이용해 쉽게 고층까지 올라가곤 한다. 주변을 다니다 보면 높은 언덕을 올라가기 위한 계단을 심심치 않게 본다. 계단을 올라갈 때면 성장도 이러한 단계가 하나씩 하나씩 모아져서 이루어진다는 것을 새삼스럽게 느낀다. 간혹 마음이 급해서 계단을 뛰어 올라가는 경우도 있지만 금세 지치고 만다. 적당한 페이스를 유지하면서 꾸준히 올라가는 것이 가장 빠르고 안전하게, 중간에 포기하지 않고 올라가는 방법이라면 방법이다.

나중에 결과만 생각하다 보면 과정을 소홀히 하고, 중간중간의 과정을 겪으면서 짜증을 낼 수도 있다. 계단을 오르내리면서 성장의 의미에 대해서 다시 한 번 생각해 보기를 바란다. 꾸준함과 열정만 있다면 결과는 시간의 차이가 있을 뿐 언젠가는 도달할 수 있다는 것을 깨달을 수 있다. 조급하게 생각하지 말자.

최고가 되기를 원한다면
목숨을 걸어라

위의 제목이 신선하게 들리지는 않을 것이다. 무의식적으로라도 한 번씩 들어 본 문장일 것이다. 만약 이루고자 하는 꿈이 있다면 대충 대충 하지 말라는 것을 말하고 싶다.

예전에 별거 아닌 자격증을 따는데 힘이 들었었나 보다. 하나의 자격증을 딸 때는 우연인지 몰라도 이 하나가 죽어서 치료를 받아야 했다. 또 하나의 자격증을 딸 때는 시험을 본 후 대상포진에 걸려서 한참 동안을 고생해야 했다. 물론 그때는 영양이라는 인식이 별로 없어서 라면이나 정크푸드를 많이 먹으면서 공부를 해서 그랬다는 생각이 든다. 겨울이라는 계절적 요인을 감안했을 때 면역력도 약해졌고, 공부를 하느라 이것저것 힘들었었다는 것이 지금에 와서의 나의 생각이다.

결론적으로 별거 아닌 자격증에도 혼신의 힘을 다해서 임했다는 것이다. 그때 정말 무식하게 공부를 했던 것 같다. 책을 8번 정도 본 것 같다. 물론 시험 기간이 더 충분했다면 더 많이 봤을 것이라고 생각한다. 간절한 마음과 성취하고자 하기 위한 실천이 이루어낸 결과인 것이다.

예전에 아는 지인에게서 들은 이야기이지만 귀감이 될 만한 이야기라서 적어 보고자 한다. 해병대 장교에 지원해서 시험을 볼 때 영어를 비롯하여 다양한 시험을 보았다. 나의 경우에는 준비를 한다고 해 봐야 3개월 정도 준비를 했는데 그 친구는 해병대 장교 시험을 보기 위해서 2년 정도를 준비했다고 했다. 시험장에 갔는데 시험이 너무 쉬웠다고 했다. 그 친구에게는 간절함과 더불어 실행력이 뒷받침되었기 때문이다.

최고가 되고 싶다면 희생이 따라야 한다고 생각한다. 육체적인 후

유증을 동반하기도 하며 때로는 준비하는 기간 동안 기회비용이 들어가기도 한다. 결론적으로 무슨 일에 대해 좋은 결말을 얻으려고 한다면, 간절한 마음으로 배수진을 치고 목숨을 걸고 전장에 임한다는 생각을 가지고 실천에 옮겨야 한다. 그래야 원하는 결과에 훨씬 가깝게 다가설 수 있을 것이다.

삶의 철학 –
인생을 살아가는 데 당신만의 관점이 필요하다

삶을 살아가면서 외부적인 요인이나 내부적인 요인에 의해서 우왕좌왕하는 경우가 있다. 그 이유가 무엇일까? 그 이유 중 하나를 꼽자면, 아직까지 겪어보지 못했던 일이거나 대응하기 위한 가치관이 아직 형성되지 않았기 때문이라고 생각한다.

내가 세상을 살아가는 기준 중 한 가지는 바로 상식과 몰상식이다. 물론 근본적인 배경에는 합리성을 바탕에 두고 있다. 살다 보면 상식이 안 통하는 경우도 종종 겪으며 이건 아니라는 생각이 들 때가 있다.

어떻게 판단하고 행동해야 하는가에 대해서 고민을 할 때가 있다. 가급적이면 쉽게 문제를 풀어보려고 한다. 이왕이면 빠르게 결론을 지으려고 한다. 오래 생각해 봤자 머리만 복잡하기 때문이다. 해결되지 못할 것 같다는 판단이 들 때는 외면하는 것도 좋은 방법이 아닐까 생각한다.

그리고 자신만의 관점을 가지려고 노력한다. 그 관점의 배경에는 고전과 문제 해결 사례를 참고한다. 자신만의 관점 없이 세상을 살아 가면 상대방에 휘둘리거나 정당한 사유 없이 끌려 다닐 수 있다. 그리 고 상대방의 위력에 쉽게 굴복당할 수가 있다. 그래서 자신만의 소신 을 가지고 살아갈 필요가 있는 것이다.

물론 소신이라는 것은 더불어 살아가는 세상에 긍정적으로 부합되 어야 한다. 항상 자신만의 관점을 가지려고 노력하는 자세가 필요하 다. 그러면 판단을 했을 때 훨씬 더 자신감 있게 밀고 나갈 수 있다.

주위에 보면 의외로 자신의 소신도 없이 '남들이 하니까 나도'라는 생각을 가지고 사는 분들이 있다. 물론 그러한 삶의 방법도 자신의 관 점을 가진 소신이라면 할 수 없겠지만, 이왕이면 적극적인 마인드로 세상을 헤쳐 나가는 것이 좋지 않을까 생각한다. 많은 사람들이 자신 의 신념을 가지고 살았으면 좋겠다는 생각을 해 본다.

빈둥빈둥 오늘은
단순한 인생을 추구했다

모처럼 쉬는 날, 최근 몇 년 들어서 최고로 단순한 삶을 추구했다. 보통 집에 있어도 잠깐씩 밖에 나가서 커피라도 한 잔 마시고 오는 것이 예전의 삶이었다면, 오늘은 꼭 필요하다고 생각하는 것 외에는 아예 밖에 나가지도 않았다는 것에 의의를 둔다. 집에 있으면서 가급적 사용하지 않는 것이나 재활용품을 정리해서 거의 버렸다. 그리고 필요 없는 것들을 최대한 찾아서 버리려고 했다. 화장실에 있는 욕조도 청소하고 빨랫거리를 한 곳에 놓아두는 것도 잊지 않았다.

주변에서 보면 빈둥빈둥거리는 하루로 보였을 것이다. 행여나 이러한 오늘의 하루가 나태하게 보내는 것이 아닌가라는 생각이 들지는 모르겠지만, 회복하는 하루라고 생각해도 과언이 아니다. 가만히 있다 보니 생각도 정리되고, 평소에 생각나지 않던 아이디어를 얻을 수 있었다. 가끔 이런 날이 필요하다고 본다. 축 늘어진 양말처럼 오늘은 크게 계획 없이 산 날이 아닐까 생각한다.

올해는 계획을 크게 세우지 않았다. 다만 나 자신이 생각했던 몇 가지를 집중적으로 하려고 계획 중이다. 지금까지 내가 실패했던 경험이 많은 것은 선택과 집중이 필요한데 욕심 때문에 이것저것 벌려놓을 줄만 알았지 마무리를 제대로 못한 것이 원인이라면 원인이다. 삶을 최대한 단순화시키면서 살 필요가 있다고 본다. 그것이 복잡한 사회를 살면서 필요한 삶의 지혜가 아닐까?

항상 반경 5미터 안에 휴대폰이 있고 자기 전에도 휴대폰을 머리맡에 놓고 자는 것 같다. 잘 때는 사실 휴대폰이 필요하지 않다. 아침에 알람이 울리는 용도를 빼고는 말이다.

빈둥빈둥거리게 보이는 단순한 인생이 결코 나태한 인생은 아니다. 바쁜 일상을 뒤로 하고, 짧은 시간이나마 자신을 되돌아보는 기회 혹은 회복의 기회임은 분명하다. 가끔 자기 자신을 위해서 그러한 시간을 의무적으로 가져보는 것이 어떨까 생각해 본다.

위기의 남자 -
나만의 길을 준비하자

40대를 준비하는 지금 나를 비롯한 주변의 동기들이나 지인들의 상황을 자연스럽게 보곤 한다. '40'이라는 의미가 참 무겁게 다가오는 것을 본다. 대기업에 입사한 친구들은 이미 회사를 나와서 개인 사업을 하는 경우도 더러 있다. 하나 둘 슬슬 나올 준비를 하는 것을 본다.

한 10년 정도 된 것 같은데 이제 눈치도 보이고 앞으로의 직장생활도 쉽지 않음을 토로한다. 막상 40대가 되어도 크게 달라지는 것은 없는 것 같다. 위기는 항상 있으니까. 특히 결혼한 뒤 가장의 책무가 무게를 더한다.

이럴 때일수록 건강에 더욱 신경을 쓰고 정신 바짝 차리고 사회생활을 할 수밖에 없다는 생각을 해 본다. 특히 건강은 상당히 중요한 요소 중에 하나라고 본다. 회사에서 열심을 다한다고 자기 건강까지 해쳐 가면서 일하는 경우를 보곤 하는데, 나중에 몸이 안 좋아서 일을 하기 어려울 정도까지 되면 오히려 회사에서 싫어하는 것을 보곤 한다. 내가 회사에 이렇게 충성했는데 이럴 수가 하며 허탈감이 많이 느껴질 수도 있다.

요즘은 회사도 고용을 보장해 주기가 어려울 때가 많다. 왜냐하면 회사도 존립이 불확실할 때가 많기 때문이다. 이럴 때일수록 틈틈이 자기만의 길을 준비하는 것이 좋다.

사실 일을 하면서 자신만의 길을 준비하는 것이 쉽지 않다. 서두에도 잠깐 밝혔듯이 일단 건강부터 챙기는 것이 중요하다. 몸에 안 좋은 것은 일단 줄이고, 움직임을 활발히 하고, 최대한 스트레스를 피하려는 자세가 중요하다. 아울러 틈틈이 미래의 흐름을 파악하며 자신의 인생을 개척하려는 자세가 필요하다. 회사가 나에게 무엇을 해줄 거라는 기대는 버리는 것이 좋다.

모든 준비에는 시간이 걸린다. 특히 직장생활을 병행할 때는 더 쉽지 않다. 집에 오면 파김치가 되어 쉬기 바쁜데 자기계발까지 하는 것은 정말로 웬만한 의지를 가지지 않으면 안 된다.

그래도 해야 한다. 준비에는 시간이 꽤 걸리기 때문이다. 1년을 계획을 잡고 해도 2~3년이 걸리는 경우도 있다. 그만큼 직장생활과 병행하는 것은 쉽지가 않다는 것을 상기하면서 준비를 해야 되겠다.

요즘은 기업의 임원부터 사원까지 확신을 가지면서 사는 경우가 극히 드물다. 다 불확실하다고 봐야 하겠다. 이럴 때일수록 회식자리나 술자리 등은 가급적으로 줄이고, 나만의 길을 준비하면서 생존력을 높이는 자세가 필요하다.

목표를 이루기 위해서 특히 3가지가 필요하다. '명확한 목표', '실행력', '때를 기다릴 줄 아는 인내'이다. 열심히 하다 보면 어떻게든 결과가 나오기 마련이다. 하기도 전에 겁먹어 도전하지 않고, 실행에 충실하지 않기 때문에 위기의 남자를 자처하는 경우가 많다고 본다. 자신을 믿고, 세상을 향해서 움츠리지 말고, 힘차게 나만의 길을 준비하자.

작은 일
그리고 위대하게

성향의 차이지만 간혹 작은 일에 대해서 세심하게 처리하는 사람들이 있다. 보는 각도에 따라서 소심하게 보이기도 하고, 나중에 대범하거나 큰일을 못할 것 같이 보일 수도 있다. 그러나 작은 일에 꼼꼼히 하는 사람들이 나중에 큰일을 맡겨도 작은 일처럼 꼼꼼하고 세밀하게 습관적으로 처리한다.

동양적 사고방식에서는 나 자신부터 시작해서 점차 범위를 확장해 나간다. 수신제가치국평천하修身齊家治國平天下가 일례라고 볼 수 있다. 일단 자신의 몸과 마음을 추스를 줄 알아야 하겠다. 다른 말로 표현을 하자면 자기관리가 잘 되어야지 외부에서 큰 충격이 와도 내성이 생겨서 이겨낼 수 있다.

그다음이 제가이다. 가정을 잘 다스려야 하겠다. 수신하는 가족 구성원이 각자의 자리에서 자신의 역할을 다하는 것이다. 아버지는 아버지답고, 어머니는 어머니답고, 자녀들도 각자의 자리에서 본분을 다하는 것이다. 그러면 가정이 원활히 돌아갈 수 있다.

그 후에 치국이다. 가정이 크게 모이면 국가라고 할 수 있다. 요즘 국가의 중대한 문제가 바로 가정의 문제를 해결하는 것이라고 봐도 과언이 아니다. 요즘은 위기의 가정들이 많다. 그래서 가족 구성원들에게 안 좋은 영향을 주는 경우가 많다. 다른 가족 구성원의 발전도 해치는 경우가 종종 있다. 그래서 가정이 바로 선 다음에야 국가가 탄탄해진다고 생각한다.

모든 세계가 평천하가 되려면 각 나라가 안정적이고 평화롭게 지내야 될 것이다. 그것이 바로 평천하의 개념이 아닐까 생각한다.

이 모든 것은 작은 것에서부터 시작됐다. 나부터 시작해서 국가와 세계의 개념까지 확장이 되었다. 왜 작은 일이라도 간과하지 않으면 안 되는지 알 수 있다. 모든 일은 처음에는 작게 시작하지만 나중에는 크게 확장된다.

우리는 최근 안전에 대한 많은 도전을 받고 있다. 안전의 개념도 작은 것을 소홀히 하는 데에서 시작했다고 봐야 된다. 작은 일이 큰일의 출발점이 될 수 있다는 것을 항상 생각한다면 큰일을 하는데 많은 도움이 될 것이다.

다시 시작이라는
의미에 대해서

'우리나라에서 개인별로 시작이라는 의미는 과연 무엇일까?'라는 생각이 들었다. 시작이라는 의미에 앞서서 실패라는 단어가 떠올랐다.

우리나라는 다른 나라와 비교해 볼 때 유난히 자영업을 하는 사람들이 많다. 실업률이 높은 것도 이유라고 생각하고, 직장에 다니고 싶어도 '울며 겨자 먹기'식으로 자영업을 하는 경우가 있다. 현실은 일반 직장인보다 수익이 적은 경우가 많다. 더 직설적으로 이야기한다면 대부분이 1년 안에 사업을 접는다.

이를 많이 보아 왔기에 주변에서 사업을 한다는 분들이 있다면 이유 불문하고 말리고 싶다. 그만큼 어렵기 때문이다. 물론 준비를 철저히 해서 성공을 하는 사람들도 보기는 하지만 찾기가 쉽지 않다.

우리나라에서 실패를 경험하고 재기를 하기는 참 쉽지 않음을 느낀다. 다시 시작하자라는 마음과 동시에 실천에 옮기는 것이 참 쉽지 않다. 왜냐하면 과거에 실패에 대한 책임을 감당해야 하는 경우가 많기 때문이다. 다시 시작이라는 것은 현실적으로 힘들다. 과거에 화려한 경력을 가지고 있다고 해도 경우는 마찬가지라고 본다. 그럼에도 불구하고 실패의 후유증에서 벗어나서 다시 시작을 해야 한다. 자신의 행복을 위해서라도….

다시 시작을 하기 위한 몇 가지 방법에 대해서 정리해 보고자 한다. 일단 몸부터 추스르라고 말하고 싶다. 지금까지의 고생으로 마음과 육체가 피폐해졌을 가능성이 많다. 일단 등산이나 운동 등을 통해서 몸과 마음을 회복시키자. 사실 여기까지 행동에 옮긴다면 그나마 다시 시작하는데 유리하게 작용할 것이다.

몸과 마음을 추스를 수 있을 정도가 되었다면 이제 주위의 지인들을 만나러 다니자. 실패를 하면 몸과 마음이 움츠리게 되어 있다. 그럼에도 사람들을 만나러 다녀야 한다. 자신의 상황에 대해서 주위에 정확하게 이야기해 줄 필요가 있다. 부끄러워하지 말자. 도움을 받을 수 있을 때 받으려면 주변에서 자신의 상황을 정확히 알아야 한다. 상황이 어려움에도 불구하고 자신을 포장하여 상대방에게 말하지 말자.

마지막으로 장기적인 관점에서 자신이 재기할 수 있는 준비를 하는 자세가 중요하다. 사실 이 과정은 힘들고 지겨운 과정이 될 수 있다. 다시 시작하는 것이 어려운 이유가 바로 이러한 과정이기 때문이다. 기대치는 최대한 낮추고 일단 자신이 할 수 있는 것들에 대해서 생각해 보자.

다시 시작한다는 것을 행동에 옮긴다는 것이 쉽지 않겠지만 시도하지 않으면 안 되는 것은 그 자체가 나중에 더 큰 후회로 남기 때문이다.

출발에 대하여 –
모든 것을 다 갖추고 시작할 수 없다

한 가지 질문을 하겠다. 해병대에 입대하는 지원자 중에 수영을 못하는 사람도 있을까? 아마도 있을 것이다. 강인한 체력을 가지고 해병대에 지원을 하는 경우도 있을 것이다. 개중에는 나처럼 대학에서 컴퓨터를 전공하고 4년 동안 대부분의 시간을 컴퓨터 앞에서 앉아 있다가 졸업을 한, 운동이 부족해서 하체가 부실한 사람도 지원해서 소정의 과정을 무사히 마치고 임관을 하는 경우도 있다.

하고 싶은 말은 모든 것을 다 갖추고 시작할 수는 없다는 것이다. 다 갖추고 시작을 하려면 시간도 오래 걸릴뿐더러 중간에 지쳐서 포기할 수도 있다는 것이다. 어떤 일을 이루기 위해서는 일단 시작하는 자세가 필요하다.

나 역시 군대에 지원할 때도, 대학원에 지원할 때도 의욕과 열의만 앞섰지 부족한 점이 많았다. 시작하고 부족한 점에 대해서 하나 둘 채워 나가기 시작했다. 물론 시도한 것 중에 소기의 목적을 달성 못한 것도 있고 마음고생을 많이 한 적도 있다. 출발을 할 때 모든 것을 다 갖추고 시작하려는 생각을 버린다면 훨씬 수월하게 일을 진척시킬 수 있다. 부족한 점은 채우면 되는 것이다.

특히 결혼을 앞둔 결혼 적령기에 있는 사람들은 결혼에 대해서 부담감을 많이 가지고 있는 것을 본다. 남자는 집 문제, 여자는 혼수 문제 등으로 마음고생을 많이 한다. 처음부터 많은 것을 갖추고 시작하려는 마음 때문에 시작조차 두려운 것이다. 물론 처음부터 이것저것 갖추고 시작하는 것이 좋기는 하겠지만, 그것이 아닌 이상 일단 부족하게 보여도 작게라도 시작하는 것이 중요하지 않을까 생각한다. 그 사람이 좋아서 결혼하는 것이지, 집이 좋아서 혼수가 마음에 들어서 결혼하는 것은 아니다.

출발의 의미에 대해서 관점을 바꿔보는 계기를 만들어 보았으면 좋겠다.

실패는 보통
자기 관리를 못해서 나타난다

실패에 대해서 이야기해 보고자 한다. 실패의 원인이 무엇일까 생각해 보았다. 그 원인 중에 하나가 바로 '자기 관리를 못해서'이다. 자기 관리는 그만큼 중요하다. 개인이든 기업이든 국가든 자멸하는 경우를 보면 대부분 자기 관리를 못하거나 조직 자체가 자정기능을 잃었기 때문이다.

실패를 경험하기 전 다양한 징후가 나타난다. 일명 삐걱거리는 증상이 하나둘 나타나다가 나중에 실패로 결론이 난다. 회사에서 직원이 실패를 하는 경우도 자기 관리를 못하는 경우가 많다. 직무에 소홀하거나 회사 규정에 맞지 않는 일을 하나둘 하다 보면 어느 순간 임계점에 온다.

한 번의 실수로 실패를 하는 경우는 극히 드문 것 같다. 그래서 실패를 경험하기 전에 다양한 증상이 느껴질 때면 나 자신이 지금 잘못하고 있는 것은 없는지 자성의 마음을 가지고 되돌아봐야 하겠다. 통상적으로 외부적인 요인으로 인해서 실패를 하는 경우는 자멸하는 경우와 비교했을 때 적다고 볼 수 있다. 문제의 초점을 외부에서가 아닌 내부적인 문제에서 찾는 것이 자신에게 향후 유리한 결과를 낼 수 있다. 성찰의 기능이 그래서 상당히 중요한 것 같다.

《논어》에 나오는 증자님 말씀에 '일일삼성一日三省'이라는 구절이 있다. 실패를 줄이기 위해서 하루를 반추해 보는 자세가 필요하다. 실패적 삶을 사는 부류의 사람들은 대부분 세상 탓을 많이 한다. 외부의 환경적 요인을 탓하지 말자. 모든 일을 자신으로부터 시작한다면 좋은 결과를 맺는 데 많은 도움이 된다. 지금의 결과를 실패라고 말하기에 앞서 자신이 과거부터 지금까지 했던 행동에 대한 리뷰를 해 보자.

성공의 정의에 대하여
생각해 보기

성공이란 무엇인가? 각자 연상되는 생각들이 있을 것이다. 성공의 정의에 대해서 돈을 많이 버는 것이라고 생각하는 사람들이 있을 것이고, 주변에 인적 네트워크를 많이 만드는 것을 의미한다는 사람들도 있을 것이다. 또 어떤 사람에게는 자신이 속한 조직에서 진급을 해서 최고의 자리까지 올라가는 게 성공의 정의일지 모르겠다. 그 밖에 각자 나름의 다양한 정의를 가지고 있을 것이다.

나에게 성공이 의미하는 것이 무엇인가 생각해 보았다. 예전에는 성공의 의미에 대해서 위에 제시한 것에 관심을 둔 경우가 많았다. 돈 많이 벌고, 인적 네트워크를 많이 만들고, 기업에서 최고의 자리에 오르는 것. 특히 남자들은 더 이러한 부문에 관심을 많이 가질지 모르겠다.

지금은 직책에 크게 연연하지 않고, 돈을 많이 벌고 싶기는 하지만 돈이 의사 결정의 우선순위에 들어가지는 않는다. 그리고 개인적으로는 인적 네트워크도 중요하다고 생각하지만 그것이 전부는 아니라고 생각한다. 성공의 관점이 바뀌었다. 돈을 벌더라도 다른 사람을 배려하면서 벌고 싶다.

예전 농경 사회에서는 부자 하나가 나오기 위해서 여러 마을의 사람들이 가난하게 살아야 된다고 한다. 왜냐하면 한정된 토지를 한 사람이 독점하기 때문에 그만큼 나머지 사람들의 몫이 없어지기 때문이다. 산업 사회를 넘어서 정보 사회로 오면서 농경 사회에서 부자의 의미는 많이 희석이 되었지만, 자본주의 사회에서도 부가 소수에게 집중되는 현상이 일어나는 것은 대동소이하다고 본다.

요즘은 나 자신도 돈을 벌면서 다른 사람들과도 공생할 수 있는 방향이 없나를 생각해 본다. 나 혼자만 잘 먹고 잘 사는 것이 아닌 다른 사람도 잘 먹고 잘 살 수 있는 방법은 없나 생각해 본다. 나만의 독특한 영역을 개척하는 것이 나 자신도 살면서 추후에는 다른 사람들에게도 많은 도움을 줄 수 있다고 생각한다. 왜냐하면 경쟁이 치열한 영역은 한정된 파이에서 다른 사람의 부문을 빼앗아 오는 결과를 가져오지만, 새로운 영역의 개척은 다른 사람에게도 선도적인 위치로 지도할 수 있기 때문이다. 이러한 방법이 더불어 살면서 돈도 많이 벌 수 있는 것이 아닐까 생각한다.

인적 네트워크나 승진에 대해서도 크게 신경을 쓰지 않기로 했다. 다만 내가 좋아하고 내가 잘할 수 있는 일에 집중하기로 했다. 즉 다른 사람의 시선을 덜 의식하기로 했다는 말이다. 물론 인적 네트워크나 승진이 나쁘다고는 할 수 없다. 그것도 능력의 범주에 해당되지만 나는 그런 것들에 연연해하지 않기로 했다는 의미이다.

나에게 있어서 성공이란 나 자신의 영역을 스스로 개척하며 이 세상 누군가에게 도움이 될 수 있는 것이다. 더불어 사는 사람이고 싶다. 다른 사람을 의식하며 다른 사람의 성공의 기준을 무조건적으로 따라가지 말고 자신만의 성공의 정의를 내려 보는 것은 어떨까 생각해 본다.

다시 일어서는 힘 –
내 탓이오

모든 문제를 외부의 환경적 요인으로 돌리는 사람들이 있다. 잘되면 자신이 잘해서 그런 것이고 안 되면 다른 사람을 탓하거나 주위 탓을 하기 바쁘다. 이러한 성향의 사람은 외부의 환경이 변하기 전에는 발전을 이루기가 어렵다. 말 그대로 외부의 환경이 바뀌기는 어렵기 때문이다.

자기 자신을 바꾸려고 노력해야 한다. 특히 자신의 생각을 바꿀 필요가 있다. 세상을 보는 관점을 바꿀 필요가 있다. 그 마음 자세가 바로 '내 탓이오.'이다.

모든 일에는 인과관계가 있다. 즉 원인이 있으면 결과가 있다는 말이다. 지금 처해진 상황은 과거부터 지금까지 선택해 온 생각과 행동의 결정이다. 그것이 현재이다. 현재부터 특정 시점의 미래까지의 생각과 행동이 미래에 영향을 미칠 것이다.

만약 환경을 탓하고 주위 사람들을 비난한다고 해서 내 삶이 바뀐다면 하루 종일이라도 주위의 모든 것을 탓하겠다. "이건 이렇고 저건 저렇고 이건 이래서 안 되고 저건 저래서 안 되고 나의 책임은 하나도 없는 것이다. 그냥 세상을 잘못 만난 내 자신이 안쓰러울 따름이다."라고 세상 탓만 하고 있으면 정말 내 자신이 더 초라해질 것이다. 가끔 자신도 모르게 주위를 탓할 때가 있다. 그러다가 '내 탓이다.'라는 생각으로 마무리를 짓는다. '내 자신이 여기 있기 때문에 이런 일이 생긴 것이다.'라고 생각한다면 다시 일어서는 힘이 생긴다. 문제의 중심을 나로 두기 때문에 나로부터 해결 방안을 찾는 것이다.

과거 10대의 내 자신에게 하고 싶은 말,
그리고 아들에게

사람들은 나와 아들을 보고 어쩜 그렇게 똑같이 생겼냐고 한다. 붕어 빵 부자라고 하기도 한다. 개인적인 생각에는 다른 점도 많은데 왜 그러한 말이 나오는지 모르겠지만 주변의 평가가 그러하니… 사실 우리 아들이 더 귀엽다고 생각한다.

정말로 현실성은 없지만 만약 지금의 내가 10대의 내 자신을 만날 수 있다면 어떤 이야기를 해 줄 수 있을까 생각해 보았다. 이것은 나와 비슷하게 닮은 내 아들에게 해 주고 싶은 이야기이기도 하다. 과거의 내 자신과 만나지는 못하겠지만 내 아들은 현재 내 앞에 있기 때문이다.

첫째, 100점 인생을 살지 마라.

만약 자기 삶에서 목표하는 바가 있는데 그것에 대한 기대치가 너무 높으면 이루기가 힘들고 스트레스만 받는다. 목표를 70~80점 정도로 잡고 살아라. 그 정도면 중상 정도의 수준은 될 것이다. 목표하는 바에 스트레스 받지 말라는 이야기를 하고 싶다. 인생을 호기심 있고 재미있게 살 필요가 있다. 쓸데없는 것 때문에 스트레스를 받으며 살 필요는 없다. 기대치를 조금은 낮추는 것이 자신의 행복을 위해서 필요하다고 본다.

둘째, 과정에 충실해라.

중학교와 고등학교 과정을 거치면서 배우는 교과 과정을 등한시하지 마라. 나중에 다 도움이 되는 것이다. 지금 배우는 모든 것은 상식 수준의 것이다. 배우는 것에 스트레스를 안 받고, 능력이 되면 완전히 마스터할 수 있으면 그렇게 하는 것이 좋다. 그렇지만 지금 배우는 것에 스트레스를 많이 받는다면 70~80퍼센트 정도 맞춘다고 생각하고 안배하고 공부하라. 그러면 나중에라도 재도약 할 경우가 생길 때 도움이 많이 될 것이다. 너무 기초가 부족하면 재기하려고 할 때 실행에 옮기기 힘들 수 있기 때문이다.

특히 국어, 영어, 수학 과목은 참 중요한 과목이라고 생각한다. 우선순위에 두고 공부하는 것이 중요한 것 같다. 국어는 정말 오랜 시간 노력해야 하고 영어는 글로벌 사회에서 살고 싶다면 상식 수준에서라도 상당히 도움을 받을 수 있다. 수학은 논리적 사고와 의사를 결정할 때 도움을 많이 줄 수 있다.

셋째. 운동해라.

운동을 하면서 몸을 단련시키는 것도 상당히 중요하다. 장기적인 관점에서 운동을 한다면 외적인 부문에 대한 자신감이 생기는 것은 물론 다양한 활동을 하는 데 도움이 될 것이다. 별것 아니라고 생각할지 모르겠지만 외적인 부문도 중요하다고 본다. 꾸밀 줄 알고 깔끔하게 하고 다닐 필요가 있다. 규칙적으로 운동할 필요가 있다. 항상 그 점을 생각하고 생활하면 크게 지장은 없을 것이다.

넷째, 기타 하고 싶은 말.

고통을 피하지 마라. 고통을 성장통으로 받아들인다면 많은 자산이 될 것이다. 그리고 즐겁게 살아라. 심각하게 살 필요가 없다. 지나고 나면 왜 내가 심각하게 살았는가 후회할 것이다. 재미있고 고난이 와도 이겨내고 실천에 옮기며 살다 보면 결과가 좋게 바뀔 것이다.

마지막으로 10대의 내 자신과 그리고 자라나는 아들에게 이런 말을 해 주고 싶다. 진인사대천명盡人事待天命, 자신의 할 도리를 다하고 결과는 하늘에 맡겨라. 아직 그럴 말을 할 나이는 아니지만, 인생은 생각보다 짧다. 의식적으로라도 즐겁게 살려고 노력하자. 그리고 공짜 좋아하지 마라. 이 세상에는 공짜는 없다. 한번 공짜에 길들여지면 자신의 더 소중한 것을 내어 줄 확률이 높다.

무명시절을 거치며
유명인사가 될 때까지 마음가짐

연예계를 비롯한 다양한 분야에서 유명인사가 되기 전까지 무명시절을 거친다. 조금씩 차이가 있다면 무명시절이 길어지냐 적어지냐의 차이일 것이다. 또한 유명인사가 된다 해도 길게 가는지 짧게 가는지의 여부는 자신의 역량과 운에 많이 좌우된다고 볼 수 있다.

유명인사가 돼도 바쁘고 힘들 수 있다. 그러나 무명시절은 정말 춥고 배고프다는 말이 맞을 정도로 정신적, 육체적인 한계를 많이 겪는다. 한편으로는 기본기가 탄탄해지는 과정이라고 볼 수 있다. 무명시절의 가장 힘든 점은 기약이 없다는 것이다. 자고 일어나니 스타가 되었다는 이야기도 있지만 아마 이런 경우는 '소 뒷걸음질 치다가 쥐 밟는 격'으로 극히 드문 경우라고 생각한다.

무명시절을 준비하는 마음가짐에 대해서 정리해 보고자 한다. 유명인사가 되기 전까지 기본기를 탄탄히 해야 할 필요성이 있다. 기본기가 탄탄하지 않으면 유명인사가 되더라도 효력을 오래 발휘하지 못할 확률이 높다. 무명시절이 그만큼 중요하다고 할 수 있다.

유명인사가 되었을 때 화려함을 바라보고 무명시절을 지낸다면 상대적인 박탈감에 많이 힘들어질 수 있다. 차근차근 내공을 쌓는다는 생각을 가지고 현실에 주어진 일에 집중할 필요가 있다. 어느 분야에서든지 임계점이 있다. 물이 100도에서 끓는 것처럼 대나무가 수년을 뿌리만 성장하는 원리라든지…. 더디 갈 수 있다. 그 기간을 버틸 수 있느냐 없느냐는 순전히 본인 몫이라고 볼 수 있다.

무명시절이 길수록 유명인사가 되면 오래간다는 말이 있다. 그것은 무명시절에 쌓은 다양한 경험이 자기 자신을 탄탄하게 만들기 때문이 아닐까 생각된다. 무명시절이 힘들어도 스타의 꿈을 안고 순간을 즐기면서 인내하라는 말을 해 주고 싶다.

모든 일은 더디 가는 것 같다. 무명시절이라고 시간을 헛되게 보낸다면 분명 자신에게 마이너스가 될 수밖에 없다. 자신의 목표와 방향성만 확고하다면 문제는 없다고 본다. 유명인사가 되어도 자신의 삶이 행복해야 된다. 부디 기본기가 탄탄한 무명시절을 보내고 유명인사가 되어서 오래 가는 사람이 될 수 있으면 좋겠다.

성공의 요인 중
자발성과 자율성에 대하여

성공의 요인 중 자발성과 자율성에 대해서 정리해 보고자 한다. 자발성과 자율성에 의거한 결정은 자신이 스스로 결정하여 행동하는 것이라고 볼 수 있다. 당연히 성과가 높을 수밖에 없다. 비자발적으로, 타율적으로 업무를 수행하다 보면 일의 진척이 늦을 수밖에 없다.

그래서 관리자나 리더의 입장에서는 팀원들이나 부하 직원에게 자발적인 승낙을 얻어내는 것이 무척이나 중요하다. 강압적인 방법으로 하여 단기적인 성과를 얻을지는 몰라도 감정이 생기기 마련이고, 시대적 흐름을 잘 타 일이 잘 풀릴 때는 크게 문제가 안 될지 모르나 일이 어그러지거나 하향 곡선을 타면 내홍이 생기기 십상이다. 잘되는 기업이나 단체는 자발성과 자율적인 문화에 익숙하다고 볼 수 있다. 비영리 단체를 예를 든다면 자발성과 자율성을 기반으로 성공적인 성과를 얻는 경우가 많다. 자기 스스로의 참여에 따른 적극성을 가지고 있기 때문이다.

유능한 리더는 의도적으로라도 상대방에게 YES를 이끌어 내는 능력이 있다. 물론 서로 간에 진심이 통해야 한다. 서로 간에 진실되지 않는다면 자발성과 자율성에 기인한 신뢰도 무너지기 마련이다. 따라서 자발성과 자율성을 성공의 요인 중 중요한 요인으로 볼 수 있다.

예전에 군대에 자원입대해서 갔다. 해병대 장교로 복무를 했는데, 지원자에 한하여 선발했기 때문에 입대하여 적극적으로 군 생활을 했다. 공부를 할 때도 일을 할 때도 자발적 참여는 상당히 중요한 마인드에 속한다. 세계 정상에 오른 인물들을 보면 비록 과정이 쉽지 않았지만 적극적으로 자신의 주어진 일에 혼신을 다하는 것을 볼 수 있다. 만약 그런 인물들 중 누가 시켜서 했다면 아마도 그 자리까지 가기가 쉽지 않았을 것이라 판단한다.

만약 어떤 일에 성공을 꿈꾼다면, 일단 주변 정리를 하고 마음을 추스르고 자발성과 자율성에 기인해서 자신이 원하는 결과를 이끌어 낼 수 있도록 노력해야 하겠다. 자신의 삶을 주도적으로 살 필요가 있다. 누가 열심히 하라고 해서 되는 것도 아니고 열심히 하지 말라고 해서 되는 것 또한 아니다. 오로지 자신의 적극적인 결정과 실행 능력으로 판가름 나게 되어 있다.

장점 찾기 –
나의 장점은 몇 개나 될까?

갑자기 '나의 장점은 몇 개나 될까?'라는 생각이 들어서 종이 위에 장점이라고 생각하는 것들을 나열해 보았다. 딱히 기준점이라는 것은 없고 생각나는 대로 써 보았다. 장점이 경우에 따라서는 단점이 될 수도 있고 단점이 장점으로 변할 수도 있다고 생각한다. 다만 장점 찾기를 통해서 자신을 되돌아보는 계기가 되었으면 좋겠다.

1. 우직하다. – 남들이 보든 안보든 자신의 일을 묵묵히 하려고 한다.

2. 집안의 재활용과 쓰레기를 정리해서 잘 버린다.

3. 가정적인 편이다.

4. 책을 많이 읽는다.

5. 행복하려고 노력한다.

6. 상대방의 배려를 잘하는 편이다.

7. 상대방을 진심으로 대하려고 노력하는 편이다.

8. 친절하다.

9. 항상 청결에 신경을 쓴다.

10. 글쓰기를 좋아한다.

11. 종교가 있다.

12. 사진 찍기를 좋아한다.

13. 여행을 좋아한다.

14. 실행력이 강하다.

15. 어학 공부를 꾸준히 하고 있다.

16. 자기계발을 꾸준히 하고 있다.

17. 자전거를 탈 수 있다.

18. 운전을 할 수 있다.

19. 걷기에 자신 있다.

20. 싫은 소리를 잘 안 한다.

21. 꿈이 있다.

22. 다양한 관점에서 생각해 보려고 한다.

23. 활동적이다.

24. 취미를 즐길 줄 안다.

25. 도전 정신을 가지고 세상을 살아간다.

26. 감동적인 삶을 살려는 마음이 있다.

27. 생각을 유연하게 하려고 노력하고 있다.

28. 덜 후회하는 삶을 사려고 노력한다.

29. 좌절을 많이 경험했다.

30. 다른 사람 앞에 서서 말할 때 자연스럽게 말할 수 있다.

잠깐 시간을 내서 나의 장점은 과연 몇 개나 되는지 생각나는 대로 정리를 해 보았다. 사실 장점을 50개 이상을 나열해 놓았는데 지면상 30개만 소개한다. 더 시간을 내서 생각하면 더 적을 것 같다는 느낌이 들었다. 장점을 나열해 본 후, 자신의 장점이 많음에도 불구하고 자신이 하지 못하거나 불가능한 것들에 대해서 집착하는 사람이 꽤 많다는 사실을 알았다. 자신이 가지고 있는 장점을 더욱더 연마해서 자신의 최대의 장점으로 활용해 보는 것은 어떨까라는 생각이 들었다.

잠깐 시간을 내서 자신의 장점에 대해서 나열해 보는 시간을 갖는 것은 어떨까? 생각이 많이 정리되는 느낌을 받았다. 또한 이 장점을 어떻게 활용하여 시너지 효과를 낼 것인지 방안을 모색해야겠다는 숙제도 생겼다. 이렇게 장점을 찾아보는 것은 여러 모로 자신에게 의미 있는 시간이 될 것이다.

자신의 심리 상태를
확인하고 싶다면

주변의 일이 얽힌 실타래처럼 풀기 힘들 정도로 힘들다고 생각한다면 거울을 보거나 주위의 가까운 지인들에게 자신의 상태에 대해서 조언을 구하기를 바란다. 거울을 보라는 의미는 자신의 외적 상태를 점검하라는 의미이고, 가까운 지인들에게 조언을 구하라는 이유는 자신이 모르는 사실에 대해서 더 잘 알 수 있기 때문이다.

물론 심리 상태가 불안정할 때에 거울을 볼 수 있는 여유가 얼마나 될지 모르겠지만, 정신 건강을 예방하는 차원에서라도 자신의 삶을 돌아보는 것은 중요하다. 심리 상태를 중간중간 점검할 필요가 있다. 자신의 심리적 상태는 외적인 자세로 판단이 가능하다. 거울을 보면 정확하지는 않아도 자신의 건강 상태는 물론 심리적 상태를 파악할 수 있다.

옷매무새, 얼굴 표정 등은 살면서 중간중간 점검해 줄 필요성이 있다. 자리 관리의 면에서도 마찬가지이다. 자신이 사용하는 방이나 책상을 중립적으로 확인해 보자. 자신의 심리 상태와 흡사하다고 볼 수 있다. 가끔 다른 분의 자동차를 타 보면 상대방의 심리 상태를 알 수 있는 경우가 있다. 어떤 분의 차는 외관을 비롯하여 내부도 상당히 지저분한 경우를 볼 수 있으며, 어떤 분은 외부와 내부도 청결하며 심지어는 은은한 향기가 나는 것을 느낄 수 있다. 그러한 외적 모습을 보며 상대방의 심성에 대해서 어느 정도 파악할 수 있다.

나도 자주 거울을 보고 종종 가까운 지인 분들에게 조언을 얻는다. 체중계에 주기적으로 체중도 달아 보고, 여행을 다니며 멀리 떨어져서 내 자신을 점검한다. 여행에 시간과 돈을 투자하는 것에 대해서 부담을 느끼는 분들도 있다. 여행은 치유의 역할을 한다고 생각한다. 나중에 몸과 마음이 아파 병원에 간다면 병원비가 더 나올 수 있다. 미연에 방지한다는 생각을 가지고 여행을 다니면 좋을 것 같다. 자연은 치유의 역할을 하는 것을 느낀다. 오늘도 자신을 중간중간 점검하는 삶을 살기를 바란다.

협력을 통해서 결과를 이끌어 내는 능력을 갖자. 혼자서 일할 때보다 여럿이 협력해서 일을 수행하면 더 큰 결과를 얻어 낼 수 있다. 만약 본인이 더 큰 결과를 얻기를 원한다면 협력하는 자세를 가져야 할 것이다. 협력은 좋은 결과를 만들어 내는 도구 중에 하나라고 볼 수 있다. 심리적으로도 내 자신이 부족한 것을 다른 사람이 채워줄 수 있기 때문에 시행착오를 훨씬 덜하고, 자신들이 원하는 결과에 더욱더 가까이 갈 수 있다.

성공의 심리학 중 좋은 결과를 만들어 내는 비결의 몇 가지에 대해서 정리해 보았다. 누구나 성공을 원하지만 성공이 그렇게 쉽지는 않는 것 같다. 개인적으로 강조하고 싶은 것은 자기 시간 확보에 최대한 주력해야 한다는 것이다.

소중한 나 –
꿈 실현을 위한 자부심

항상 의기소침해 하는 분들을 만나면 누누이 강조하는 것이 있다. 자신에 대해서 소중히 생각할 수 있는 자부심을 가지라고 항상 이야기한다. 소중한 나를 만들 필요가 있다. 내 자신은 소중하다. 항상 그런 자부심을 가지고 살아야 된다. 그래야만 자신이 생각하는 꿈을 실현할 수 있다. 꿈은 다른 사람이 대신 꿔 주거나 대신 이루어 줄 수 없는 것 중에 하나이다.

만약 다른 사람에 의해서 자신이 지위가 올라가는 경우가 있다면 나중까지 지키기가 힘들다. 소중한 나에 대한 생각을 갖고 있다면, 주위에서 자신을 하대하거나 폄하한다면 그 사람과는 거리를 두는 것이 필요하다. 자신의 인생에 전혀 도움이 안 된다. 물론 발전적인 조언은 받아들이는 자세가 필요하다. 만약 그런 조언이 아니면 어울릴 필요가 없다. 자부심은 우리가 꿈을 실현하기 위해서 가장 필요한 덕목 중 하나이다.

자신도 스스로를 믿지 않는데 어느 누가 자신의 꿈을 이해하며 동조해 줄 수 있는가? 자신의 꿈이 너무 뜨거워 그 온기가 상대방에게 전달되어야 한다. 자신마저 믿지 못하는 꿈은 자신의 소신마저 다른 사람의 생각에 의해서 조종당하지 않으면 다행이다. 실제로 자신의 소신 없이 사는 사람들은 다른 사람의 생각에 쉽게 동조하고 추종을 하곤 한다. 이러한 심리적 상태에서는 꿈을 이루기가 어렵다.

인간으로 태어나는 것은 상당히 어려운 일 중에 하나라고 한다. 우리는 그만큼 소중한 존재이다. 자기 자신을 소중히 생각하고 꿈을 실현하기 위한 자부심을 가질 필요가 있다. 꿈이 있으면 정년이라는 것이 무의미하다. 나이를 먹어도 꿈을 가지고 자부심을 가지고 살기 때문에 활동적이고 의욕적으로 생활할 수 있다. 꿈을 실현하기 위하여 자기 자신에 대해서 자부심을 갖고, 자신은 항상 '소중한 나'라는 인식을 갖고 생활에 임하자.

7 / 고전에서 배우는 지혜

오리무중五里霧中 ―
목표가 눈에 안 보일 때, 그때가 가장 힘들 때다

오리무중五里霧中이라는 고사성어가 있다. 일의 방향을 잡기 어려울 때 오리무중의 상황과 같다는 표현을 한다. 영어에는 비슷한 맥락에서 사용되는 단어로 '슬럼프(Slump)'가 있다.

슬럼프가 오는 이유는 무엇인가? 슬럼프는 진짜 자기가 목표로 한 것에 도달하지 못할 것 같았을 때 생긴다. 그래서 자신이 하는 목표에 도달할 수 있는 사람이나 마음을 가진 사람들에게는 대부분 슬럼프가 오지 않는다. 다만 너무 열심히 노력한 나머지 심신이 지쳐서 잠깐의 회복이 필요할 때가 있을 뿐이다.

즉, 슬럼프는 목표가 눈에 안 보일 때라고 봐도 과언이 아니다. 자연스럽게 의욕을 상실하게 된다. 어쩌면 정상적인 사람이라면 당연한 결과라고 볼 수 있다.

그만큼 우리의 인생에서 목표가 중요하다. 목표를 명확히 했다고 하더라도 서두에 말한 것처럼 몸과 마음이 지치는 경우가 있다. 그래서 의욕이 생기지가 않는 경우가 있다. 그러면 어떻게 해야 할까? 나도 가끔 이런 상황을 겪기 때문에 그 해결 방안에 대해서 정리해 보고자 한다.

첫째, 잠을 많이 잔다. 잠이 보약이라는 말이 있다. 심신이 지쳤을 때 가장 회복을 빠르게 하는 것이 바로 잠자는 것이 아닐까 생각된다. 몸을 청결하게 하고 깨끗한 잠자리를 만들고 세상모르게 자는 것이다.

그러면 시간이 어느 정도 지나면 몸도 회복이 되고 마음이 정리가 된다. 그러다 보면 지금까지 해결 못했던 일들이 자연스럽게 해결되는 경우가 있다.

땅도 계속 농사만 짓게 하면 곡식이 풍성하게 나오지 않는다. 그 이유는 당연히 땅의 기운이 소진되었기 때문이다. 그래서 휴지기를 통해서 땅의 기운을 회복시키거나 거름이나 각종 영양분을 땅에 뿌려줘서 빠르게 회복시킨다. 몸과 마음이 회복을 하기 위해서 잠은 정말 최고의 선물인 것 같다.

둘째, 잠깐 동안의 여행의 시간을 갖자. 할 수만 있다면 지금의 상황은 잊자. 그리고 잠깐 동안의 여행을 통해서 자신의 머리를 식혀 보는 것은 어떨까? 지금의 무거운 것은 일단 내려놓자.

어차피 고민을 해 봐도 갑자기 답이 안 나온다. 힘이 들면 잠시 동안 내려놓자. 어차피 포기한 것이 아니면 다시 시작해야 한다. 그냥 잠깐만 내려놓는 것이다. 이곳저곳 가까운 곳이라도, 반나절 코스라도 좋다. 홀쩍 여행 아닌 여행을 떠나 보는 것도 좋다고 생각한다. 여행은 나를 치유하는 치료제의 역할을 충분히 할 수 있다.

셋째, 별식 먹어 보자. 평소에 먹지 않았던, 그리고 몸이 원하는 것을 먹어 주는 것이 좋다. 갑자기 몸에서 당긴다는 생각이 드는 음식이 있다. 비용이 크게 부담이 안 된다면 자신만의 보상 차원에서라도 별식을 먹어 보자. 이왕이면 자신의 원기를 보양시키는 음식이 좋을 것 같다. 통상적으로 마음에서 원하는 음식은 우리 몸에서 필요로 하는 것들이 많다. 자신의 내면이 원하는 별식을 즐겨 보자.

가끔 우리의 몸과 마음의 상태가 오리무중일 때가 있다. 말 그대로 짙은 안개에 싸여서 이러지도 저러지도 못하는 상황이다. 그럴 때, 잠시 멀리 떨어져서 자신의 상황을 관망해 보는 것은 어떨까 생각한다. 그러면 훨씬 슬럼프를 빠르게 극복할 수 있을 것이다. 이왕 극복하려면 빠르고 지혜롭게 극복하는 것이 좋지 않을까 조언해 본다.

송도계원松都契員 —
세상일은 모른다. 이 순간 최선을 다하자

조선시대에 기억나는 인물 중 한 명을 꼽으라면 한명회이다. 한명회는 어린 시절 불우하여 출세를 하지 못했다. 그러다 겨우 38세가 다 되어가는 나이에 부모님의 공덕으로 문음(고려시대 음서제도와 비슷)를 통해서 말단 한직으로 등용되었다.

송도계원의 고사는 옛 한성부 출신들이 송도(지금의 개성)로 가서 근무를 하면서 만월대에서 주연을 벌였던 일에서 시작된다. 분위기가 무르익어 나중에 한성에 가서도 잘 지내보자는 의미로 '계를 만들어 서로를 도와주자.'는 이야기가 나왔다. 이때 미관말직에 있었던 한명회도 끼워달라고 했는데 거절당했다고 한다. 한명회의 입장에서는 많이 서운했을 것이다. 그런 한명회가 나중에는 영의정까지 오르는 역사가 이루어졌다.

사람 일은 모를 일이다. 한명회도 불우한 과거 시절에 굴하지 않고 순간순간 최선을 다했을 것이다. 세조가 한명회를 초한지에 나오는 장량으로 칭했을 정도로 그는 뛰어난 전략가였다고 한다. 주변에 있는 사람의 현재 처지가 불우하고 하찮아 보인다고 업신여기지 말자. 그 사람의 인생이 어떻게 풀릴지는 모를 일이다. 송도에서 계를 만든 사람들은 한명회의 출세가도를 보고 엄청난 후회를 했을 것이다.

그러나 분명 기억해야 할 것은 기회는 준비된 자에게 온다는 것이다. 자신이 준비를 하지 않는다면 기회를 얻기는 어렵다. 오늘에 충실하고 내일을 준비하는 마음으로 오늘도 힘찬 하루가 되기를 바란다.

쾌도난마快刀亂麻 ―
일처리 잘하는 사람이 대인관계도 좋다

쾌도난마快刀亂麻는 '잘 드는 칼로 헝클어진 삼을 벤다'는 뜻으로 어려운 일을 시원하게 처리함을 의미한다. 사람들이 일을 하는 스타일은 제각각이다. 제일 좋은 스타일은 군더더기를 만들지 않고 쾌도난마 스타일로 하는 것이다. 물론 사람이 하는 일이라 부족함은 있을지 몰라도 이왕이면 깔끔하게 처리하는 것이 좋다.

어떤 사람은 승부욕이 대단해서 목표가 있으면 목표를 달성하는 능력이 탁월하다. 단점이 있다면 목표는 달성을 하는데, 그 과정에서 엄청난 잡음이 생기고 주변의 사람들을 적으로 만들어 버리는 묘한 재주를 가진 사람을 보았다. 결국 목표는 달성했을지 몰라도 상처뿐인 영광이 아닐까 생각된다.

일처리를 할 때는 일만을 바라보는 것이 아니라 주변의 사람들과의 관계도 상당히 중요하다. 그래서 항상 대인관계도 상당 부문 신경을 쓰고 업무에 임한다면 다음에 더 큰일을 할 수 있을뿐더러 나중에 업무 처리를 깔끔하게 하는데도 도움을 줄 수 있다. 사람은 맺고 끊는 것을 잘해야 된다고 본다. 그러기 위해서는 쾌도난마의 지혜가 있어야 된다.

마부위침磨斧爲針 ―
때론 둔하고 미련하게 보이는 것이 성공의 원천일 수도 있다

마부위침磨斧爲針은 마부작침磨斧作針이 동의어로도 쓰이며 '도끼를 갈아 바늘을 만든다'는 의미이다. 아무리 이루기 힘든 일이라도 혼신의 인내를 다하면 이루어낸다는 교훈으로 사용된다.

사실 눈앞의 이익 때문에 마부위침을 의미를 알고 있더라도 장래의 일을 생각하고 오늘 하루의 일을 실천에 옮기기가 쉽지 않다. 그럼에도 지금을 사는 세대에 마부위침의 고사가 주는 교훈은 상당하다. 때로는 둔해 보이고 미련해 보이는 일이 결국 성공의 교훈을 우리에게 주는 경우가 많다.

나 자신도 만약 10대나 20대에 마부위침의 의미를 깨달았다면 지금의 내 모습이 많이 바뀌어있지 않을까 생각된다. 지금까지 수많은 실패 요인을 살펴보면 일차적으로는 근시안적이고 이차적으로는 조급함 때문이라고 할 수 있다. 지금의 나이에 와서 마부위침의 의미에 대해서 조금 깨닫고 실천에 옮기고 있다. 과거를 되돌아보건대 후회스러운 일들이 많지만 지금이라도 마부위침의 마음으로 살아가는 것이 나에게 유익이 되지 않을까 생각한다.

권토중래捲土重來 —
가장 큰 후회는 시도조차 하지 않았을 때이다

지금까지 살면서 그렇게 큰 후회막심한 일들은 없는 것 같다. 왜냐하면 나 자신이 하고 싶은 것을 대부분 시도하면서 살아왔기 때문이다. 다만 아쉬움은 있다. 조금 열심히 할 걸 하는 후회나 마무리가 좋지 않았든가 중간에 흐지부지 했던 기억이 바로 그것이다.

권토중래捲土重來라는 의미는 '한번 실패를 했지만 다시 그 일에 도전하다'라는 의미를 가지고 있다. 사실 경험상 느끼는 것이지만 한번 실패를 하면 다시 그 일에 도전하기가 쉽지 않다. 왜냐하면 실패에 대한 공포가 있기 때문이다. 일명 트라우마가 있기 때문에 회피하고 싶은 것이 사람의 심리이다. 그럼에도 불구하고 도전할 수 있는 것이 바로 용기 있는 자의 행동이라고 볼 수 있다.

내 자식이 인생에 대한 조언을 해달라고 한다면 '인생을 후회 없이 살아라.'라고 말하고 싶다. 그 방법으로는 자신이 생각하는 일을 머뭇거리지 말고 일단 시도하고 실천에 힘쓰라는 것이다. 그러면 후회를 최소한으로 줄일 수 있을 것이다. 머뭇거리다가 인생이 화살과 같이 지나가는 것을 느끼게 된다. 권토중래의 고사에서 교훈을 찾아보았다.

만강혈성滿腔血誠 —
모든 일에는 정성이 필요하다

만강혈성滿腔血誠은 진심에서 우러나오는 정성을 의미한다. 이 세상을 살아가면서 정말 공짜는 없다는 것을 순간순간 느낀다. 행여나 주위에서 자신에게 과잉으로 친절을 베풀거나, 자신 또한 요행을 바라는 마음으로 행동을 한다면 여지없이 무너진다는 것을 경험상 알고 있다.

과거 주변에서 불한당 스타일을 보곤 했다. 땀을 흘릴 줄 모르는 사람들이다. 말은 청산유수이고 교언영색이 따로 없다. 결국 자신의 꾀에 자신이 넘어가는 것을 보면서 '반면교사로 삼아야 되겠구나'라는 것을 절실히 깨달았다. 이 세상에는 공짜가 없음을 빨리 깨닫는다면 그래도 평균 이상의 삶을 영위할 수 있다.

예전에 우리 선조들은 새벽에 일어나 물 한 그릇 떠 놓고 가족의 안

녕을 위해서 기원했었다. 지금은 그런 경우가 극히 드물지만 새벽기도
나 새벽예불 등이 정화수를 떠 놓고 비는 것을 대신하는 것 같다. 방법
은 다르지만 마음은 같을 것이다. 의료 혜택이 귀하던 시절, 자식들이
아프면 정화수를 떠 놓고 기도를 하고 그 물을 먹이면 기적같이 몸이
완쾌하던 경우가 있었다고 한다. 아마 물 한 사발 떠 놓고 기도하는 사
람의 정성이 들어가서 그러지 않을까 생각된다.

자신의 삶을 바꾸는데도 정성이 필요하다. 에모토 마사루가 지은
《물은 답을 알고 있다》를 보면 물이 부정적인 단어에는 어그러지게 보
이고, 긍정적인 단어에는 결정체가 아름다운 형상을 하는 이야기가 나
온다. 우리의 몸도 대부분 수분으로 되어 있다. 마음에 부정적인 생각을
하면 몸도 아프거나 일이 잘 안 풀리는 것은 아마도 이러한 사례에 속하
지 않나 생각해 본다. 그러므로 우리는 항상 긍정적인 생각과 말을 하고
기도 생활을 하면서 몸과 마음을 정결하게 할 필요가 있다고 본다.

자신의 일에 정성을 쏟으며 혼신의 힘을 다해 보기를 바란다. 그 이
후의 일이야 하늘에 맡기는 것이지만 정성을 습관화시켜 보기를 바란
다. 만강혈성은 아마도 정성에 관한 대표적인 사자성어가 아닐까 생각
된다.

마중지봉麻中之蓬 —

사람을 사귈 때는 가려서 사귀자

내가 제일 싫어하는 부류의 사람들이 있다. '내가 너보다 낫다'는 심리를 가지고 자신과 상대방을 비교하면서 우월감을 나타내는 교만한 사람의 부류와 또 다른 하나는 상대방을 비방하는 이야기로 대화의 대부분을 채우는 사람들이다. 일단 한두 번 겪어보다가 아닌 것 같으면 적당히 거리를 두든가 왕래를 하지 않는다. 이것이 나의 처세법 중에 하나이다. 괜히 상대방에게 물들기도 싫을뿐더러 크게 나에게 발전적 도움을 주지 못하기 때문이다.

마중지봉麻中之蓬의 의미도 비슷한 맥락에서 해석할 수 있다. 이야기를 요약한다면 '구부러진 쑥도 삼밭으로 가면 꼿꼿하게 자란다'는 말이다. 우리에게 있어서 환경은 상당히 중요하다. 교육자 집안의 환경이면 교육자가 나올 확률이 높고, 의사 집안을 보면 의사가 나올 확률이 높다. 안타까운 일이지만 불우한 집안에서는 계속 불우하게 될 수밖에 없는 경우도 비슷한 맥락에서 볼 수 있다.

개인적으로 주변의 지인들과 후배들에게 해 주는 말이 있다. 나이 30살이 되기 전까지는 이런저런 부류의 사람들도 많이 만나보고 그 이후부터는 사람을 사귈 때 선별하여 사귀는 것이 필요하다고 본다. 30살이 되기 전까지는 이상과 현실을 구별하는 능력이 부족하기 때문에 상대방에 대해서 간파하기가 어렵다. 그래서 이런저런 사람을 만나서 직접 느껴보는 자세가 필요하다. 20대에 다양한 불법적인 것에 연루되기 쉬운 것도 바로 이러한 것 때문이라고 볼 수 있다.

주변의 환경이 참 중요한 것 같다. 자신이 할 수 있는 최대한 선별해서 사람을 사귀고, 또한 처지가 불우하다고 자책하지는 말자. 어려움이 나중에는 이익으로 돌아오기 때문이다. 자신에게 처한 환경을 이겨 내자. 그러면 자신이 과거보다 훌쩍 성장해 있는 것을 스스로 느낄 수 있을 것이다. 오늘도 우리는 사람들과의 관계 사이에서 생활하고 있다. 선별유택해서 자신의 미래를 창조해 나가는 자세가 필요한 것 같다.

정저지와井底之蛙 —
겸손할 줄 알면 성장의 발판을 마련할 수 있다

정저지와井底之蛙의 고사에 대해서 한번쯤은 들어봤을 것이다. 우물 안의 개구리를 말하는 것으로 자신이 보는 좁은 세상이 전부인 것처럼 생각하는 것을 비유한 말이다. 정저지와의 고사는 《장자》〈추수〉편에 나온다.

황하의 신 하백이 처음으로 북해까지 가서 북해와 동해를 바라보며 북해의 신神 약과의 대화를 하는 대목에서 나오는 것이다. 황하의 신 하백이 처음 북해에 가서 느낀 것은 놀라움이었다. 놀라움의 의미에는 겸손이 포함되어 있다고 본다. 사실 황하도 바다에 비유를 할 수 있는 아주 큰 강이다. 그 큰 강의 신이라면 우쭐댈 수도 있다고 본다. 그럼에도 불구하고 자신의 본 관경에 겸손으로 대응한다. 북해의 신神 약이 하백에게 말하기를 '큰 바다를 보고 자신이 보잘것없는 존재임을 깨달았기 때문에 당신과 진리를 이야기할 수 있겠다.'는 표현을 쓴다.

무릇 배우기 위해서는 자신이 겸손할 줄 알아야 한다. 그래야만 스승이 무엇을 가르쳐 줘도 빠르게 배울 수 있다. 겸손은 어쩌면 자신이 성장할 수 있는 덕목 중에 덕목이 아닐까 생각한다. 항상 겸손함을 잃지 않고 끊임없이 노력을 한다면, 보다 큰 사람으로 성장할 수 있을 것이다.

가끔 우주의 사진을 보곤 한다. 저 큰 세계에 지구라는 별, 그중에 한 사람으로 이 세상을 살아가고 있다. 자연스럽게 겸손할 수밖에 없음을 스스로 인정한다. 성장하기 위해서는 자신을 스스로 낮추는 지혜가 필요하다는 것을 정저지와의 고사를 통해서 자연스럽게 배울 수 있다.

일각천금一刻千金 –
할 일이 많으니 시간이 빨리 간다

예전에 공부하던 책 표지에 써 놓고 내 마음을 다스리던 고사이다. 시간의 소중함을 교훈해 준다. 누구에게나 공평하게 주어진 것이 있다면 바로 시간일 것이다. 우리는 유한한 시간을 살고 있다. 만약 그 유한의 시간에 대해서 아깝다고 생각하면 소중하게 사용해야 될 것이다. 지금 이 순간에도 1초 1초 시간은 자연스럽게 지나가고 있다. 다시 올 수 없는 시간이다.

물리학자들이 말하기를 시간을 되돌릴 수는 없고 타임머신이 있다면 미래로만 갈 수 있다고 한다. 시간은 과거로는 되돌릴 수 없는 모양이다. 그래서 오늘의 이 순간이 소중한지 모르겠다. 오늘도 일각천금一刻千金의 의미를 시시때때로 되새겨야 하겠다.

이런저런 계획을 많이 세워 놓았더니 달성을 하는 데 시간이 관건이다. 그래서 시간을 압축해서 쓸 수밖에 없다. 직장을 다니면서 공부를 하려니 정말 시간 내기가 쉽지가 않음을 몸소 느낀다. 그래서 조금씩 시간이 날 때면 그 시간을 최대한 적절히 활용하려고 한다. 나이 한 살 한 살을 먹을수록 체력도 떨어지는 등 아무래도 20대와 비교할 수는 없다. 그래도 이런저런 운동과 여러 가지 체력 향상을 위해서 노력하는 덕분에 그나마 현상 유지 정도는 하는 것 같다.

요즘 와서 느끼는 것이지만 정말 시간이 화살과 같다는 생각이 자연스럽게 든다. 유한한 인생을 살면서 오늘 하루를 좀 더 가치 있게 살아가는 데 주력해야겠다. 왜냐하면 오늘은 우리에게 주어진 최고의 자원이기 때문이다.

무욕속 무견소리無欲速 無見小利 —
느긋한 마음 갖기

무욕속 무견소리無欲速 無見小利는 공자님의 말씀이다. 풀이를 하자면 '서두르지 말고 작은 이익을 보려고 하지 말라'는 의미이다. 더 구체적으로 의미를 파악한다면 '서두르다 보면 일을 그르치기 십상이고 작은 이익을 보려고 하다가 큰일을 그르칠 수 있다'는 심오한 의미가 담겨 있다.

위의 공자님 말씀이 요즘 와서 마음에 조금씩 와 닿는다. 불혹의 나이를 이제 얼마 안 남긴 시점에서 위의 글귀를 20대 때 깨달았으면 내 인생이 정말 많이 바뀌지 않았을까라는 생각을 해 본다. 정말 아쉽다. 팔십 평생이라고 가정을 했을 때 축구로 비유하자면 이제 전반전이 거의 끝나갈 무렵이다. 후반전으로 가기 전 무욕속 무견소리라는 의미를 다시 한 번 마음에 새기고 세상을 살아가야 되겠다.

느긋한 마음 갖기는 일상생활에서 가장 필요한 요소 중에 하나라고 봐도 과언이 아니다. 사실 급한 마음 때문에 급하게 행동했다가 엄청 돌아간 적이 많아서 뼈저리게 느끼는 구절이기도 하다. 예전 30대 초반에 대학원에 다니던 중 빨리 취업한다는 일념 하에 취업은 했으나 취업했던 직장에도 얼마 다니지 못하고 그만두고, 대학원에 다시 와서 졸업 논문에 집중하느라 1년이나 늦게 대학원을 졸업했다. 빨리 가려다가 돌아간 전형적인 사례가 아닐까 생각한다. 이때 힘들기도 힘들었고 배운 것이 많았다. 그때는 논문이 통과될 때까지 노력하고 기다리는 수밖에 없었다. 답답해서 밤마다 2시간 정도 공원을 걷던 기억이 난다. 그때 걷기라도 하지 않았으면 화병이 났을 것이다.

요즘 청년실업률이 40만 명 이상이라고 한다. 청년들의 심리 상태를 들여다보면 초조하고 급한 마음이 많이 차지할 것이다. 이릴 때일수록 느긋한 마음을 가지려고 의식적으로 노력해야 하겠다. 비단 취업에만 국한된 것이 아니라 인생사에 두루 적용될 수 있다.

마음이 급할 때 분주하게 행동하면 더 돌아가고 손해 보게 되어 있다. 이럴 때일수록 정공법을 택해서 가는 것이 느리게 가는 것 같지만 빠르게 가는 것임을 깨닫기를 바란다. 주식투자나 집을 살 때나 취업을 할 때도, 심지어 결혼을 할 때도 급하면 손해를 보고 잘못된 판단을 하기 십상이다. 투자에 성공하려면 여유롭게 투자에 임해야지 수익률이 높아질 수 있다. 부디 습관적으로라도 느긋한 마음을 가질 수 있도록 노력하는 자세를 갖자.

견위치명 견득사의見危致命 見得思義 —
안중근 의사가 좋아한 말

견위치명 견득사의見危致命 見得思義는 안중근 의사가 가장 좋아했던 말이라고 한다. 《논어》에 나오는 말이다. '위태로움을 보면 목숨을 바치고 이득을 보면 의義를 생각한다'는 의미이다. 보는 것은 쉬워도 행동으로 옮기기는 어렵다. 그래서 그의 업적은 더욱 빛나는 것 같다.

나중에 우리 후손들에게 물려줘야 할 이야기가 있다면 바로 도마 안중근 의사의 이야기가 아닐까 생각한다. 상대방을 보고 저절로 고개가 숙여진다는 말은 안중근 의사를 두고 한 말이 아닐까? 남산에 가면 안중근의사기념관이 있다. 나중에 우리 아들이 지각이 형성될 나이가 되면 같이 가서 설명을 해 줘야 되겠다.

나 자신부터 위에 제시한 말의 범주에 두고 살고 있는 것인지 반성해 본다.

수신제가修身齊家 –
자기 경영, 자기 관리의 첫걸음

과거에서 현재까지 지나온 역사를 보면서 자기 경영을 잘해야 사회에서도 출세할 수 있는 확률이 높아진다는 것을 새삼스럽게 깨닫는다. 문제의 시작점을 외부에서 찾는 것이 아니라 문제의 핵심을 내부에서 찾는 것이 자기 관리 면에서도 더 발전을 가져올 수 있다. 모든 시작점을 자기부터 시작을 하며 영역을 확대해 나가는 것이 좋은 방법이라고 생각한다.

수신제가修身齊家라는 말도 다른 사람이 보든 안보든 자신의 수신을 통해 자기 관리를 하며 자기 경영의 시초로 삼는 데 의의가 있다. 수신을 통해서 자기 관리를 잘하는 것부터 시작해서 점차 영향력을 외부로 확대해 나가면 장차 큰일을 도모할 수 있다. 일단 자기 관리가 잘 되어 자신의 영향력을 가정으로 확대시키고, 가정의 기초를 튼튼히 하고 사회생활에서도 영향력을 크게 발휘할 수 있고, 장차 사회생활의 영역이 더 확대되어 결국에는 치국에도 긍정적 영향을 미칠 수 있다고 보는 것이다.

수신제가 치국평천하修身齊家 治國平天下라는 의미를 지금에 와서야 어느 정도 이해를 할 수 있을 것 같다. 수신을 통한 자기 관리를 잘해서 자기 경영의 시작점을 잡는다면 장차 대성大成할 수 있다고 본다. 대성의 의미가 반드시 출세만 의미하지는 않을 것이다.

우리는 살면서 종종 문제의 원인을 외부로 돌리는 경향이 있다. 나 또한 과거에는 그러한 경험이 있고 지금도 또한 그러한 성향을 약간 가지고 있다. 경험상 보건대 어떤 문제가 생겼을 때 자신으로부터 문제를 찾고 성찰을 통해서 의미를 찾는다면, 자기 발전에 훨씬 도움이 되며 장차 주위에 긍정적인 영향력을 확대할 수 있다고 본다.

물론, 문제의 원인이 외부에 있을 수도 있다. 우리의 삶에 영향을 주는 것이 외생 변수도 있고 내생 변수도 있기 때문이다. 외생 변수는 문제가 외부에서 오는 것이기 때문에 우리가 바꿀 수 없는 경우가 많다. 지혜로운 방법이 있다면 빠르게 적응하고 받아들이는 것이라고 생각한다.

그렇지만 내생 변수는 우리의 마음가짐에 따라서 어느 정도 바꿀 수 있다고 본다. 자신의 문제인데 세상 탓을 하면서 외부로 돌린다면 자신의 인생에 변화를 주기는 어렵다고 생각한다. 하루하루를 살 때 수행의 관점에서 수신하며 살아가는 자세를 취해 보는 것이 어떨까 생각해 본다.

　사람의 뒷모습이 호감이 가려면 중간중간 주위를 둘러보며 주변 정리를 잘해 주는 것이 좋은 방법 중에 하나라고 생각한다. 나 또한 한참 열심히 일하다가 주변을 살펴보면 주위가 어수선해져 있어 정리가 약간씩은 필요한 것을 느낀다. 생각날 때 조금씩 정리하는 습관을 갖는 자세가 필요한 것 같다. 오늘도 하루의 아름다운 마무리와 호감 가는 뒷모습을 지향하며 마무리를 지어 보고자 한다.

응무소주이생기심應無所住而生其心에서
지혜를 배우다

　응무소주이생기심應無所住而生其心은 《금강경》에 나오는 아주 핵심적인 말씀에 속한다고 한다. 금강경은 영어로는 'Diamond Sutra'라고 불린다. 다이아몬드(Diamond)는 가장 단단한 돌이며 불멸의 의미를 상징한다. 다른 말로는 금강석이라고도 한다. 수트라(Sutra)는 경전을 의미한다. 응무소주이생기심을 풀이하자면 '집착하지 말아야 한다'라는 의미이다.

　왜 금강경의 핵심을 '집착'에 중점을 두었는가 생각해 보았다. 그리고 과거에 집착해서 살았던 모습을 하나둘 회상해 보았다. 지금도 이런저런 형상에 집착하고 산다. 그러면서 집착을 알아차리고 반성하면서 사는 것 같다.

그렇다면 우리가 집착하지 않고 살려면 어떻게 해야 할까? 그것의 수단이 되는 것이 아마도 기도, 참선, 공부 등일 것이다. 기도나 참선, 공부는 수행의 방법이다. 자꾸 집착을 버리는 연습을 해야 할 것이다. 특히 나를 내세우는 마음을 버리는 연습이 아닐까 생각한다.

일종의 인내력을 요하는 과정이다. 다양한 유혹을 뿌리쳐야 하는 고통의 과정이기도 하다. 부처님도 6년의 고행을 통해서 깨달음을 얻으셨다. 고통을 기꺼이 인내해야 한다. 그러면 우리도 금강석 같은 마음을 가지게 될 것이다.

나를 버리는 것이 얼마나 힘든지 모른다. 그래서 수행이 절대적으로 필요한 것 같다. 사람마다 자신만의 약한 영역이 있을 것이다. 어떤 사람은 물욕에 약하고, 어떤 사람은 식욕에 약하고, 자기 주관이 너무 강한 사람도 있을 것이다. 이러한 집착을 버리는 연습이 필요하다.

탄소가 엄청난 열과 압력을 받으면 다이아몬드가 된다. 열과 압력을 고통이라고 비유할 수 있다. 인고의 시간을 통해서 우리는 다듬어지고, 나 자신을 버리고 집착하지 않는 마음이 생길 것이다. 사람은 고난을 통해서 다듬어진다. 지적으로도 성숙해지고 신중해지며 겸손해진다. 집착이 없어진 그 비운 마음에 아름답고 가치 있는 것을 채울 수 있기를 기대해 본다.

일체유심조一切唯心造 —

몸과 마음이 둘이 아님을 새삼스럽게 느낀다

일체유심조一切唯心造는《화엄경》에 나오는 말로 '세상만사는 마음먹기에 달려있다'라는 의미를 가지고 있다. 마음먹기에 따라서 우리의 인생을 바꿀 수 있다. 이러한 마음과 몸이 긴밀하게 연결되어 있음을 알수 있다.

　개인적으로 화엄경에서 말하는 마음의 변화부터 시작하는 것이 아니라 몸에서부터 다시 마음으로까지 가는 과정에 대해서 생각해 보았다. 하나는 마음의 근심 때문에 몸에 탈이 나거나 병에 걸리고, 그 때문에 다시 마음이 약해지고 의욕이 안 생기는 현상을 느낀다. 몸을 회복시키려는 노력과 동시에 마음을 굳게 먹고 빠르게 회복해야지 다짐하면 이상하게도 실제로 병이 빠르게 쾌유되는 느낌을 받는다. 이것을 볼 때 마음이 몸에 영향을 주고 몸이 다시 마음에 영향을 주며 연관되게 반응하는 것을 볼 수 있다. 몸과 마음이 둘이 아님을 새삼스럽게 깨닫는다.

　중요한 것은 마음이 먼저라는 것이다. 누구나 육신은 유한한 존재지만 마음은 영원하기 때문이다. 이 땅에 살면서 육신은 마음과 일체된 소중한 존재이다. 또한 마음을 더욱 단련하여 육신이 자행하는 나쁜 습관이나 행동 등을 줄여나갈 필요가 있다. 마음과 육체의 조화를 통해서 우리가 하는 모든 일에 발전을 가져올 수 있다고 본다.

성공 키워드 –
부처님의 제자들에게서 배우는 지행일치知行一致의 삶

성공 키워드 중 하나가 바로 지행일치知行一致의 삶이 아닌가 생각해 본
다. 지극히 단순하고도 식상하기까지 한 사자성어이지만 일상생활에
적용하기란 쉽지 않은 것을 느낀다. 여기에서 지행에서 지知가 먼저냐
행行이 먼저냐에 대한 의문이 들었다. 그 깨달음을 준 일화가 바로 부
처님의 제자들의 일화가 아닐까 생각된다.

　부처님의 제자 중 1대 조사가 가섭존자이고 아난존자가 2대 조사
이다. 제자 가섭존자에 대해서 알아보자. 가섭존자는 브라만 계급의
여자와 결혼하여 12년 동안 살았으며, 아버지가 돌아가시고 가업을 이
어받아 확고한 위치를 가지고 살았다고 한다. 그러나 세속적 세상에
부질없음을 깨닫고 부처님의 제자가 되었다고 한다. 상당히 특출했나
보다. 부처님의 제자가 된지 8일 만에 아라한의 위치까지 올랐다고 한
다. 염화미소라는 고사에 대해서 다들 알 것이다. 부처님께서 연꽃을
들어 보일 때 오직 가섭존자만 그 의미를 알았다고 해서 전해 오는 이
야기이다. 가섭존자의 특징으로는 두타행, 즉 행行에 중점을 두었다고
한다.

　아난존자에 대해서 알아보고자 한다. 아난존자는 부처님의 사촌동
생이기도 하다. 부처님의 10대 제자에 속하며 45년 동안을 부처님께
배웠다고 한다. 아난존자의 큰 업적 중에 하나라면 바로 경전 편집을
들 수 있다. 상당히 지知적 소양이 출중했던 것 같다. 그러나 부처님께

45년 동안 배웠지만 깨닫지 못했다고 한다. 부처님께서 임종하시기 전 아난존자는 어디 가고 없었다고 한다. 부처님께서 아난을 위해서 말씀하시기를 "나를 관 속에 넣을 때 발만은 밖으로 내놓아라."라고 하셨다고 한다. 아난존자가 돌아와 부처님의 발을 보았다. 그 자리에서 깨달음을 얻었다고 한다.

행行이 지知보다 우선한다는 교훈적 의미가 크다. 물론 지행일치의 삶이 목표에 더 빠르게 접근할 수 있다는 것이다. 아는 것은 많은데 행함이 없는 것도, 행함이 있지만 잘 알지 못하는 것도 문제가 있다고 본다. 물론 부처님 제자들의 일화를 통해서 깨달은 것이 있다면 지행이 상호보완적이지만 행行에 우선을 두고 지知를 보충해야 하지 않나라는 생각을 해 본다.

자신만만 세상 살기 –
화엄경의 유심게唯心偈를 통하여

개인적으로 종교가 불교는 아니다. 호기심이 많아서인지, 오지랖이 넓어서인지 불교, 유교, 도교 등 다양한 종교에 관심이 많고 조금씩이나마 배우고 있다. 《화엄경》은 부처님께서 처음 설법하신 말씀의 경전이라고 한다. 지혜의 경전이라고도 한다. 화엄경에 유심게라는 것이 있어서 문득 깨달은 바가 있어서 정리해 보고자 한다.

유심게唯心偈를 한 문장으로 요약한다면 '일체를 모두 마음이 만들었다'라는 의미이다. 원효대사의 이야기를 다들 알고 있을 것이다. 밤에 목이 말라 바가지에 있는 물을 꿀맛같이 먹었는데 다음날 일어나서 보니 해골의 물이어서 다 토했다는 유명한 일화이다.

내 인생을 돌이켜 보았다. 생각해 보니 주변에서 내가 목표로 하는 일에 대해서 부정적으로 생각하는 지인이 있었다. 안 된다는 거다. 대학교에서 친하게 지내던 학우에게 내가 대학원 진학을 계획하고 있다고 하니 안 된다고 말했다. 자기 형 친구가 공부도 잘했는데 대학원을 떨어졌다는 것이다. 그 친구 형보다 못한 듯하니 단념해라 대충 이런 뜻이었다.

또 하나는 아는 지인에게 나중에 책을 출간하려고 계획하고 있다고 말했더니, 너 같은 사람은 책 쓸 자격이 없다는 것이다. 면전에서 그런 이야기를 들었을 때의 기분은…. 다시 생각하니 기분이 별로다. 그만 얘기하겠다.

결론적으로 말한다면 대학원도 졸업했고, 책은 아직 출판이 안 되었지만 언젠가는 출판된 책을 마음에 그리고 있었다(결론적으로 이 책을 통해서 그 꿈을 이루었고 앞으로도 계속 출간을 할 예정이다). 블로그에 매일 꾸준히 글을 쓰고 있으며, 베스트셀러 작가는 아니더라도 스테디셀러로 끊임없는 활동을 해 보고 싶다. 이것도 화엄경의 유심게의 관점에서 보면 베스트셀러 작가를 꿈꿔야지 베스트셀러 작가도 될 수 있는 것이다. 성서에서도 '믿음은 바라는 것들의 실상(히브리서 11장 1절 참조)'이라고 나온다. 자신의 믿음이 현실이 된다는 의미라고 생각한다.

원효대사의 해골물 일화가 아니더라도 우리 주위에서는 이러한 경우를 겪는다. 개인적인 사례를 든다면 아침에 집에 콩나물국이 있어서 제육볶음과 감사한 마음으로 기도를 하고 맛있게 식사를 했다. 저녁에 집사람이 하는 말이 콩나물국이 상해서 버려야 하는데 먹었냐고 물어보는 게 아닌가. 그 말을 들은 순간부터 배에 관심이 가기 시작했다. 순간 꺼림칙한 마음이 들었던 것이다. 그러다가 별탈 있겠냐고 애써 마음을 태연히 가지니 잠시 후 편안해졌다.

세상만사는 마음의 생각이 현실로 나타나는 경우가 다반사이다. 자신만만하게 세상을 살기 위해서는 자신의 마음에 긍정의 기운을 갖고 살아가는 지혜가 필요하다.

받아들임의
자세

고전은 지금까지 베스트셀러 혹은 스테디셀러로 꾸준히 사람들의 관심과 사랑을 받고 있다. 책을 많이 읽다 보면 책에도 수준이 있다는 것을 느낀다. 특히 고전은 수천 년 전부터 지금까지 내려오면서 많은 사랑을 받고 있는데, 이유가 분명히 있다.

읽으면 읽을수록 저자의 통찰력과 지혜에 탄복하는 경우가 많다. 읽으면 읽을수록 심오한 의미에 대해서 깨달음을 얻는 경우가 많다.

내 자신이 변화시키는 원동력이 된다. 삶이 힘들거나 방황이 올 때, 혼란스러울 때 고전을 통해서 많은 것을 배울 수 있으며 해결 방안을 모색해 보는데 좋은 지침서가 될 수 있다. 누군가는 지금 내가 하는 고민을 먼저 했을 수도 있으며 그 깨달음을 수천 년이나 수백 년 전에 책으로 만들어 놨을 수 있다.

요즘은 인터넷이 발달해서 관심만 있으면 어느 정도 자신의 궁금증을 해결할 수 있다. 자신의 경험을 공유함으로써 다른 사람에게 도움을 줄 수도 있다. 고전이 인터넷과 다른 것이 있다면, 수세기가 지나오면서도 다양한 환경의 독자들에게 해결 방안을 모색하게 해 준다는 것이다. 그것이 바로 내가 고전을 찾게 되는 이유 중 하나이다.

나이를 한 살 한 살 먹으면 먹을수록 정말 고전의 중요성에 대해서 느끼고 있다. 어떤 이들은 고전이 현시대에 살면서 융화될 수 없는 동떨어진 옛날이야기라고 생각할 수도 있겠다. 그러나 내가 겪은 바에 의하면 정말로 지혜의 보고라고 해도 과언이 아니라고 생각한다.

고전을 읽는다고 해서 지금 당장 자신의 환경이 변하는 것은 아니다. 다만 환경을 얼마나 지혜롭게 받아들일 수 있는가, 받아들이는 자세의 관점이 바뀌는 것이다. 이러한 받아들임의 자세가 바뀌면 우선 마음이 편해진다.

그렇다면 얼마나 고전을 거울로 삼아 자신의 받아들이는 관점을 바꿀 것인지 노력할 필요가 있다. 수많은 사람들이 오늘을 제대로 살지 못한다. 미래를 막연히 걱정하는 경우도 많다. 걱정할 필요가 없다. 고전에서 제시하는 기준을 바탕으로 자신을 거울삼아 관점을 바꿔보는 것이 중요하다.

　　방향성에 대한 문제만 해결되면 삶을 살아가는 데 자신감이 생긴다. 혼자서 고민하지 말고 평소에 고전을 꾸준히 읽으며 현자들의 지혜에서 조언을 얻는 자세가 필요하다. 세상이 아무리 복잡하게 발전한다고 해도 세상을 사는 이치가 변하는 것은 거의 없다고 본다. 고전에서 받아들임의 지혜를 배워 보는 것도 판단이 혼란스러울 때 많은 도움이 될 것이다.

8 / 속담에서 배우는 성공

늦어도 시작하자 –
Better late than never

영어 속담 중에 'Better late than never'라는 문장이 있다. 해석을 하자면 '늦어도 안 하는 것보다는 낫다'는 의미이다. 필자도 종종 겪는 일이다. 어떤 계획이 있을 때 5개를 해야 하는데 오늘 하루 종일 해도 3개정도밖에 못할 것 같다. 그러면 왠지 완성을 못하는 것 같아서 하기가싫을 때가 있다.

그러다가 마음을 고쳐먹고 조금이라도 시작하는 경우가 있다. 3개라도 끝내고 나머지는 다음에 하는 편이 좋다고 판단했기 때문이다. 왜냐하면 그 일을 미루면 나중에 원래의 5개를 포함하여 그다음 계획까지 해야 될 때도 있기 때문이다. 그러면 일이 과중이 된다.

살다 보면 욕심처럼 되지 않을 때가 많다. 그래서 조금씩이라도 야금야금 일을 할 필요가 있다. 마음처럼 쉽지는 않지만 지금 조금 후회를 하는 것이 나중에 더 큰 후회를 방지하는 데 많은 도움을 준다.

가끔 이런 푸념이 들 때가 있다. '20대에 영어 공부를 열심히 했는데 중간중간 쉬어서 아쉽기만 하다. 그때 꾸준히 했으면 지금 내 인생이 달라져 있을 텐데.' 하는 생각을 하는 것이다. 그런 생각을 하면서도지금 역시 영어 공부를 등한시할 때가 있다.

나중에 더 큰 후회를 하지 않도록 미연에 방지하기 위해서라도 오늘 할 수 있는 부분을 조금씩 하는 실천적 자세가 필요하다. 만약 지금해야 될 것이 있다면 행여나 늦었다고 생각해도 조금씩 실천에 옮겨보

자. 늦어도 시작하자. 너무 식상한 말이지만 늦었을 때라고 생각한 것이 가장 빠를 때라고 본다.

조선 시대에는 평균 수명이 40세였다고 한다. 그러나 현재는 의학이 발달해서 평균 수명 100세를 바라보고 삶을 살아가고 있다. 긴 인생을 살면서 어떻게 살아갈 것인가 생각해 보며 덜 후회스러운 인생을 살기 위해 노력해야 하겠다.

돈으로 살 수 없는 것들 중 하나 –
시간은 금이다

처음 아내와 결혼하기 전 첫날 만나서 본 영화가 데이빗 핀처 감독의 〈벤자민 버튼의 시간은 거꾸로 간다〉이다. 지금 와서 크게 기억은 나지 않지만 스토리가 참 독특하다는 인상을 받았다. 어떤 아이가 태어났는데 노인의 모습을 한 아기였다. 그래서 버림을 받았고, 그가 우리의 인생사와는 다르게 거꾸로 나이를 먹으면서 일어나는 다양한 에피소드를 보여 주고 있다.

영화를 보고 나온 후 한참을 영화에 빠져서 몰입하고 있었나 보다. 지금의 아내가 그 모습에 호감을 가졌는지 그 후로 만남은 계속됐고, 지금의 가족을 이루어 살고 있다. 생긴 건 건달처럼 생긴 나의 내면에 그러한 모습이 있는 것이 의외였을 것이다. 나는 감수성이 풍부한 사람이다. 영화가 2008년도 영화니 시간이 아득하게 느껴지기만 하다.

돈으로 살 수 없는 것이 있다면 무엇이 있을까? 잠깐 앉아서 휴식을 취하는 중에 '시간'이라는 단어가 생각났다. 사람의 생애는 상대적으로 다르지만, 우리는 다른 사람에게 우리의 시간을 줄 수도 없을뿐더러 다른 사람의 시간을 받을 수도 없다. 삶의 질은 어떨지는 모르지만 시간 면에서는 공평하다고 볼 수 있다.

젊을 적에 인생을 막 살았던 사람들이 나이를 먹고 후회를 하는 경우를 본다. 시간을 되돌릴 수 있다면 하면서…. 지금부터라도 잘 살아야지 하면서 애써 체념하곤 한다. 나도 크고 작은 후회를 가지고 있다.

이런 생각이 들었다. 우리의 노화는 시간이 지나며 자연스럽게 진행되지만, 우리의 지적 성장은 벤자민 버튼이 시간이 지나면서 젊어지는 것처럼 될 것이라고 생각한다. 사람이 시간에 어떠한 의미를 부여하느냐에 따라서 삶의 질도 달라진다고 생각한다.

예전 해병대 교육훈련단에서 훈련을 받을 때가 생각난다. 짧은 시간이 왜 그렇게 길게 느껴지는지…. 그리고 일요일은 왜 그렇게 빠르게 지나가는지…. 시간이 상대적으로 느껴졌다.

우리는 무엇과도 바꿀 수 없는 시간을 보다 가치 있게 사용해야 할 것이다. 후회해도 소용이 없지만 후회스러운 일이 많다. 안타깝다. 그때는 왜 그랬는지…. 앞으로의 시간을 보다 가치 있게 활용했으면 좋겠다.

승리의 법칙 –
Slow and steady wins the race

지금 사발면을 4분 정도 익히면서 이 글을 정리하고 있다. 사발면을 보니 인스턴트식품이 자연스럽게 연상된다. 인스턴트식품은 패스트푸드의 대명사이다. 금방 자신이 결정하면 빠른 시간 안에 음식을 먹을 수 있다.

이러한 환경에 익숙해져서 그런지 인내력이 약해지는 것이 아닌가라는 생각이 들 때가 있다. 지금까지 살아오면서 반성해야 될 것이 있다면 바로 너무 쉽게 포기한 중간의 일들이 아닐까 생각된다. 나이 마흔이 가까워 오는 나이에 있으면서 이제는 더 이상 물러설 곳도, 도피처도 없다는 것을 몸소 깨닫는다. 지금 이 순간이 힘들다고 다른 장소로 옮긴다고 해도 그곳이 낙원이 될 수는 없다는 것을 깨달았다. 그 나물에 그 밥이라는 것을 알고 있다.

그럼에도 가끔 힘들 때 산 너머 저쪽에는 파랑새가 있을 것 같은 느낌이 들 때가 있다. 현실은 아닌데도 말이다. 마흔 정도를 바라보니 사회적으로 어느 정도 기반을 잡은 친구들도 있고, 아직도 기반도 못 잡고 준비를 하는 친구들도 보곤 한다. '왜 저러한 차이가 생겼을까'라는 생각을 해 본다.

그것은 바로 자신의 인생에서 비전을 명확히 세우지 못했고 인내력이 부족하기 때문이라는 생각을 해 본다. 20살 때부터 10년 동안 영어하나만 했어도 영어에 도사가 됐을 것이다. 후회와 아쉬움이 든다. 어

중간하게 공부를 했기 때문이다.

지금이라도 늦지 않았다고 생각하고 10년 뒤를 생각하며 열심히 삶을 개척해 나가는 자세가 필요한 것 같다. 지금도 '언 발의 오줌 누기'식으로 나 자신이 사는 것이 아닌가 항상 자문하면서 살고 있다. 사람은 비전을 가지고 꾸준히 살아가야 한다.

'Slow and steady wins the race'라는 유명한 속담이 있다. 천천히 꾸준히 하는 것이 경기에서 이기는 방법일 수 있다. 꾸준히 하는 자세가 필요하다. 급하게 밥을 먹다가 급체를 하는 것처럼 밥도 천천히 꼭꼭 씹어 먹는 자세가 필요하다.

너무 급하게 달리다 보면 금방 지치기 마련이다. 그래서 하루에 조금씩이라도 꾸준히 하는 자세가 필요하다. 위기가 와도 위기를 술렁술렁 넘기는 지혜가 필요하다고 하겠다. 나 자신에게도 부족하고 꼭 필요한 부분이다.

이제 나에게도 물러설 곳이 없다. 오로지 전진이다. 우리 아이에게도 부끄럽지 않는 아빠가 되고 싶다. 최소한 혼신의 노력하는 아빠의 모습을 보이고 싶다. 내가 하는 일을 포기하지 말자. 세상에서 가장 어리석은 결정 중에 하나가 바로 포기인 것 같다. 오늘도 나 자신의 성장과 성취감을 위하여 그리고 우리 아들에게 자랑스러운 아버지의 모습으로 인식되기를 바란다.

직업적 기득권 갖기 –
구르는 돌에는 이끼가 끼지 않는다

시간이 지나면서 다양한 직업이 생겨나고 없어지는 직업도 있다. 직업도 운명이 있으니 성장기에 있는 직업을 선택하는 지혜가 필요하다.

내가 중학교에 다닐 때만 해도 근처에서 이발소를 많이 볼 수 있었다. 20년이 지난 이후 이발소 찾기가 정말 어렵다. 근처에 이발소를 찾는 것은 이제 쉽지 않다. 가끔 이발소에 가서 이발을 하긴 하는데, 나이가 70이 넘은 할아버지가 머리를 깎아주는 풍경이 연출된다.

어떤 관점에서 보면 이발도 서비스 업종 중 하나인데 나이 70세가 넘은 할아버지 이발사에게 서비스를 바라는 것 자체가 어려운 경우도 있다. 최근에 가끔 갔던 이발소 할아버지는 50년 이상을 이발 관련 업종에만 종사한 것으로 알고 있다. 중간에 많은 사람들이 전업을 해도 자신은 지금까지 해 오고 있다고 한다. 꾸준히 했기 때문에 70세가 넘어도 정정하게 자신의 직업을 가지고 생활할 수 있는 것 같다.

내가 하고 싶은 말은 직업을 선택할 때는 신중하게 하고, 만약 선택했다면 그 직업을 가지고 끝장을 볼 생각을 가지라는 것이다. 이것은 나에게도 적용되는 말이다. 과거에는 저널리스트(Journalist)를 원하는 경우가 많았다. 지금은 전문가(Specialist)를 더 원하는 사회가 되었다. 그만큼 사회가 세분화되고 깊이가 깊어졌다는 의미이다.

'구르는 돌에는 이끼가 끼지 않는다'는 말은 직업을 자주 바꾸면 돈도 모으기도 쉽지 않을뿐더러 자신의 경력을 쌓기도 어렵다는 것을 의미한다. 그래서 이왕 직업 선택을 하면 그 분야를 꾸준히 가는 것이 자신에게도 유리하고 돈을 버는 데도 이점이 있다. 나이를 한 살, 두 살 먹어갈수록 선택의 폭이 좁아진다. 직업 선택에 신중을 기하고 이왕 선택했으면 직업적 소명 의식과 열심을 가지고 최선의 노력을 하고, 자신의 직업에서 행복을 찾아보기를 바란다.

신뢰감 주기 –
Actions speak louder than words

사람이 살아가는 데 있어서 사람들 사이의 관계가 상당히 중요하다. 지적인 영역에서 아무리 출중한 모습을 보인다 하더라도 대인관계가 엉망인 사람은 경험상 크게 성공하지 못한다. 만약 크게 성공을 한다고 하더라도 주위에 적이 많아서 상대방에게 어떠한 빌미를 제공하게 되면 어김없이 공격당하거나 몇십 년 동안 정성들여서 쌓은 공덕을 하루아침에 망칠 수도 있다. 자신의 위치에서 수신하는 자세도 상당히 중요하지만 그것과 더불어 상대방에게 신뢰감을 주는 자세가 더욱 필요하다.

'Actions speak louder than words'란 속담이 있다. 해석을 한다면 '말하는 것보다 행동하는 것이 중요하다'는 의미일 것이다. 주변에서 많은 달변가들을 보곤 한다. 말로는 교언영색이 따로 없다. 하늘에 있는 별이라도 따다 줄 것 같은 표정으로 말을 한다. 하지만 결국에는 말로만 끝나는 경우를 보고 허탈한 느낌을 받는 경우가 있다.

거창한 것까지 예를 들 필요는 없다고 본다. 당장 아침에 일찍 일어나기, 운동하기, 집안 청소하기, 영어 공부하기 등 자신이 입으로 말한 것에 대한 실천이 필요하다. 말로만 주변에다 이야기한다면 허공에다 말하는 것과 같다고 볼 수 있다.

새해를 맞이하며 주변에서 수많은 사람들이 결심한 것을 말하고 행동하는 것을 본다. 가장 대표적인 것들이 금연, 운동, 영어 공부하기 등이다. 그런데 처음 며칠은 열심히 실천하다가 조금 시간이 흐르면 이런저런 핑계를 대고 전과 같이 행동을 한다. 결국 신뢰감이 자연스럽게 낮아지는 것을 보곤 한다.

사람이 상대방에게 신뢰감을 주고자 한다면 실천에 집중하는 모습을 보여야 할 것이다. 상대방이 나에게 신뢰감이 안 간다고 말한다면 과연 나에게 어떤 문제가 있는지 곰곰이 생각해 보아야 할 것이다.

에필로그

　책을 출간하며 '누적의 힘'에 대해서 다시 한 번 실감하게 된다. 최근 몇 년 동안 블로그에 성공학, 행복, 여행, 자녀 교육 등 다양한 주제를 가지고 꾸준히 포스팅을 했다. 현재도 진행 중이지만 누적 포스팅이 2,000개를 상회하고 있다. 앞으로 포스팅은 계속 늘어날 것이다. 이처럼 처음에는 미약했지만 꾸준히 하다 보면 자신이 원하는 분야에 익숙해지고 전문가로서 활동을 할 수 있다는 것을 스스로 보여 주는 계기가 되었다.

　'구르는 돌에는 이끼가 끼지 않는다'는 속담이 보여주듯이 지금 처한 상황이 힘들다고 다양하게 직업을 바꾸는 사람은 금전적으로나 경력적으로도 손해일 수밖에 없다. 인스턴트에 익숙한 요즘 세대의 사람들에게는 우직함이 필요하다고 본다. 나에게도 우직함은 필요한 덕목 중 하나이다. 나는 여러 면에서 부족하다. 그래서 더 겸손하게 나아가는 자세가 필요하다고 본다.

　앞으로도 성공에 관한 다양한 연구와 시도를 하고, 이를 스스로에게 체화시키려고 노력할 것이다. 성공의 요소는 다양하지만 핵심 중한 가지는 '실천력'이라고 생각한다. 목표를 명확히 하고 실천에 집중하며, 넘어져도 다시 일어설 수 있는 오뚝이 같은 자세, 그리고 지치지 않고 꾸준히 할 수 있는 마음만 있으면 자신이 하는 일에 대한 성공의 확률을 높일 수 있다고 본다. 자신이 목표로 하는 일의 극한極限을 넘어 보기를 바란다. 그러면 어떠한 일을 하든지 훨씬 수월하게 풀릴 것이다.

성공도 실패도 습관이다. 이왕이면 성공의 습관을 만드는 것이 좋다. 선택은 본인이 하는 것이다. 이 책이 조금이나마 독자에게 성공의 방향을 제시해 주었으면 좋겠다. 독자들의 성공적인 삶을 기원한다.

나를 죽이지 못하는 고통은 나를 더욱 강하게 만든다.

프리드리히 빌헬름 니체

What does not destroy me, makes me stronger.

Friedrich Wilhelm Nietzsche